대학생의 행복을 위한
인간관계 심리학

대학생의 행복을 위한
인간관계 심리학

2025년 2월 25일 초판 1쇄 찍음
2025년 3월 7일 초판 1쇄 펴냄

지은이 이혜은·금창민·김지연·이윤희·이은주

책임편집 정용준
편집 김찬호·박훈·정지현
디자인 김진운
본문조판 토비트
마케팅 유명원

펴낸이 윤철호
펴낸곳 ㈜사회평론아카데미
등록번호 2013- 000247(2013년 8월 23일)
전화 02-326-1545
팩스 02-326-1626
주소 03993 서울특별시 마포구 월드컵북로6길 56
이메일 academy@sapyoung.com
홈페이지 www.sapyoung.com

대학생의 행복을 위한

인간관계
심리학

이혜은 · 금창민 · 김지연 · 이윤희 · 이은주 지음

사회평론아카데미

20여 년, 인생의 봄을 살아온 당신에게 묻습니다.
당신은 어떤 관계를 맺고 있나요?

우리는 매일 다양한 사람과 관계를 맺습니다. 가족, 친구, 연인, 교수님은 물론, 심지어는 우연히 마주치는 사람들까지도 우리의 삶에 영향을 미칩니다. 하지만 관계를 맺기가 언제나 쉽지만은 않습니다. 때로는 친밀했던 관계에서 오해가 쌓여 상처를 받기도 합니다. 그러나 어떤 관계는 우리의 삶을 환하게 밝히고, 힘든 순간을 견디는 데 버팀목이 되어 줍니다.

인생을 계절에 비유한다면 대학생 시기는 아마도 완연한 봄을 지나 이제 여름을 달리는 시기가 아닐까 합니다. 대학생 시기는 독립적인 삶을 시작하고, 다양한 인간관계를 경험하면서 자신만의 방식으로 세상을 배워 가는 과정입니다.

> "낯을 워낙 많이 가리는 편이라서 친해지기까지 꽤 오랜 시간이 걸립니다. 친해지면 말도 곧잘 하지만, 친하지 않거나 처음 본 사람과 대화하는 것에는 다소 어려움을 느낍니다. 나중에 사회생활을 하면 많은 사람과 대화를 해야 할 텐데 이런 제 성격 때문에 고민이 많습니다."

"부모님과의 관계에서 어려움을 느낍니다. 아버지와 대화는 하지만 눈 마주치기가 부담스럽습니다. 어머니와는 대화하고 싶지 않아서 피합니다. 마치 가면을 쓴 것과 같습니다. 식사하는 중에도 질문에 알맞은 답을 말하는 기분입니다."

– 본문에서

이 책은 '행복한 인간관계란 무엇인가?', '좋은 관계를 맺기 위해 우리는 무엇을 알아야 할까?'라는 질문에서 출발하여, 인간관계에 관심이 있는 대학생이 관계를 맺고 유지하는 방법을 배우고 실제 삶에서 행복한 관계를 만들어 가기를 바라는 마음에서 만들어졌습니다.

따라서 심리학과 상담학의 다양한 이론을 바탕으로, 인간관계가 어떻게 형성되고 발달하는지, 여기에 어떤 심리적 원리가 작용하는지 그리고 관계 속에서 겪는 문제를 어떻게 해결할 수 있는지를 제시하는 한편, 단순히 학문적으로 인간관계 이론을 설명하는 것을 넘어서, 대학생의 실제 삶에 도움이 되는 실용적인 지침과 통찰을 담았습니다. 이를 통해 이 책을 읽는 이가 인간관계에 대해 깊이 성찰할 수 있기를 바랍니다.

이 책에서 다루는 주요 내용은 다음과 같습니다. 1부 「우리의 이야기」는 독자를 행복한 인간관계로 초대하는 장으로, 대학생 시기와 인간관계에 대한 전반적인 내용을 다룹니다. 2부 「관계의 이해」에서는 인간관계의 형성과 발전 과정을 알아보고, 심리학적·상담 이론적 접근을 통해 우리가 맺는 관계의 본질과 작동 방식을 살펴봅니다. 3부 「관계 속의 나와 우리 이해」에서는 건강한 관계를 만들고 유지하는 기술을 배우고, 관계 속 문제와 고통의 유형을 짚아 본 다음, 다양한 유형의 친밀한 관계를 살펴봅니다. 4부 「좋은 관계 맺기의 실제」에서는 실제로 갈등을 해결하고, 관계를 회복하는 구체적인 방법을 학습합니다. 마지막 5부 「좋은 관계와 행복한 삶」에서는 좋은 관계가 우리의 행복한 삶과 어떻게 연결되는지 알아보고, 행복한 관계를 유지하고 성장하기 위해 무엇이 필요한지 확인합니다.

관계를 맺는 것이 어렵게 느껴질 때나 관계 속에서 상처받고 지칠 때, 혹은 더 깊고 의미 있는 관계를 만들어 가고 싶을 때, 이 책이 '그래도 괜찮다고 자신을 다독여 주는 작은 길잡이'가 될 수 있기를 바랍니다. 마지막 장을 덮을 즈음에는, 여러분이 다른 사람들과 더 단단히 관계를 맺고, 보다 행복한 삶을 향해 한 걸음 나아갈 수 있기를 기대합니다.

마지막으로 이 책을 같이 집필하신 공동 저자들과 사회평론아카데미 임직원 여러분 그리고 대학생의 관점에서 초고를 살펴봐 준 지도제자 래온이에게 고마움을 전합니다. 진심으로 감사드립니다.

2025년 천안 한기대에서
모든 저자와 함께
이혜은 드림

차례

1부

우리의 이야기

01 행복한 인간관계로의 초대

●

인간은 다양한 욕구를 지닌 다면적인 존재이다. 인간의 욕구 중 '관계'에 대한 욕구는 가장 근본적이고 영속적이라고 말할 수 있을 만큼 강력하다. 특히 대학생 시기는 교육 대상자로서의 관점을 벗어나 사회 구성원으로의 전환을 준비하기 위해 집중적인 노력이 필요한 시기이다. 이러한 준비에는 여러 가지 역량을 기르는 일이 필수적인데, 그중에서도 우리는 관계 역량에 집중하고자 한다.

이 장에서는 인간관계란 무엇이며 어떤 특성이 있는지 살펴보고, 개인으로서의 자신과 자신의 욕구를 이해하고자 한다. 또한 대학생의 인간관계에 집중하여, 이 시기 인간관계의 중요성을 알아보고 자신의 생각을 정리할 것이다.

학습 목표

★ 인간관계에 대한 기초적인 개념을 이해한다.
★ 한 개인으로서 자신의 욕구를 이해한다.
★ 인간의 발달과 인간관계의 관련성을 이해한다.

1 인간관계란

(1) 인간관계의 정의 및 특징

『표준국어대사전』에 따르면 인간관계란 "인간과 인간, 또는 인간과 집단과의 관계를 통틀어 이르는 말"이다. 인간관계의 사전적 정의에는 두 주체가 전제된다. 여기서 두 주체란 두 사람 또는 한 사람과 집단 등으로 구성된다. 인간관계에 대한 정의에서는 두 주체 사이에 상호작용이 나타나고 이러한 상호작용을 통해 형성되는 '연결'을 인간관계로 설명하고 있다. 여기서 말하는 상호작용이란 단순하게 설명하기 어려운 개념이다. 한 주체가 가진 특성이 생리, 인지, 정서, 행동적 측면 등에서 매우 다양하다면, 이 다양한 특성이 다른 주체와 만나서 상호작용할 때 무수히 많은 경우의 수가 나타난다. 이러한 다양한 경우가 조합되어 개인의 정체성을 형성하고, 이를 통해 개인은 사회적 기술을 배우며 감정을 교류하고, 성장할 기회를 맞이하게 된다.

이러한 인간관계는 상호의존(interdependency)의 관계로 설명할 수 있다. 상호의존이란 각자의 삶이 상대방에 달려 있다는 의미이다. 만약, 은둔이나 고립 경험이 있거나 현재 시점에서 은둔한 삶이나 고립된 삶을 추구하는 사람이 있다고 생각해 보자. 그 사람은 상호의존적이지 않고 독립적인가? 그렇지 않다. 그가 은둔하거나 고립된 이유 역시 상호의존의 과정이자 결과이다. 그는 상호작용을 활성화하는 대신 철수하는 방식을 선택한 것이며, 그 상태에 머물면서 여전히 가족, 친구, 사회와 상호작용을 하는 것이다. 즉 우리 삶의 모습이 어떠하든, 우리의 인생은 관계적이다.

인간관계는 다양한 특징을 지닌다. 인간관계의 특징은 이를 바라보는 관점에 따라 다르게 설명되나, 몇 가지 기본적인 특징으로 요약할 수 있을 것이다. 첫째, 인간관계는 정서적 유대를 기초로 형성된다. 처음 만난 사람과 좋은 관계를 만들어 간 경험이 있는가? 그러한 관계를 형성하는 데는 즐겁고 유쾌한, 긍정적인 정서가 영향을 미쳤을 것이다. 또는 나의 슬픔에 공감해 준 상대방이 있었다면, 아마도 그에게 더욱 깊은 유대감을 느꼈을 것이다. 이러한 정서적인 유대는 관계가 유지되거나 깊어지거나, 때로는 관계를 끊게 되는 상황과도 긴밀하게 연결된다.

둘째, 관계에서는 상호 간의 기대가 영향을 미친다. 상대방에 대한 기대는 자신의 욕구와 연결된다. 이러한 기대는 직접적으로 표현되기도 하지만 때로는 암묵적으로 표현되어 상대방이 알아차리기 어려울 때도 있다. 또한 상대방을 만나는 상황이나 관계의 목적에 따라 달라지기도 하며, 이는 다시 관계의 질(quality)에 영향을 미친다.

셋째, 관계는 시간의 흐름에 따라 변화하는 역동성을 지닌다. 즉 관계는 끊임없이 변화한다. 새로운 관계는 기대감과 설렘을 주지만, 어색한 느낌, 철수하고 싶은 욕구를 불러일으킬 수도 있다. 오랜 기간 관계를 맺어온 상대방과의 만남은 우리에게 안정감과 편안함을 제공하지만, 때로는 지루함이나 아쉬움을 불러일으키기도 한다. 이러한 관계의 양상은 앞서 설명한 상호의존적인 특성에 따라 늘 변화한다. 관계가 변화하는 것은 자연스러운 일이지만, 이를 어떻게 관리하고 대처해 나가느냐에 따라 관계의 성패가 달라진다.

(2) 인간관계의 유형

인간관계를 유형화하는 것은 쉽지 않은 일이다. 하지만 이해를 도모하기 위하여 관계의 구분을 다음과 같이 범주 또는 차원에 따라 구분해 볼 수 있다(정태연, 2022). 먼저, 범주적 구분은 각 범주가 서로 질적으로 뚜렷하게 다른 것을 전제로 한다. 이 경우 각 관계는 고유한 특성을 지니며, 관계가 이루어지는 장면 혹은 관계의 목적 등에 따라 구분된다. 예를 들어 관계가 이루어지는 장면을 토대로 관계를 구분한다면, 주 양육자 및 가족과의 관계, 같은 세대 및 또래 집단과의 관계, 인간관계의 원형이 깊이 반영될 수 있는 연인과의 관계 그리고 사회 곳곳의 선배와 상사, 스승과의 관계 등을 떠올려 볼 수 있다. 또한 이러한 관계들은 기술의 발전에 힘입어 비대면 상황에서도 자유롭게 펼쳐지고 있으므로, 대면에 기초한 실제 관계뿐 아니라 비대면에 기반을 둔 온택트 관계에 대해서도 함께 생각해 볼 필요가 있다. 관계의 목적에 따라 관계의 유형을 구분한다면, 업무를 위한 관계인지, 자기계발이나 즐거움 등을 위한 관계인지 등을 고려해야 한다. 이러한 범주적 구분은 관계가 서로 구분될 수 있음을 전제로 설명된다.

　다음으로 **차원적 구분**은 유형의 구분이 연속선상에 있으며 정도의 차이를 반영한다는 관점이다. 예를 들어 친밀함, 건강함, 도움의 정도 등에 따른 구분이라 할 수 있다. 관계의 멀고 가까움을 친밀함으로 표현하고 이러한 친밀도의 정도에 따라 인간관계를 구분해 볼 수 있다. 꽤 오래 만났지만, 거리감이 느껴지는 상대가 있는가? 몇 번 만나지 않아도 금세 친밀하게 느껴지는 상대가 있는가? 이러한 주관적 느낌 역시 우리가 관계를 구분할 때 자주 사용하는 준거이다. 또한 상호보완적이고 도움이 되는 관계인가를 고려해 볼 수 있는데 이를 건강함으로 설명할 수 있다. 이 관계를 통해 서로가 성장하고 행복감을 누리는지 또는 일부가 어려움을 경험하게 되는 침해적인 관계인지 생각해 볼 수 있다. 차원적 구분은 시간의 차원, 자발성의 차원, 의존성의 차원 등 다양한 요소에 따라서도 논의될 수 있다. 이는 우리가 경험하는 대인관계가 명확한 범주에 속하기보다 다양한 차원에서 변화를 겪을 수 있는 연속성을 지닌다는 면을 반영한 관점이다. 결과적으로 이와 같은 범주 또는 차원에 따른 구분 방식은 상호보완적으로 사용되어 우리가 맺는 관계를 더 깊이 이해하는데 도움을 줄 수 있다.

2 자기 이해: 나를 안다는 것

> 20여 년, 인생의 봄을 살아온 당신에게 묻습니다.
> 당신은 어떤 사람인가요?

'나'를 안다는 것은 꽤 추상적이고 무거운 주제이다. 하지만 이와 동시에 떡볶이를 좋아한다거나, 게임을 즐겨한다거나, 혼자 있는 시간이 가장 좋다거나, 몸으로 하는 활동을 싫어한다는 등 일상의 호불호 역시 '나'인 것을 생각한다면, 질문에 대한 답이 그리 어렵지는 않을 것이다. 그럼에도 우리는 '나'를 바르게 알고 타인에게 자신을 표현하는 일에 쉽게 익숙해지지 않는 것 같다. 지금 우리는 자기 자신을 어떤 사람이라고 생각하는지 정리해 보자.

(1) 자기 이해의 중요성

자기를 안다는 것은 자신에 대해 명확하고 깊게 안다는 것을 의미한다. 이는 겉으로 보이는 외모나 행동만을 일컫는 것이 아니라, 자신이 느끼고 생각하는 것, 마음이 움직여지는 것과 반복되는 규칙성 등을 포함하는 것이다. 자신을 안다는 것은 하루아침에 이루어지는 일이 아니라 평생에 걸친 일이다. 이러한 과정을 자기 이해라고 표현하겠다.

그렇다면 자기 이해는 어떻게 발달하는가? 우선, 자기 이해의 과정을 생각해 보자. 자기 이해는 자신에 대한 인식에서 출발한다. 이를 자기 인식(self-awareness)이라고 칭할 수 있는데, 이는 자신이 처한 상황에서 자신의 반응을 평가하고, 자신의 행동이 다른 사람에게 미치는 영향을 파악하는 데 필수적이다. 즉 자기 이해는 '나 자신'이라는 주제를 다루는 일종의 내면적 탐구 과정이라 말할 수 있다. 이러한 내면적 탐구를 위해서는 자신을 대상(object)이자 목적으로 두고 자신을 느끼고 분석해 가는 일련의 과정이 필요하다. 이 교재가 당신에게 이러한 자기 이해를 촉진하는 중요한 도구가 되기를 기대한다.

　대학생의 자기 이해는 특히 다음과 같은 면에서 중요성을 지닌다. 첫째, 자신이 지향하는 것이나 자신에게 중요한 것이 무엇인지를 알고 자신에게 적합하면서도 효율적인 선택을 할 수 있다. 이는 일상에서 무엇을 먹고 어떤 옷을 입을까와도 관련되지만, 학업, 진로, 취업, 결혼 등에서 중요한 결정을 내리는 것과도 관련이 있다. 둘째, 자신이 불편감을 느끼거나 스트레스를 받는 상황을 알아차리고 이에 대처하는 능력을 향상하는 데 도움이 된다. 우리를 자극하거나 균형감을 깨지게 하는 상황에 노출될 가능성은 점점 커지고 있다. 이러한 상황에서 자신의 부정적 감정, 스트레스를 다스리는 능력을 기르는 것은 자신의 마음건강을 지키는 좋은 방안이 될 수 있으며, 이는 곧 어려움에 대한 대처 능력 향상으로 이어질 수 있다. 셋째, 학교를 떠나 사회인으로서의 첫발을 내딛거나 부모를 떠나 독립적인 삶을 시작하는 전환의 시기를 잘 준비할 수 있다. 독립적인 삶이란 자신을 스스로 책임지는 생활로, 이는 자신에게 적합한 의사결정들을 전제로 한다. 이때 자신을 잘 알아야 자신에게 맞는 것을 선택하고, 수많은 시행착오 속에서도 또 다른 전환을 준비하고 실행해 나갈 수 있다. 넷째, 자기 이해는 자신 및 타인과 관계를 맺는 기초가 된다. 인간관계를 맺는 과정에서는 자신이 어떤 사람인지 아는 것이 매우 중요하다. '나'라는 한 사람이 열 명의 사람을 만난다고 가정하자. 열 명의 대상자와의 관계는 제각기 색깔이 다르지 않겠는가? 관계는 결국 '나'의 특성이 상대의 특성과 어우러져 형성되는 수많은 상호작용의 역동적 결과물이다. 자기를 잘 이해하는 사람은 자기 자신 및 타인과 안정적이고 통합된 관계를 맺을 수 있다.

　이러한 자기 이해를 어떻게 높일 수 있을지 생각해 보자. 당신은 자신에 대해 어떻게 알게 되었는가? 자신을 이해하게 된 결정적인 사건이나 계기가 있었는가? 자기 이해는 다양한 경험을 해 보며, 자신을 지속적으로 관찰하고,

관찰한 바를 토대로 자신을 되돌아보는 성찰적 사고를 통해 높아질 수 있다. 새로운 일에 도전하기, 일상적인 삶의 모습을 일기로 쓰기, 감정의 흐름 기록하기, 명상하기, 나를 잘 알고 있는 타인에게 피드백 받기, 눈높이에 맞는 목표를 설정하기, 목표에 따라 생활하기, 어려움에 대한 자신의 대처 방법 분석하기, 일정한 주기를 정하여 자신을 평가하기, 관련 심리검사를 통해 자신의 특성 알아보기, 상담을 통해 자신을 이해하기 등을 예로 들 수 있다.

결국 자기 이해는 단기간에 또는 특정 시기에 완성되는 것이 아니라, 평생에 걸쳐 지속적으로 이루어지는 과정이다. 그중에서 특히 대학생 시기는 삶에서 중요한 전환을 앞두고 자신에 대해 충분한 탐색을 할 수 있는 결정적 시기(critical period)이다. 이와 관련하여 아넷(Arnett, 2015/2023)은 'emerging adulthood'라는 용어를 제안했는데, 이는 청소년기와 성인기의 사이에 해당하는 시기를 지칭하는 것으로 '성인 이행기'로 번역되어 활용되고 있다. 이러한 성인 이행기에 자신을 잘 이해하고 이를 바탕으로 의미 있는 관계를 만들어 간다면, 이는 곧 다시 순환하여 자기 이해를 더 높이는 좋은 자산이 될 것이다.

(2) 자신의 욕구 이해하기

다음 두 가지 질문을 읽은 뒤, 잠시 눈을 감고 생각해 보자.

당신에게 충분한 시간과 돈이 주어진다면 당신은 무엇을 하고 싶은가?
당신의 모든 자원이 사라지고 딱 한 가지만 남겨야 한다면 무엇을 남기겠는가?

당신이 떠올린 답이 바로 당신이 원하는 것, 즉 욕구와 연결될 수 있다. 인간의 욕구와 관련하여 매슬로(Maslow, 1943)는 욕구 위계 이론(Maslow's

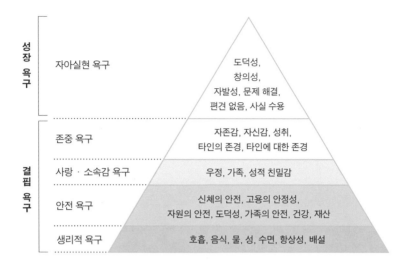

그림 1.1 매슬로의 욕구 위계
출처: Maslow(1943).

hierarchy of needs)을 제안했다. 이 이론에서 매슬로는 인간의 욕구를 타고난 것으로 가정하며, 그 강도와 중요성에 따라 다섯 가지 위계를 구분하였다. 매슬로에 따르면 인간은 하단에 있는 생리적인 욕구에서부터 시작하여 점차 상위의 욕구를 충족시켜 나간다.

우선, 1단계이자 가장 낮은 단계인 생리적 욕구(physiological needs)를 살펴보자. 이 욕구는 인간이 생존하는 데 필요한 가장 기본적인 욕구이다. 우리는 숨 쉬고, 먹고, 자는 일과 같은 기본적인 생활을 유지하는 것이 얼마나 중요한지 알고 있다. 2단계는 안전 욕구(safety needs)로, 위험, 위협이나 박탈로부터 자신을 지키며 신체적, 물리적 안전을 추구하는 단계이다. 자신을 보호하고 불안한 상황을 회피하는 것이 바로 안전 욕구이다. 3단계는 사랑·소속감 욕구(love and belongingness needs)이다. 이는 다른 사람들과 좋은 관계를 맺고 어느 집단에 소속하고 싶어 하는 욕구이다. 대학에 입학하였는가? 조별 프로젝트에 참여하였는가? 동아리에 들어가게 되었는가? 인턴 활동이나 아르바이트를 시작하였는가? 앞으로의 준비를 위해 취직을 준비하는가? 기존의 중·고등학생 시기와 다르게 대학생 시기에는 새로운 인간관계를 형성하고 이를 통해 자신을 확인할 기회가 많아진다. 자신이 이러한 활동을 즐거워하는지와 관계없이 말이다. 이러한 욕구가 잘 충족되면 정서적인 안정감을 느껴, 자신의 정체성을 형성하거나 이해하는 것이 더욱 수월해진다. 4단계는 **존중 욕구**(esteem needs)로, 사람들과 함께하는 가운데 자신이 인정받고 존중받기를 바라는 단계이다. 친구, 선후배, 교수로부터의 인정을 추구하며 이를 통해 자신의 가치를 확인하는 것이 이에 해당한다. 크고 작은 조직에서 리더가 되거나 학업 또는 진학과 취업 등의 영역에서 성취감을 느끼는 경우에 존중감은 더 높아지며 성장하고자 하는 욕구와 더 잘 연결될 수 있다. 마지막으로 5단계는 **자아실현 욕구**(self-actualization needs)로, 자신이 가진 잠재력을 최대한 발휘하고 자신의 목표와 자신이 추구하는 가치를 실현하고자 하는 단계이다. 이 욕구는 '성장 욕구'라고 불리기도 한다. 성장 욕구는 앞에서 말한 네 가지 욕구가 '결핍 욕구'로 설명되는 것과 다른 것으로, 욕구가 충족될수록 그 욕구가 더 증대되는 특성을 지닌다. 더 많은 지식을 습득하고 싶고, 더 아름다운 것을 추구하는 것도 그 예가 될 수 있다. 관계와 연결되거나 관계에서 인정받는 것을 넘어서서 '자신을 더 성장시키고 도전할 수 있게 하는 관계'를 추구하는 단계이다.

그렇다면, 나는 어떤 욕구를 충족시켜 왔고, 현재 어떠한 욕구가 가장 강렬할까? 매슬로는 5단계인 자아실현 욕구 위에 자기초월의 욕구가 있다고 주장하였다. 이 욕구는 자신을 완성하는 것을 넘어서 타인, 사회, 세계에 기여하고자 하는 욕구이다. 나는 결핍 욕구 안에서 욕구를 충족시키고자 노력하고 있는가 또는 성장 욕구나 그를 넘어선 자기초월 욕구를 향해가고 있는가? 자신의 욕구를 이해하는 것은 자신의 욕구를 충족시키는 가장 기본적인 방법이 될 것이다. 그리고 대부분의 경우, 이러한 욕구는 다른 사람들과의 관계 맥락 속에서 충족시킬 수 있다.

> 모든 인간은 자신이 만들어 낼 수 있는 관계의 질의 한계 내에서만
> 자신의 삶을 살아간다.
>
> – 윌리엄 글래서(William Glasser)

위 문장을 읽고 어떤 생각을 하였는가? 이 문장은 개인이 맺는 관계의 수준이 삶의 범위에 영향을 미친다는 의미이다. 즉 좋은 관계를 형성하면 더 만족스러운 삶을 살 수 있지만, 관계의 질이 좋지 않으면 그만큼 삶의 경험이 제한된다. 윌리엄 글래서의 선택 이론(Glasser, 1999)에 따르면 인간은 누구나 자기 삶의 주인이 될 수 있으며, 자신의 삶을 스스로 통제하며 욕구들을 만족시킬 때 행복을 느낀다. 글래서는 우리가 생리적으로 경험하는 것, 즉 느끼고, 생각하고, 행동하는 모든 것은 그 좋고 나쁨에 상관없이 자신의 내적 욕구를 충족시키기 위한 선택이라고 간주한다. 선택 이론에서 설명하는 다섯 가지 기본적인 욕구는 생존, 사랑·소속감, 힘, 자유, 즐거움이며, 소속과 사랑으로 표현되는 관계의 욕구는 대표적이고 중요한 욕구이다. 이와 관련하여 박재황(2015)은 행복한 삶에는 긍정적 정서, 몰입, 의미, 개인적 성장, 즐거움, 자아실현, 타인과 좋은 관계 형성 같은 요소가 포함된다고 설명하고, 마음의 건강이나 행복도 결과적으로 개인의 선택이라고 강조한 바 있다.

대학생 시기에는 이러한 욕구들이 대인관계에서 어떻게 나타나는지 구체적으로 생각해 볼 필요가 있다. 첫째, 생존(survival) 욕구이다. 경제적으로 자립하기 위해 또는 학업에서의 성취를 위해 노력하고 있다면, 이는 생존과도 연결된다고 설명할 수 있다. 예를 들어 동료와 함께 과제를 해결하거나 기숙사 동료와 함께 살아가는 데 필요한 부분을 채워 가는 것이다. 둘째, 사랑·소속감(love and belonging) 욕구이다. 대학생 시기에는 타인으로부터 관심과 사랑을 받고자 하는 욕구가 더 강하게 드러날 수 있다. 다양한 대면 또는 비대면 모임에 참여하고 집단 내에서 인정받으려는 노력을 기울이고 있다면, 이는 소속과 사랑의 욕구가 발현되고 있는 것이다. 반면 소속감이나 사랑받

는 느낌이 결핍되어 관계에서 낙심하고 철수(withdrawal)했다면 이 역시 자신에게 해당 욕구가 강하다는 방증일 수 있다. 셋째, 힘(power)의 욕구이다. 이는 모임에서 자신의 의견을 잘 내세우거나 리더로서 활동하는 등 학문적 또는 사회적 영역에서 영향력을 발휘하고자 하는 것과 관련이 있다. 넷째, 자유(freedom)의 욕구이다. 자신이 마주한 딜레마 상황에서 스스로 원하는 바를 선택하고 찾아갈 수 있는 것은 독립적이고 자유로운 삶을 살아가는 자원이 된다. 다섯째, 즐거움(fun)의 욕구이다. 대학생 시기에 여가를 즐기고 스트레스를 해소하며 삶을 즐기는 것은 삶에 활력을 불어넣어 유쾌한 인간관계를 맺는 기초가 된다. 글래서는 '인간의 삶이 관계의 질에 크게 좌우된다'라고 말하였다. 우리가 맺는 관계의 질은 행복, 성취, 삶에 대한 만족도를 결정짓는 중요한 요소이다.

3 대학생 시기와 인간관계

우리나라에서 대학생 시기는 입시의 영향을 벗어나 비교적 자유로운 인간관계를 맺어 가는 시기라고 할 수 있다. 이와 관련하여 에릭슨(Erikson, 1963)의 심리사회적 발달 단계 이론에서는 타인과의 친밀한 관계를 형성하는 것이 초기 성인에게 가장 중요한 발달 과업이라고 간주한다. 또한 슈워츠와 동료들(Schwartz et al., 2015)의 연구에 따르면 대학생 시기는 다양한 학업 과정, 사회적인 영향력, 생활양식의 측면에 대한 '선택'이 가능한 시기이며, 이러한 선택 과정에는 자신의 목표, 가치, 타인과 관계 맺는 방식, 관계 유지 능력 등(Montgomery & Côté, 2003)이 영향을 미친다.

대학생 시기를 성인 이행기(emerging adulthood)로 지칭하는 아넷(2015/2023)은 미국 청년들의 예를 들어 이들에게 이전 또는 이후 시기와 구별되는 다섯 가지 특징이 있다고 설명하였다. 그 내용은 다음과 같다.

- 정체성 탐색: '나는 누구인가?'라는 질문에 응답하고, 특히 사랑과 일에서 다양한 삶의 대안을 시도한다.
- 불안정성: 사랑, 일, 거주지의 불안정성이 있는 시기이다.
- 자기 초점: 타인에 대한 의무감이 일생에서 가장 약한 상태이다.
- 어중간함: 마치 청소년도 성인도 아닌 것처럼 인식하는 시기이다.
- 가능성/낙관주의: 희망이 넘치고 자신의 삶을 변화시키기 위한 좋은 기회를 가진 상태이다.

당신의 생각은 어떠한가? 이러한 특징이 자신에게도 해당하는지 생각해보자. 다음 내용에서는 이러한 특징 중 대학생의 발달 가능성을 뇌 발달의 측면에서 살펴보고 이를 또 하나의 가능성으로 이해해 보고자 한다. 또한 이 시기의 정체감 인식과 생애전환의 관점을 살펴보고자 한다.

(1) 뇌 발달과 인간관계

우리의 뇌는 태어나서 첫 2년 동안 가장 빠르게 성장하지만, 물리적 성장이 끝난 후에도 삶의 경험을 통해 죽을 때까지 계속해서 변화할 수 있다(McHenry et al., 2014/2020). 한 연구에 따르면 뇌에서는 최소 540개의 뇌 관련 유전자가 인생의 발달 시기에 따라 다른 활성화 패턴을 나타낸다(Erraji-Benchekroun et al., 2005). 해당 연구에서는 연령에 따른 유전자 발현 변화가 성인 초기에 시작되어 평생 지속된다고 하였다. 그렇다면 성인기 초기에 해당하는 우리의 뇌에 관심을 기울이는 것은 결국 남은 생애를 위한 의미 있는 투자임이 틀림없다. 이와 관련하여 코졸리노(Cozolino, 2013/2017)는 연령이 증가함에 따라 새로운 학습에 대한 욕구나 반응의 속도는 감소할지라도 다른 사람과의 애착 유지와 정서 안정에는 계속해서 에너지를 투자할 가치가 있다고 하였다. 또한 다른 사람과의 긍정적인 사회적 상호작용은 균형 잡힌 두뇌를 만들어 갈 수 있는 방안이다(McHenry et al., 2014/2020). 결론적으로 중요한 타인과의 밀접하고 의미 있는 관계는 좋든 싫든 신경가소성(neu-roplasticity)[1]을 활성화하고, 뇌 구조를 바꾼다.

신경생물학적 관점과 관계 특성에 대한 논의에 기초하여 대학생의 사회참여[2]를 설명하면 다음과 같다. 대학생 시기의 사회참여는 미주신경(vagus nerve) 발달과 밀접한 관계가 있다. 미주신경은 뇌간에서 시작하여 심장, 폐, 소화기관 등 여러 신체 기관에 분포하며, 자율신경계의 일부로 신체의 항상성과 스트레스 조절에 중요한 역할을 한다. 특히, 미주신경의 활동성을 나타내는 지표인 미주신경 긴장도(vagal tone)는 정서적 안정, 스트레스 회복력 그리고 사회적 상호작용의 질과 연관이 있다. 사회참여를 통해 경험하는 긍정적인 인간관계와 협력적인 활동은 미주신경을 활성화해 심박수 조절과 감정 조율 능력을 향상시키며, 이는 대학생들이 더욱 건강한 심리적 상태를 유지할 수 있도록 돕는다.

또한 사회참여 활동은 미주신경 발달과 관련된 사회적 안전 시스템을 강화한다. 예를 들어 봉사활동, 팀 프로젝트 또는 커뮤니티 활동을 통해 형성되는 소속감은 옥시토신 분비를 촉진하여 미주신경 활성화를 돕고, 타인과의 연결감 및 신뢰감을 증진시킨다. 높은 미주신경 긴장도는 공감 능력과 대인관계의 질을 높이고 스트레스 상황에서도 침착하게 대응할 수 있는 심리적 회복 탄력성에 긍정적인 영향을 준다. 반면 사회적 고립이나 낮은 수준의 사회참여는 미주신경 활동 저하를 야기할 수 있으며, 이는 신체적·정서적 스트레스 반응을 악화시키고 전반적인 정신건강에 부정적인 영향을 미친다. 따라서 대학생의 사회참여는 신체적 건강과 정신적 안정의 기반이 되는 미주신경 발달에 있어 중요한 촉진 요인으로 작용한다.

....

1   신경가소성: 뇌가 외부 환경의 양상이나 질에 따라 스스로의 구조와 기능을 변화시키는 특성(출처: 『상담학 사전』)
2   신경생물학적 관점에 대한 자세한 내용은 4장을 참고하기 바란다.

지금까지 살펴본 바와 같이 대학생의 뇌는 여전히 발달하고 있다. 즉 우리의 관계 경험이 어떠하냐에 따라 뇌는 변화하고 우리의 이후 생애에 강한 영향을 미친다. 따라서 성인으로의 이행을 준비하는 이 시기는 삶을 변화시키기 위한 좋은 기회의 시기이다.

(2) 정체감 발달과 인간관계

정체성에 대한 논의는 청년기보다 청소년기의 주요 과업으로 설명되는 경우가 많다. 하지만 정체성은 고등학교를 마칠 때까지도 확립되기 어렵다는 연구 결과(Schwartz et al., 2015)를 통해 정체성 확립이라는 주제는 대학생 시기 혹은 청년기에도 본격적으로 논의할 필요가 있다는 인식이 확산되었다. 이와 관련하여 청년기를 지칭할 때, '연장된 청소년기(prolonged adolescence)'라는 용어가 사용되기도 한다.

성인기에 진입하는 대학생 시기의 정체감 발달은 청소년기부터 이어지는 핵심적인 과제이다. 물론 정체감 발달은 일생을 통해 이루어지지만, 특히 대학생 시기는 청소년기에서 성인기로 이행하는 시기이며, 자신이 누구인지, 자신의 삶에서 원하는 바가 무엇인지에 대한 감각을 형성해 가는 시기이기 때문이다. 이와 관련하여 마샤(Marcia, 1994, 2002)는 에릭슨의 정체감 형성 이론에서의 두 가지 차원인 위기(crisis)와 수행(commitment)을 조합하여 네 가지 자아정체감 범주를 제시하였다.

범주 구분의 기준이 되는 위기는 자신의 정체감을 갖기 위해 한 노력을 고려하여 평가되며, 수행은 전념의 상태로서 자신의 계획, 가치, 신념 등에 대한 능동적인 의사결정 여부에 따라 평가된다. 이러한 기준에 따른 구분과 그에 따른 대인관계 특징은 다음과 같다.

	위기를 경험함	위기를 경험하지 않음
전념함	**성취** 위기 해결	**유실** 위기경험 없음
전념하지 않음	**유예** 위기 현재 진행 중	**혼미** 위기경험 없음

수행: 전념하는가?

그림 1.2 마샤의 네 가지 자아정체감 범주

① 정체감 성취

정체감 성취(identity achievement)는 자아정체감 형성을 위한 탐색 과정을 거친 후, 자신이 원하는 삶의 방향이나 가치에 대해 확신을 가지고 결정을 내린 상태를 의미한다. 이 범주에 속하는 사람들은 자신에 대한 확신이 있기 때문에 타인과의 관계에서도 안정적이고 성숙한 모습을 보일 가능성이 크다. 친밀한 관계를 형성하고, 타인의 의견을 존중하며, 상호 신뢰를 바탕으로 한 관계를 유지하려는 경향이 강하다.

② 정체감 유예

정체감 유예(identity moratorium)는 자아정체감 형성을 위한 다양한 역할이나 행동 등을 실험하고 있음에도 아직 결정을 내리지 못한 상태이다. 정체감 유예 상태에 있는 사람들은 불확실성과 혼란을 경험할 수 있고, 이로 인해 자신의 역할과 과업에 몰두하지 못하는 경향이 있다. 다만, 적극적인 탐색 의사가 있고 타인과 깊은 대화를 통해 자신을 탐색하는 기회를 얻으려고 노력하기도 한다. 이들은 인간관계에서 타인의 생각을 필요로 하고, 더 많은 이해와 지지를 바란다. 즉 이들은 다른 사람의 조언에 의지하는 경향이 높다. 이와 관련하여 임은미 등(2019)은 성인기 동안 개인의 정체감 문제가 새로운 도전과 상황에 반응하여 다시 활성화되며 유예와 성취 상태를 반복한다고 설명하기도 하였다.

③ 정체감 유실

정체감 유실(identity foreclosure)은 자신의 중요한 의사결정에 앞서 구체적인 탐색 과정을 거의 거치지 않고, 부모 혹은 권위자의 기대나 사회적 규범에 따라 의사결정을 한 상태이다. 즉 자신이 직접 선택한 가치가 아니라 외부에서 주어진 정체성을 받아들인 경우가 이에 해당한다. 이 범주에 속하는 사람들은 종종 기존의 권위나 규범에 크게 의존하는 모습을 보이기도 한다.

④ 정체감 혼미

정체감 혼미(identity diffusion)는 정체감 위기나 탐색을 겪지 않았으며, 특정한 방향이나 목표를 설정하지 못한, 즉 의사결정을 하지 않았고 관심도 없는 상태이다. 이 범주는 자아정체감의 4가지 범주 중에서 가장 덜 발달한 상태에 속한다. 정체감 혼미 상태의 사람들은 인간관계에서도 명확한 목표나 방향성이 없기 때문에 깊이 있는 관계를 형성하는 데 어려움을 겪는다. 그들은 표면적인 관계에 그칠 수 있고, 친밀한 관계를 회피하거나 타인과의 상호작용에 관심이 부족한 모습을 보일 수 있다.

이와 같은 마샤의 네 가지 정체감 범주는 개인의 자아정체감 발달뿐 아니라, 인간관계에 대한 접근 방식과 그 특성에 큰 영향을 미친다. 그중에서도 사랑과 일에 관련된 정체성 형성은 대학생 시기의 주요한 과업이라 평가할 수 있다. 따라서 자신의 정체성에 대한 특징을 이해하면, 개인의 정체성 발달 상태에 따른 사회적 관계의 성격을 더 잘 파악할 수 있다.

(3) 생애 전환과 인간발달

인생을 계절로 비유한다면 대학생의 시기는 어느 계절일까? 아마도 완연한 봄을 지나 이제 여름을 달리는 시기가 아닐까 싶다. 하지만 이러한 계절의 변화가 전환을 경험하는 당사자들에게는 그리 아름답지 않을지도 모른다. 아넷(2015/2023)은 청소년에서 성인으로 전환되는 시기를 성인 이행기라고 명명하였다. 이 시기는 유달리 불안정한 생애 단계이고, 수도 없이 변경 가능한 선택으로 가득 찬 시기이며, 치열한 시기로 표현되기도 하였다. 우리나라에서도 이러한 이행기의 출현을 보고한 연구들이 등장하였다. 일례로 한국청소년정책연구원과 관련 기관의 협동 조사(유민상 등, 2022) 결과에 따르면 우리나라 청년의 삶에도 생애주기 이행에 지체가 발생하였다. 이에 따라 생애 단계에서 성인 이행기라는 새로운 단계가 나타났는데, 대략 20세에서 27세가 이 시기에 해당한다. 이 연구에서는 성인 이행기의 각종 생애 과제를 경제, 주거, 관계, 주관적 자립으로 구분함으로써 청년의 자립 정도를 개념화하였다. 각 부문에 대한 자립 정도는 표 1.1에 제시된 내용 등을 활용하여 파악하였다. 표 1.1의 각 지표에 대하여 자신의 해당 여부 또는 정도를 가늠해 보자.

스스로 점검해 본 결과는 어떠한가? 이연재(2024)의 연구에 따르면 국내에서 성인 이행기를 분석한 여러 연구에서는 네 가지의 구분 모두에서 자립이 이루어졌을 때 성인으로의 이행이 완료되었다고 말하며, 성인 이행기 역량은 곧 자립 역량과 같다고 하였다.

한편, 성인 이행기에 관심을 두었던 이상직(2020)의 연구에서 제안한 관점에 따르면 2000년대 이래 한국 사회에서 단연 주목받은 집단은 바로 '청년'이며, 이러한 관심은 이들이 온전한 성인으로서 이행하지 못한다는 우려를 배경으로 한다. 그리고 해당 연구에서는 이러한 경향을 설명하는 두 가지 관점으로 세대 간 불평등(세대 간의 차이) 또는 세대 내 불평등(세대 내에서 각 개인이 속한 계층 간의 차이)에 주목하는 관점을 제안하였고, 이 두 가지 모두 개

표 1.1 성인 이행기 자립 지표

구분	하위 구분	지표
경제	일자리	일자리 여부
		생계를 유지할 수 있는 일자리 여부
	경제적 독립	부모로부터 경제적 지원 여부 및 지원 수준
		부모로부터 재정적 자립 여부
주거	집 소유	본인 명의의 집 소유 여부
	주거 독립	부모(또는 보호자)와 동거 여부
		부모의 집에서 살지 않게 되었는지 여부
관계	지원	정서적 지원, 도구적 지원, 정보적 지원
	연결망	어려울 때 도와줄 친구(가족, 지인) 수
	관계 성취	장기적인 대인관계를 맺을 수 있는지/맺고 있는 장기적인 대인관계 정도
주관적 (정신적) 자립	성인 이행기가 자신에게 갖는 의미	자신에게 현재 이 시기가 갖는 의미
	독립성 인식	성인으로서 독립적 수준에 대한 인식
		독립적인 의사결정을 하게 되었는지/독립적인 의사결정 정도
	성인 자각	스스로 성인으로 인식하는 정도

출처: 유민상 등(2022)을 참고하여 재구성.

인의 위치를 고려할 수 없음을 지적한 바 있다. 이는 즉 개인의 위치는 이들이 경험한 생애의 이력으로 확인 가능하다는 것이다.

이와 같이 '성인 이행기'는 전환의 과정을 또 다른 단계로 설명하고 있다는 면에서 새롭다. 이러한 전환에 초점을 둔 또 다른 학자 레빈슨(Levinson, 1986, 1990)은 인간이 살아가면서 마주하는 시기적 특성, 즉 시기마다 개인이 겪는 발달적 변화를 자연의 사계절에 빗대어 설명하였다. 그중에서 대학생의 시기를 설명하는 단계로는 성인 초기 전환기(17~22세)와 성인 초기 입문기

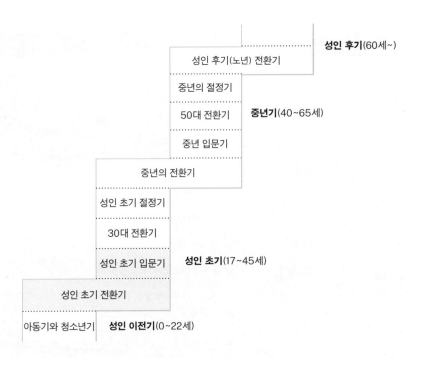

성인 후기(60세~)

성인 후기(노년) 전환기

중년의 절정기

50대 전환기 　　중년기(40~65세)

중년 입문기

중년의 전환기

성인 초기 절정기

30대 전환기

성인 초기 입문기 　　성인 초기(17~45세)

성인 초기 전환기

아동기와 청소년기 　**성인 이전기**(0~22세)

그림 1.3 레빈슨이 말한 인생의 사계절: 성인 초기와 중기의 발달 시기들
출처: Levinson(1986).

(22~28세)를 들 수 있다. 먼저 성인 초기 전환기는 성인으로서의 삶을 준비하는 과도기이다. 청소년기를 벗어나 성인 사회에 진입하는 시기이며, 부모로부터 경제적·정서적으로 독립하여 성인으로서의 삶을 준비하는 시기로 설명된다. 가족, 또래, 학교 그리고 청소년 세계의 여러 의미 있는 부분과 관계를 끝맺음하고 새로운 시대를 살아가기 위한 기반을 마련하는 시기이다. 다음으로 성인 초기 입문기는 결혼, 가족, 꿈 등을 포함한 삶의 주요한 선택을 통해 인생 구조를 설계하는 시기이다. 자신의 지난 삶을 되돌아보면서 자신이 해온 일들이 적절했는지 의문을 제기함으로써 가벼운 위기를 경험하는 시기이기도 하다. 이 위기를 극복하면 자신의 삶에 확신을 가지고 안정된 성인 전기 인생 구조를 쌓게 된다(Aktu & İlhan, 2017).

대학생 시기는 레빈슨이 설명한 바와 같이, 개인이 삶에서 중요한 목표를 설정하고 이를 위해 인간관계를 형성하는 시기이다. 특히 이 시기는 '전환'의 시기로서 중요한데, 여기서 전환이란 주요한 한 시기에서 다음의 국면으로 넘어가는 과도기를 의미한다. 이러한 과도기에는 불균형 이슈가 발생할 수 있고, 이로 인해 개인은 불안을 경험할 수 있다. 대학생 시기 역시 그러하다. 청소년기에서 성인기로 전환되는 중요한 시점이기 때문이다. 새로운 국면으로 진입하기 위한 수많은 선택과 역할에 대한 인식과 책임, 다양한 대인관계에서의 변화를 대하면서 대학생들은 자립과 의존 사이에서 줄타기하게 될 수도 있다. 안정된 자신 및 타인과의 관계는 이 시기에 마주하는 수많은 의사결정 상황에서 성숙한 대처를 이끌어 낸다.

4 대학생의 인간관계 고민 이야기

인간은 태어나면서부터 관계 속에서 살아간다. 우리가 살아가면서 마주하는 대부분의 '과업(task)'은 사람들과의 관계 맥락 속에서 주어지고 해결된다. 특히 대학생 시기는 성인기가 시작되는 시기로서 삶에서 마주하는 다양한 과업에서 끝맺음과 시작이 요구되는 시기이다. 따라서 이 시기의 인간관계 고민은 이전보다 더 깊어지고 현실적일 수 있다.

그렇다면 대학생들이 가지고 있는 인간관계에 대한 고민은 무엇일까? 이러한 주제와 관련하여 대학교 3, 4학년 학생 149명을 대상으로 개방형 설문조사(이혜은, 김지연, 미발간 자료)[3]를 진행하였다. 질문은 다음과 같다. 먼저 당신의 생각을 정리해 보자.

....

3   본 저서의 집필진이 기획한 연구의 일환으로 조사된 자료임을 밝혀 둔다. 미발간 자료로 추후 학술연구결과로 정리할 예정이다.

사람들과의 관계에서 어려움이 있거나 고민이 있다면 어떤 어려움인지, 또한 어떤 대상을 대할 때 특히 어려운지 작성해 보자.

이 질문에 대한 학생들의 응답은 다양한 주제로 나뉘었다. 이제 같은 질문에 대한 다른 학생들의 응답 내용을 살펴보자.

> "갈등을 싫어하여 '최대한 회피하는 경향'이 있습니다. 그로 인해 인간관계에 불만족이 있어도 보통 속 시원하게 해결하지 못하고 참는 경우가 많습니다."
>
> "관계 개선 및 유지를 위해 먼저 연락하는 데 소홀한 경향이 있습니다. 그래서 상대방도 나와 비슷할 경우 그 사람과의 물리적 거리가 멀어졌을 때 결국 관계가 끊기고는 합니다. 그 사람과의 관계는 유지하고 싶지만 정작 내가 연락하지 않아 관계가 유지되지 않는 상황에 대해 스트레스를 받고 있습니다. 해결 방법은 그저 내가 먼저 연락하는 것이라는 사실을 알지만, 뒤늦게 연락하는 데 어려움을 겪고 있습니다."

자신의 성향 및 성격에 대한 고민이다. 대학생들의 관계 고민은 결국 자기 자신에 대한 고민으로 연결되는 것으로 나타났다. 자신이 갈등을 싫어하며 상황을 회피하는 성격을 지니고 있어서 고민이 된다는 사례, 다른 사람의 의견을 존중하는 것도 좋지만 독립적으로 자신이 하고 싶은 것을 결정하고 싶다는 사례, 다른 사람을 잘 믿지 못해 자신이 문제를 해결하는 것이 더 적합하다고 생각하지만 이를 그대로 표현하기 어렵다는 사례 등이 있었다. 또한 다른 사람에게 연락을 잘 하지 않는 성향 때문에 관계를 유지하기 어려움에도 이를 수정하기 쉽지 않다는 사례도 보고되었다.

> "친하다고 느꼈던 친구들과 '가치관이 다르다'라고 느끼기 시작하면서 친구들을 만나는 것이 조금씩 어려워지기 시작했습니다. 주로 저와 다른 고등학교, 대학교에 들어간 친구들이 그렇습니다."

개인은 성장하면서 고유한 가치와 정체성을 획득하게 되고, 이와 함께 다름에 대한 인식이 확대된다. 그런데 이러한 다름을 이해하고 수용하는 기회가 제한되거나 상대를 이해하려는 노력이 부족할 경우 다름이 틀림으로 인식되고 관계의 어려움이 발생하는 것으로 보인다. 즉 자신과 타인의 다름을 인식하였지만, 조율이 어렵거나 자신이 참기 어려운 타인으로 빠르게 평가해 버리는 경우, 이를 해결하기 위해 노력하지 않을 수 있다. 특히 대하기 어려운 상대방의 특징으로 말수가 적은 사람, 내향형인 사람, 너무 외향적인 사람, 예민한 사람, 무례한 사람 등이 보고되기도 하였다.

> "고등학교 이후 동성 친구들과 주로 놀다 보니 '이성 친구들'을 대할 때 좀 부담스럽거나 그쪽에서 어떻게 생각할지 모르겠습니다."
> "나보다 '어린 사람들'을 대하기가 어렵습니다. 복학을 하니 아는 사람도 없을뿐더러 나이 차이가 커서 후배들이 저를 어려워하는 게 느껴집니다."

"교수님을 대할 때 특히 어렵습니다. 메일을 보내기조차 쉽지 않습니다."

자신과 상대방의 성별, 나이와 같은 기본적인 배경 정보의 차이로 인한 어려움도 보고되었는데 구체적으로 자신과 성별이 다른 이성이나 나이가 어린 후배들을 대할 때, 그리고 교수님이나 선배와 같이 나이 차이가 큰 상대와 소통할 때의 어려움이 다수 보고되었다.

"제가 인간관계에서 가장 어려움을 겪고 고민하는 부분은 '낯선 사람과 친해지는' 과정입니다. 낯을 워낙 많이 가리는 편이라서 친해지기까지 꽤 오랜 시간이 걸립니다. 친해지면 말도 곧잘 하지만, 친하지 않거나 처음 본 사람과 대화하는 것에는 다소 어려움을 느낍니다. 나중에 사회생활을 하면 많은 사람과 대화를 해야 할 텐데 이런 제 성격 때문에 고민이 많습니다."

대학생이 경험하는 관계의 어려움은 다른 사람을 처음 만나는 단계에서부터 관계가 깊어지거나 관계가 유지되는 단계 또는 관계를 마치는 단계에 따라 보고되었다. 가장 많이 언급된 내용은 처음 만나는 관계에서의 고민, 즉 낯선 사람과 친밀하지 않은 만남을 시작하여 이를 다음의 단계로 발전시켜 나가는 것에 관한 내용이었다. 그리고 이러한 현재의 고민은 앞으로 자신이 대학을 졸업하고 사회생활을 할 때 예상되는 새로운 만남에서의 어려움과도 연결되어 있었다.

"대학교에 들어오면서 금방 친해졌다가 언제 친해졌는지도 모르게 빠르게 어색해지는 관계가 많은 것 같습니다. 대학교 수업이나 활동 특성상 어쩔 수 없다는 것을 알지만 왠지 모르게 이런 상황이 아쉽게 느껴집니다."
"부모님과의 관계에서 어려움을 느낍니다. 아버지와 대화는 하지만 눈 마주치기가 부담스럽습니다. 어머니와는 대화하고 싶지 않아서 피합니다. 마치 가면을 쓴 것과 같습니다. 식사하는 중에도 질문에 알맞은 답을 말하는 기분입니다. 내가 원하는 것과 싫어하는 것을 말하지 못합니다."

특히 이러한 고민은 대학에서 만난 관계가 이전 단계인 중·고등학교에서 만난 관계와 달리 실리를 추구하거나 일과 연결된 관계일 때 더 깊어지는 것으로 나타났다. 또한 가족 내에서의 의사소통에 대한 인식 내용도 함께 보고되었는데, 부모와의 소통 방식에 대하여 이전과 다르게 평가적이거나 비판적인 관점을 갖게 되었다는 사례도 함께 보고되었다.

"요즘 소수의 집단으로 사람들을 만나는 경우가 많아서 '넓은 관계를 구축하기에 어려움'을 느낍니다. 개개인들의 개인적인 성향이 강해지고 특히 코로나 이후 단체모임 및 활동이 눈에 띄게 줄어들어 지인 자체를 만들기가 힘든 느낌입니다."

관계 경험 자체가 부족하다는 의견도 제시되었다. 인간관계의 폭을 넓히고 싶으나 지난 몇 년 동안은 코로나19 및 그 이후의 여파로 인하여 만남의 기회가 제한되거나 만남 자체를 중시하지 않는 문화가 형성되는 등의 영향이 작용하였다.

"만나기는 귀찮은데 안 만나면 외롭습니다."

연구 참여자들은 관계에 대한 양가감정을 가지고 있는 등 관계에 대해 많은 고민을 하고 있으며, 그 가치나 실효성에 대해 고민하는 사례들이 보고되었다. 관계 자체를 '귀찮다'라고 표현하거나 '연락하는 것 자체를 싫어한다'라는 등으로 관계의 필요성에 의문을 제기하였으며, 또 다른 사례에서는 대인관계의 필요성에는 공감하지만, 실제 에너지를 투자하는 것에는 불편감을 호소하기도 하였다.

　　지금까지 살펴본 바와 같이 대학생들의 관계 고민은 자신의 성격적인 문제, 가치관, 행동 특성과 연결되어 있으며, 자신이 만나는 대상자의 특성과 그 영향을 주고받는다. 그리고 이러한 고민은 현재의 시점뿐 아니라 대학을 졸업한 이후의 삶에서의 관계와도 연결되어 있다. 또한 관계에 대한 고민은 실존적인 고독, 삶의 의미 등과 연결되어 있기도 하다.

　　인간관계가 인간에게 미치는 영향력은 막강하다. 특히 대학생 시기는 그 발달적 특성과 더불어 중요성이 더 강조되는 시기이다. 나에게 인간관계란 어떤 의미가 있는가? 그리고 현재 자신이 몰두하고 있는 관계는 어떠한 관계인가? 자신에 대해 생각하는 기회를 가져 보자.

1 다음은 사람이 가진 욕구 목록의 예이다. 다음 빈칸에 욕구의 목록을 추가로 작성한 후에, 그 중요도를 평가해 보자.

욕구 목록	중요도 평가(1~5)
자아실현	
자유	
인정	
지배	
소속	
안정	
안전	
성욕	
수면욕	
식욕	

* 전혀 중요하지 않다: 1, 매우 중요하다: 5

나는 어떤 욕구가 강한 사람인가? 내가 높거나 낮은 점수를 준 목록을 살펴볼 때 나의 욕구는 어떤 특성이 있는가?

2 내가 타인과 함께하는 상황에서 기대하는 바를 세 가지 이상 적어 보자. 예를 들어, 다음과 같은 내용일 수 있다.

- 나에게 중요한 것은 무엇인가?
- 나를 기쁘게 만들거나 화나게 하는 것은 무엇인가?
- 나에게 힘이 되거나 나의 힘이 빠지게 만드는 것은 무엇인가?
- 다른 사람과의 관계에서 내가 원하는 것은 무엇인가?

02 바로
우리의 이야기

●

이 장에서는 지원과 유진이라는 두 명의 대학생을 만나게 된다. 이들의 이야
기를 통해 우리의 관계 이야기를 펼쳐보고자 한다. 지원과 유진은 우리가 일
상에서 만날 수 있는 평범한 어느 인물을 표현하는 대상이다. 이들의 삶의 모
습 중에서 일부 특성은 이 책을 보는 당신과 꽤 유사할 것이며 또한 일부는 다
를 것이다. 주인공 지원과 유진의 생활 모습을 들여다보고 주인공의 관계 특
성을 파악해 보자. 또한 주인공과 자신을 비교해 볼 때, 어떤 부분이 비슷하거
나 다른지 살펴보자. 이를 통해 주인공의 이야기 속에 담긴 다양한 관계를 단
서로 삼아 자신의 다면적인 관계 특성 역시 잘 펼쳐 보기를 기대한다. 지원과
유진, 그리고 나의 이야기는 이 책을 학습하기 위한 밑그림이 될 것이다.

학습 목표

★ 지원과 유진의 이야기를 통해 자신의 관계를 되돌아본다.
★ 자신에게 중요한 영향을 미치는 관계의 특성을 파악한다.

1 주인공 소개

우리와 함께할 이야기의 여자 주인공과 남자 주인공을 소개한다.

여자 주인공 지원은 대학교 3학년에 재학 중이며 컴퓨터 공학을 전공하고 있다. 함께 사는 엄마와는 친구처럼 지내며, 집 밖에서도 외향적이고 발랄한 성격으로 주변 사람들의 이목을 끌곤 한다. 이러한 이유로 자신이 다른 사람들과 잘 소통한다고 생각하며 살아왔으나, 대학생이 되고 난 후, 진정한 관계란 무엇인지 고민하고 있다.

사례

그 여자, 지원

연령 22세

학년 대학교 3학년

전공 컴퓨터공학과

가족관계 모, 외동딸

성격 특성 자신의 일을 주도적으로 잘해 나가는
　　　　　스타일, 외향적이고 발랄함

관심사 춤(K-Pop 댄스 동아리)

대인관계 고민 주변 사람과 소통을 잘하는 편이나, 최근에 진정한 관계란 무엇인지
　　　　　고민 중. 여러 사람과 즐거운 시간을 보낼 때는 행복감을 느끼나, 혼자 남게 되
　　　　　면 공허해함. 이런 자신이 이상하지는 않은지 고민하기 시작함

지원의 관계

지원의 어머니 50대. 다정다감하나 감정 기복이 있는 편. 우울한 시기에는 지원에게
　　　　　도 말을 잘 걸지 않고 혼자만의 시간을 보냄. 평일에는 마트에서 계약직 직원으
　　　　　로 일을 하고, 휴일에는 주로 외할머니가 계신 요양원을 방문함.

지원의 학과 동기, 혜미 학교에서는 소극적이고 목소리도 작은 편이며, 자신이 편하게 느끼는 사람들과만 소통함. 지원과 자주 연락함.

지원의 SNS 친구, 수지 고등학교 시기에 SNS상에서 만난 친구. 유명 인플루언서이
    자 파워블로거이며, 자신이 운영하는 유튜브 채널과 블로그, 인스타그램 등을
    통해서 많은 사람과 연결되어 있음. 주요 관심사는 미용과 패션, 여행으로 다양
    한 사업 아이템을 가지고 창업을 준비 중임.

　　남자 주인공 유진은 대학교 3학년에 재학 중이며 국문학을 전공하고 있
다. 군대에 다녀온 후 복학하였다. 가족들과는 전반적으로 사이가 좋다. 과묵
하고 신중해서 다른 사람과 대화를 나눌 때 생각을 많이 하는 편이다. 이러한
성격 탓에 여러 사람이 모인 자리에서 자신이 분위기를 못 맞추고 늘 뒷북을
치는 것은 아닌가 고민한다.

사례

그 남자, 유진

연령 25세

학년 대학교 3학년(군 복무 후 복학)

전공 국어국문학과

가족관계 부, 모, 여동생

성격 특성 생각이 많고 신중한 스타일, 내향적이고
    말수가 적은 편, 심사숙고형

관심사 글쓰기(글쓰기 동아리에서 활동 중), 음악 감상, 작곡

대인관계 고민 모임에서 자신이 항상 뒷북을 친다고 생각함. 상대방 앞에서는 화를
    내지 못하고 뒤늦게 기분 나빠하는 자신의 모습에 속상해함. 자기보다 다른 사
    람을 배려하는 것이 중요하다고 생각하나, 최근에 자신만 너무 손해를 보는 것
    은 아닌가 자주 생각함

 # 유진의 관계

유진의 아버지 50대. 중소기업 부장. 성실하게 자신의 일을 하는 듬직한 가장이지만, 자녀 양육이나 가정의 일은 아내에게 전담하고 집안일에는 무심한 편. 업무적 관계 외에 다른 관계를 맺지 않으며, 늘 업무로 바쁨. 취미는 등산이나, 동호회에서 활동하기보다는 주말에 혼자서 산행을 즐기는 편.

유진의 어머니 40대 후반. 대학원 석사과정생으로 상담학을 전공하고 있음. 자녀들의 고등학교 시기까지는 '전형적인 주부'로서 자식들만 바라보며 가정일에 충실하게 살아옴. 자녀들이 대학생이 되자, 자신이 원하던 일을 하고 싶다며 대학원에 들어감. 공부를 시작한 이후로 관계가 소원했던 중·고등학교 친구들이나 대학원 선생님들과 만나는 등 외출 횟수가 부쩍 늘어남.

유진의 여동생, 유미 대학교 신입생. 고등학교 시기까지는 공부만 열심히 했으나, 대학 입학 후부터 게임에 빠져서 낮과 밤이 바뀐 생활을 하는 경우가 많음. 쾌활하고 온라인상에서 관계를 맺은 사람들과 자주 연락함.

유진의 전 여자친구, 민희 국문과 동기. 대학교 1학년 신입생 시기에 6개월 정도 사귀다가 헤어짐. 대학을 졸업하고 출판사 인턴으로 근무 중.

인간관계 심리학 담당 교수, K 인간관계 심리학 수업에서 학부생을 가르치는 교수. 에타의 평에 의하면 깐깐한 스타일이고 원리 원칙을 준수하며 수업 내용이 유익한 편. 수업에서 요구하는 건 많지만, 성적은 잘 준다는 평을 받고 있음. 유진의 생각에 학생들과 적정한 거리를 잘 유지함.

---

2 주인공의 주요 생활 장면 다섯 가지

지원과 유진의 생활 모습을 설명하는 다섯 가지 주요 장면을 살펴보자.

[장면 1]과 [장면 2]는 지원과 유진의 어느 날 아침 상황이다. [장면 3]은 '인간관계 심리학'의 수업 장면으로 지원과 유진은 같은 수업을 수강하고 있다. [장면 4]와 [장면 5]는 지원과 유진의 어느 주말 상황이다.

[장면 1] 개강 후 어느 날, 지원의 아침

자명종 소리에 잠에서 깨어났다. 밤사이 카톡으로 연락해 온 친구는 없는지, 인스타에 새로운 댓글은 남겨지지 않았는지, 구독하는 채널에 새로 올라온 영상은 없는지 한참을 살펴본 뒤, 겨우 자리에서 일어나 앉았다. 게시글 하나가 눈에 띈다.

"오늘 단과대 학생회관에서 같이 점심 드실 분?"

아직 댓글이 없다. 물론 댓글이 없는 게시글이 훨씬 더 많지만, 이번 단과대 번개 공지에 다른 학생들이 어떤 반응을 남길지 궁금하다. 오전 중에 별다른 약속이 생기지 않는다면, 내가 이 글에 댓글을 남겨야겠다.

'아 맞다. 오늘 팀플 시작하는 날'

머릿속에 갑작스레 떠오른 팀플 때문에 그제야 잠이 확 달아났다. 무슨 옷을 입어야 하나? 너무 튀고 싶지도 않고 그렇다고 너무 묻혀 있기도 싫다. 결국 청바지에 흰 티셔츠를 입은 뒤, 간단한 화장을 하고 집을 나선다. 엘리베이터에서 늘 이 시간에 만나는 할머니의 표정이 오늘따라 더 밝아 보인다. 항상 웃고 있는 할머니에게 내적 친밀감은 있지만, 인사는 늘 목례 정도만 한다. 가까워질수록 질문 공세가 쏟아질 것이 걱정되어 그동안 익혀둔 대처법이다.

버스 정류장에 도착할 때쯤 학과 동기 혜미에게서 카톡이 왔다.

혜미 언제 도착해?
지원 수업 시간 딱 맞춰 갈 듯
혜미 그르쿠나
지원 왱?
혜미 그냥
지원 싱겁긴

대화가 끊겼다. 할 말이 있는 듯한데 선뜻 말을 꺼내지 않는 혜미에게 더 캐묻지는 않았다. 아니, 할 수 없었다. 중·고등학교 때 친구들과는 밤을 새우면서도 할 얘기가 많았는데, 지금은 어떤 이유인지 그럴 마음도 용기도 생기지 않는다.

'맞다, 너 인간관계 심리학 수업 듣지? 오늘 과제 팀 구성하는데 어떻게 할래? 점심은 누구랑 먹고?' 혜미에게 물어볼 말이 산더미였다. 하지만 이런저런 말을 붙여 보려다가 그만두었다. 이러한 행동이 쿨해 보이지도 않고, 혜미도 원하지 않을 것 같다. 편한 말투로 대화할 수는 있으나, 우리 사이에는 거리감이 있는 듯하다.

[장면 1]에서 지원은 SNS의 내용을 확인하면서 아침을 시작한다. 단과대의 다른 학생이 남긴 다수를 향한 모임 안내에도 관심을 기울일 정도로 사람을 만나는 것을 좋아하는 편이며, 온라인에서든 오프라인에서든 다른 사람들과 늘 연결되어 있기를 바란다. 하지만 그와 동시에 일상에서 만나는 동네 주민, 같은 수업을 듣는 학과 동기와의 소통에서는 더 적극적으로 소통해야 하는가, 즉 적정한 거리감이 어느 정도인가를 고민하는 모습도 보인다.

사례

[장면 2] 개강 후 어느 날, 유진의 아침

"유진아, 아침 차려 뒀으니까 먹고 가. 엄마는 오늘 학교 가는 날이야."

엄마의 목소리에 잠에서 깼다. 어젯밤에 늦게까지 깨어 있었더니 아침에 일어나기가 쉽지 않다.

군대에서 일찍 일어났던 습관은 온데간데없고, 예전의 나로 돌아온 것 같아서 기분이 별로다. 그래도 어젯밤에는 그럴 만한 이유가 있긴 했다. 새로 들어간 비대면 글쓰기 동아리에서 각자가 쓴 글을 읽고 서로 비평하는 시간이 있었는데, 이번에 새로 만난 사람들의 글이 너무 신선하고 흥미로워 시간 가는 줄 몰랐다.

사실 나는 다른 사람들의 글을 거침없이 비판하는 독설가 캐릭터였다. 동아리에서 회원을 받을 때 전공을 따지지 않다 보니, 전공자와 비전공자가 함께 활동하고 있다. 그래서 국문학 전공자인 내가 조금이라도 더 잘해야 한다는 생각이 강했던 것같다. 이러한 부담감 때문에 다른 사람들의 작문에 대해 한 치의 양보도 없이 비평을 내뱉곤 한다. 동아리 사람들은 그런 나를 존경스러운 느낌으로 보는 듯하다. 글을 통해 나를 누군가에게 내보이는 일은 그래서 더 짜릿하다. 어젯밤도 밤늦게까지서로의 글에 관해 이야기를 나누다 보니 자정이 한참 지나서 잠이 들었다.

그러고 보니, 엄마는 나보다 더 늦게까지 깨어 있었던 것 같은데, 아침 일찍 차려입고 집을 나섰다. 새로 시작한 상담 공부에 푹 빠져 있는 것 같다. 그런 엄마의모습이 새롭다.

동생의 말에 의하면, 내가 군대에 있는 동안 엄마는 내가 보고 싶다며 자주 울었다고 한다. 입대 후 처음 1년 동안은 거의 주말마다 면회를 오기도 했다. 20여 년을 지내면서 나의 일거수일투족을 모두 파악하고 통제하던, 아니 돌봐 주던 엄마였다. 그러던 엄마에게 나의 군입대는 무척 힘든 일이었을 것이다.

엄마와 비슷한 사람이 있었다. 신입생 시절 학과 모임에서 만난 민희도 그랬다. 일정한 거리를 두고 지낼 때는 함께 보내는 시간이 재미있고, 잠시라도 떨어지면 그리웠는데, 본격적으로 사귀기 시작한 후로는 많은 게 달라졌다. 민희는 나의 일거수일투족을 알려 했다. 외모도 연령도 다른데, 민희를 만나면 엄마가 떠올랐다. 왜 그랬는지는 아직 잘 모르겠다. 결국 내가 먼저 헤어지자는 말은 못 하고, 그 아이가 지쳐서 포기하기를 기다리다가 우리의 관계는 끝났다…. 생각이 많아진다.

아무튼, 그랬던 엄마가 "내가 아무래도 아들에게 너무 집착하는 것 같다."며 갑작스레 공부를 시작했다. 동네 문화센터에서 심리학 강의를 듣는 것을 자랑하던 엄마였는데, 어느덧 석사과정 졸업을 앞두고 있다. 늘 힘들다고 하소연하지만, 엄마의변화가 아쉽지만은 않다.

머릿속에 스쳐 가는 수많은 생각을 뒤로하고 집을 나섰다. 오늘 오전에는 이번학기에 처음 듣게 된 K 교수님의 수업이 있다. 원리 원칙에 엄격한 분이지만 배울점이 많고, 성적은 잘 준다는 에타의 강의평가를 확인하고 신청한 수업이다. 복학생에 대한 기존의 이미지를 깨기 위해 옷도 더 신경 써서 입었다. 오늘은 조금 더 적극적으로 소통해 보리라 다짐한다. 슬슬 긴장감이 밀려온다. 내가 아마도 다른 사람들에게 무척이나 잘 보이고 싶은가 보다.

이럴 때면 대나무 숲이 되어 주는 온라인 상담자가 떠오른다. 오늘도 집에 돌아오면 상담자에게 힘들었던 일을 털어놓고 하루를 마감해야겠다고 생각하니 마음이 한결 가볍다.

[장면 2]는 유진의 온라인 동아리 활동 및 어머니와의 소통을 담고 있다. 유진은 어머니와 연관되어 떠오른 과거 여자친구와의 관계를 회상하며 자신의 주변에 있는 여러 관계에 대해 생각하고 있다.

유진과 지원은 교양과목으로 개설된 '인간관계 심리학'을 수강하고 있다. 아직은 학기 초라 처음 만나는 사람이 대부분이다. 교수님도 수강생들도 낯설어하는 듯하다. [장면 3]은 수업에서 조 구성이 이루어지고 소통하는 장면이다.

사례

[장면 3] 지원과 유진이 참여하는 인간관계 심리학 수업 시간

교수님 한 주 잘 지냈나요?
학생들 네. (소리를 내어 대답하는 이들은 1~2명에 불과하다)
교수님 (멋쩍은 듯) 그래요. 저도 잘 지냈어요. 오늘은 이 수업의 프로젝트 과제를 함께 수행할 조를 구성하려고 해요.

조 구성은 교수님이 사전에 설정하신 몇 가지 기준으로 성별, 학년, 전공을 고루 섞은 제비뽑기를 활용하여 결정되었다. 지원과 유진은 같은 조가 되었다. 남자 3

명, 여자 2명으로 총 5명이 한 조이다. 지원과 유진의 조원들은 모두 같은 조 구성원을 한눈에 스캔했다.

첫 조별 활동은 자신의 핸드폰에 담긴 사진 중 자신과 타인이 함께 찍힌 사진 한 장을 활용하여 자신을 소개하는 활동이다. 누가 먼저 시작할지 고민하는 중에 지원이 입을 열었다.

지원 먼저 단톡방 개설하는 거 어때요? 다른 의견이 없으시면, 제가 먼저 방을 열 테니 모두 들어오세요.

유진이 생각하기에 지원은 처음 보았을 때의 이미지와 다르게 꽤 직설적이고 성격이 급해 보였다. 조 구성원 모두가 지원의 의견에 동의했다. 같은 자리에 있던 다른 사람들에게도 이 어색한 상황이 불편했기 때문이리라. 아마도 팀플에서 서로 눈을 마주치며 이야기를 나누는 것보다 비대면이 훨씬 편하다는 사실을 지원이 잘 알고 있었던 것 같다. 그렇게 생각하니, 유진은 지원의 서두름이 오히려 고맙게 느껴졌다.

지원 조모임 단톡방 개설했어요
현지 안녕하세요?
승현 반가워요
유진 단톡방 파 주셔서 감사해요

순식간에 5명이 단톡방에 모였다. 이윽고 수많은 이모티콘이 등장했다. 그 이후 5명의 대화는 무척이나 활발하게 이루어졌다. 단톡방에서….

지원과 유진은 다른 조의 상황을 쓱 살폈다. 분위기는 대충 비슷한 듯하다. 모두 핸드폰을 들여다보며 약간의 미소를 짓고 있다. 교수님은 이러한 상황이 익숙한 듯 별다른 피드백이 없다. 다만, 조원들의 이름만은 좀 외워두라며 당부하신다.

수업에 참여한 이들은 모두 머릿속에 생각이 가득하다. '이들과 한 학기를 어떻게 보낼 것인가?', '조별 과제를 위해서는 적당한 친밀감이 필요할 텐데 어떤 태도를 취해야 하나?', '너무 호의적으로 다가서면 과제를 할 때 손해 볼 것이 뻔하고 너무 무심하게 대하면 동료평가에서 점수를 받기 어려울 텐데…', '적당한 친함을 어떻게 만들어야 하나?' 저마다 수많은 생각을 가지고 강의실을 나섰고, 이러한 생각은 이내 사라졌다.

[장면 4]는 지원의 어느 주말 아침이다. 중간고사를 이제 막 마친 시점이라 지원은 여유를 즐기고 싶었다. 어머니와 대화한 뒤 고등학교 시절 SNS에서 만난 수지와 약속을 잡는 장면이 담겨 있다.

사례

[장면 4] 지원의 어느 주말

엄마는 오늘 외할머니를 만나러 요양원에 가신다고 했다. 엄마를 따라갔다 올까 잠시 고민했지만, 눈치를 챈 엄마가 먼저 이야기했다.

"엄마 혼자 가도 돼. 중간고사 마친 지 얼마 되지 않았으니, 오늘은 편하게 시간 보내. 엄마 괜찮아."

약간의 미안함이 있지만 아무렇지 않은 척하며 "알겠어."라고 대답했다. 엄마도 나도 속마음은 다를 것 같지만, 그냥 더 깊은 마음을 이야기하지 않고 넘기기로 했다. 잘 안 되는 상황에 연연하지 않고 그냥 살짝 외면하는 것, 그 덕에 엄마도 나도 지금껏 별 갈등 없이 지내왔다. 오늘따라 엄마의 말끝에서 약간의 아쉬움이 묻어난다. 어쩔 수 없다…. 수지와의 약속은 드문 일이니까.

오늘은 텐동 맛집에 가서 플렉스하기로 했다. 파워블로거인 수지는 늘 가장 핫하고 힙한 장소를 추천한다. 수지와 함께 방문하는 장소, 먹는 음식 등 모든 정보는 거의 실시간으로 수지의 SNS에 게시된다. 가끔은 내가 현실에서 수지를 만나고 있는지 아니면 온라인에서 수지의 게시글을 보고 있는지 헷갈릴 때가 있다. 그래서 수지를 만날 때는 평소보다 더 화려하게 꾸미고 나간다. 인스타 샷을 건져야 하니까.

약속 장소 근처에 왔으나, 시간이 조금 남아 있었다. 주변 옷 가게에 들어가서 잠시 시간을 보내고 약속 장소로 이동하려는데 수지에게 카톡이 왔다.

"미안. 나 갑자기 더 급한 일이 생겨서…."

왠지 불안하긴 했다. 아마도 더 재미있어 보이는 모임에서 뒤늦게 초대 연락을 받았겠지…. 아니면 라이브 방송에 활용할 수 있는 좋은 콘텐츠를 발견했겠지…. 애써 이해해 보려고 한다. 그런데도 서운한 것은 마찬가지이다.

우리 관계가 이토록 가벼웠던가? 그래도 매일 메시지를 주고받는 친구가 아닌가? 이내 우울해졌다. 이럴 줄 알았으면 엄마를 따라 요양원이라도 갔었어야 했나? 생각이 많아진다.

이런 소중한 휴일에 만날 사람이 없다는 것을 생각하니 지난해 연말에 헤어진 전 남자친구, 동건이 급 생각났다. 나를 무척이나 좋아했지만 매력적이지 않았던 바른생활 전 남친. 동건이와 같이 있으면 편안하긴 하지만 긴장감이 없었다. 그러던 어느 날, 지루함을 이기지 못한 내가 헤어지자고 말해 버렸다. 약간의 밀고 당기기, 긴장감이 필요하다는 느낌을 전달하고 싶었던 것 같은데, 동건이는 나에게 한 번도 매달리지 않고 이별을 수락했다. 우리는 바로 그날 깨끗하게 헤어졌다. 다시 생각해 보면 동건이는 나와의 이별을 예상했던 것 같기도 하다. 아니면 자신이 못하는 말을 내가 해 주기를 기다렸거나. 동건이는 늘 나만 바라보다가 실망하기를 반복했지만, 나는 늘 내 마음이 끌리는 대로 여러 다른 일에 더 충실했던 것 같다.

그 이후로 동건이 같은 사람이 진짜 괜찮은 사람이라는 것을 깨달았지만 이미 늦었다. 잠시 과거로 돌아갔던 생각을 현재로 되돌린다. 현타가 왔다.

'우울함은 내 본캐가 아니지.'

가끔 혼자 있거나 할 때 착 가라앉은 부캐가 등장하곤 한다. 다른 사람에게는 절대 보여 주고 싶지 않은 모습인데, 이렇게 좋은 토요일엔 절대로 등장시킬 수 없다.

혹시 심심해할 사람이 없을까? 인스타, 트위터 업데이트와 카톡 프사를 한꺼번에 열어서 상태를 살핀다. 혜미는 오늘 주말 알바 후에 회식이 있다고 했고…. 수지는 동아리 모임. 친구로 맺어진 사람들의 상태 메시지가 실시간으로 바뀐다. 수많은 친구 목록 중에 떠오르는 사람이 없다…. 하긴 토요일 이 시간에 이렇게 혼자인 사람은 나밖에 없을 거다.

집으로 돌아가려고 생각하는 순간, 갑작스레 인간관계 심리학 교수님의 말이 생각났다.

"겉은 화려해 보여도 실제로 관계에 대해 고민하는 사람들이 많다는 사실을 잊지 마세요. 그리고 이번 학기 중에 같은 조 사람들과 우연한 만남의 기회를 가져 보고, 새로운 만남이 어땠는지 소감을 써 보기를 바랍니다."

교수님께서 하신 말씀을 고려하면 인간관계 심리학 수업을 듣고 있는 조원들에게는 이 시점의 연락이 너무 맥락 없어 보이지는 않을 것 같다. 인간관계 심리학 단톡방에 글을 작성했다.

지원 ○○ 근처에 계시는 분? 오늘 친구한테 바람맞았는데 저녁에 영화 보실 분 있으면 모여요

문득 '아무도 댓글을 남기지 않는다면 어쩌지?'라는 불안감이 엄습했다. '그럴 수 있어.'라고 나를 다독이며 집에 가야겠지. 기다리는 사이에 다른 친구와 메시지를 주고받는다.

지원 지금 어디? 나 심심해

잠시 후, 인간관계 심리학에 남겨진 댓글을 확인한다.

현지 미안, 나는 선약이 있어. 아쉽네
승현 나두
유진 _____

[장면 5]는 유진의 어느 주말 아침이다. 유진은 시내 대형 서점에서 아르바이트를 한다. 기대했던 것처럼 책을 많이 읽을 수 있는 것은 아니지만, 사람들이 어떤 책에 관심이 있는지 살펴보거나 새로 나온 서적을 파악할 수 있는 것만으로도 즐겁다.

사례

[장면 5] 유진의 어느 주말

주말 아침, 평소보다 일찍 눈을 떴다. 오늘 아침은 비교적 한가하다. 아빠는 등산을 가셨고, 엄마는 친구들과 모임이 있다며 일찍 나가셨다. 동생 유미는 밤새 게임을 했는지 잠을 자고 있다. 오늘은 오후에 알바가 있는 날이다.

평소에는 입지 않던 셔츠를 다려 입고 집을 나섰다. 대형 서점에서 신간 도서를 정리하는 알바이다. 이 일 덕분에 어떤 책이 베스트셀러인지, 책을 어느 위치에 두어야 사람들이 더 자주 책을 살펴보는지 감이 좀 생겼다. 조만간 운이 좋으면 저자 사인회에서 베스트셀러 작가를 만날 기회도 생길 것 같다.

주말 오후 서점에는 사람이 많은 편이다. 사람들이 종이로 된 책을 잘 읽지 않는다는 우려의 목소리가 있지만, 우리 서점은 늘 붐빈다. 물론, 책을 사는 사람보다 그냥 그 자리에서 필요한 부분만 발췌해서 읽거나 자신이 마음에 드는 문구를 찾아서 사진을 찍는 사람이 더 많은 것 같다. 아마 그런 사진들이 SNS에 등장하겠지….

신기하게도 비슷한 요일, 비슷한 시간에 반복적으로 서점을 찾아오는 사람들이 있다. 그들은 대부분 혼자 조용히 왔다가 조용히 사라진다.

아르바이트를 마치고 서점을 나서는 길, 인간관계 심리학 단톡방에 글이 하나 올라왔다.

지원 ○○ 근처에 계시는 분? 오늘 친구한테 바람맞았는데 저녁에 영화 보실 분 있으면 모여요

멀지 않은 곳이다. 지원이 토요일 이 시간에 팀플 단톡방에 글을 올렸다는 사실이 의아했다. 지켜본 결과, 지원은 인간관계 심리학 수업에서도 인기가 많은 인싸 중에 인싸인데 이 시간에 웬일일까? 친구가 많아 보이는 지원에게도 뭔가 이유가 있겠지 하는 생각이 연달아 떠올랐다. 몇 초를 사이에 두고 생각이 많아졌다. 이렇게 좋은 토요일 저녁에 아무 약속도 없다는 것을 알리며 지원의 글에 댓글을 남길지, 아니면 '약속이 있어요. 미안~'이라고 없는 약속 핑계 대며 나의 가면을 앞세울지…. 내가 댓글을 남기게 되면 무슨 일이 벌어질지 생각하는 사이에 댓글이 올라오기 시작했다.

현지 미안, 나는 선약이 있어. 아쉽네
승현 나두

유진은 지원의 글에 댓글을 남겼다. 그리고 몇 차례의 대화가 진행되었다.

3 주인공의 이야기 다시 들여다보기

지원과 유진의 이야기를 잘 읽어 보았는가? 이야기에서 가장 인상 깊었던 내용을 떠올려 보자. 아마도 해당 내용이 인상 깊었던 것은 그 이야기와 자신의 연결성 때문일 것이다. 좀 더 구체적으로, 지원과 유진의 이야기 속에서 '나와 비슷하구나'라고 생각한 장면이나 사건이 있었는지 떠올려 보자. 지원과 유진의 일상이 나와 비슷하다고 생각한다면, 이제 그 여자, 지원과 그 남자, 유진의 이야기를 조금 더 자세히 실펴보도록 하자.

지원과 유진은 어느 장면에서 누구와 관계를 맺으며 살고 있는가? 이 책을 읽는 당신은 어느 장면에서 누구와 관계를 맺으며 살고 있는가?

:: 지원이 관계 맺는 대상과 장면

:: 유진이 관계 맺는 대상과 장면

:: 내가 관계 맺는 대상과 장면

예를 들면 가족, 오래 알고 지낸 친구, 최근에 사귄 학교 지인 혹은 친구, 선생님 혹은 교수님, 아르바이트 동료, 동네 주민, 온라인에서 알게 된 지인과의 관계는 물론, 모든 관계에서 중심을 차지하고 있는 자신과의 관계 등에 대해 생각해 볼 수 있다. 이러한 관계는 개인 내, 가정, 학교, 직장, 사회, 온택트 장소에서 펼쳐진다. 관계를 맺고 소통하는 일에 적극적이든 소극적이든, 우리는 끊임없이 다른 사람들과 함께 살아가고 있다. 이제 다음 질문에 대해 생각해 보자.

생각해 보기

지원과 유진은 관계에 관하여 어떤 고민을 하고 있을까? 당신은 관계에 관해 어떤 고민을 하고 있는가?

:: 지원과 유진의 고민

:: 나의 고민

이 문제에 대해서는 정답을 찾기 어렵다. 지원과 유진이 갖고 있는 실제적인 관계 고민을 이해하기 위해서는 이들과 깊이 있는 대화가 필요하기 때문이다. 또한 인간관계는 상호작용을 기초로 하기에 지원과 유진, 지원과 혜미, 유진과 유진의 어머니가 서로 무엇을 지각하고 느끼고 있는지, 즉 이들의 대인지각, 대인감정 등을 함께 고려해야 한다.

앞에서 소개한 [장면]들을 토대로 지원과 유진의 관계 특성을 몇 가지 예상해 보고자 한다. 지원은 유쾌하고 밝은 성격으로 여러 사람과 적극적인 관계를 맺는 특성이 있는 것으로 보인다. 하지만 이러한 지원에게도 관계를 맺거나 유지하기가 쉽지만은 않다. 친구들과 함께하는 시간이 즐겁고 다른 사람들도 지원을 좋아한다고 생각하고 있지만, 자신이 너무 깊이 관여하는 모습을 보이지 않기 위해 친밀함의 강도를 조정하는가 하면, 자신과의 관계를 가볍게 생각하는 듯한 사람들을 만나면 실망하기도 한다. 그러다 보니 사람과의 만남이 어때야 하는지, 진정한 관계란 무엇인지 더 많이 생각하게 되었다.

어쩌면 지원은 혼자 있는 시간이 견디기 어려워 끊임없이 관계를 찾는 것일 수 있다. 이 경우 관계에서 안정감을 갖거나 애착을 형성하는 데 어려움이 있지 않은지, 자기 확신이나 정체성이 부족한 것은 아닌지, 지원의 자기항상성(대상항상성)은 어떤지 등을 고려하여, 이를 점검할 필요가 있다. 앞으로 이 책에서 이러한 관계를 더 깊이 있게 설명할 수 있는 이론적 틀을 학습하게 될 것이다. 이러한 이론적 내용을 미리 살펴보고 싶다면 4장과 5장을 참고하기를 바란다.

유진의 경우는 어떠한가? 유진의 성격은 소위 '내향형'이라고 추측할 수 있다. 다른 사람들과 소통할 때, 말수가 적고 심사숙고하는 편이다. 이러한 특성은 대인관계에서 실수가 적고 진중한 관계를 맺을 수 있다는 강점이 있다. 다른 사람들을 배려하고 존중하는 관계를 맺다 보니 전반적으로 좋은 사람이라는 평가를 받는 경우가 많다. 하지만 자신이 적절한 대우를 받지 못하거나 불편한 상황에 있는 경우에도 이를 표현하지 못하여 자신만 너무 손해 보는 것은 아닌가 고민할 때가 많을 수 있다. 그리고 때로는 혼자서 쌓아 두었던 부정적인 감정과 생각이 일순간에 드러나 관계가 어려워지는 경우가 발생할까 걱정하며, 자신만 이런 고민을 하는지, 너무 예민하고 진지하게 생각하는 것은 아닌지, 이러한 고민을 하는 자신이 괜찮은지, 이대로 계속 잘 살아갈 수 있을지 등 관계에 대한 고민이 끝이 없다.

지원과 유진은 관계에 대해 늘 고민한다. 그러나 고민의 수준이 깊지 않고 적정한 수준의 시행착오를 거쳐 자신이 마주하는 어려움을 해결해 나가고 있다면, 그것만으로도 충분하다. 하지만 때로는 이러한 어려움들이 특정 사건에 따라 일시적으로 증폭되거나 오랜 기간 지속되어 부적응을 야기할 수 있다. 예를 들어 즐거움과 재미를 추구하는 경향이 두드러진 피상적인 인간관계만을 맺거나, 사회적 기술이 부족하여 사람들과 거리를 두거나 갈등이 빚어질 수 있다. 또한 다른 사람과 상호작용 시 과도하게 불안해하여 은둔 · 고립을 선택하는 경향이 있지 않은지, 대인관계에 과도하게 집착하는 중독적인 성향이 있지는 않은지 등을 함께 생각해 볼 필요가 있다. 앞으로 우리는 인간관계에서의 이러한 문제와 그 해결 방안에 대해서도 살펴볼 것이다. 해당 내용을 먼저 확인하고 싶다면 7장과 10장의 내용을 참고하기를 바란다.

생각해 보기

지원과 유진에게는 어떤 욕구가 있을까? 당신에게는 어떤 욕구가 있는가?

:: 지원과 유진의 욕구

:: 나의 욕구

....

....

....

....

....

....

　　지원과 유진이 다른 사람들을 만나는 상황에서 깊이 고민하는 내용은 자신의 욕구와 연결되어 있을 가능성이 높다. 이들은 관계가 넓어지거나 깊어지기를 원할 수도 있고, 친구들의 무리에 속하기를 원할 수도 있으며, 어쩌면 관계에서 자유로워지기를 원할 수도 있다. 이를 1장에서 살펴본 욕구의 관점에서 설명해 보면, 매슬로의 존중 욕구, 사랑과 소속감에 대한 욕구 또는 글래서의 힘, 자유, 즐거움에 대한 욕구와 연결될 수 있다.

　　지원의 욕구를 매슬로의 욕구 위계를 기준으로 생각해 볼 때, 지원은 사랑과 소속감에 대한 욕구가 강하다고 설명해 볼 수 있다. 그리고 아마도 다른 사람들과 함께하는 가운데 자신이 인정받고 존중받기를 바라는 욕구, 즉 존중 욕구 역시 높을 것으로 예상할 수 있다. 글래서의 욕구 중에서는 소속과 사랑, 자유, 즐거움에 대한 욕구가 클 것으로 예상할 수 있다. 유진의 경우, 욕구 표현이 강하지 않은 편이라 핵심적인 욕구를 예측하기에는 어려움이 있다. 유진이 일상생활에서도 상대방에게 자신이 원하는 바를 명확하게 표현할 수 있으려면 우선 자신이 느끼고 생각하는 바를 일상적인 음성 언어로 표현하고, 이를 상대방에게 전달하는 연습 역시 함께 해 볼 필요가 있다. 한편, 유진이 글쓰기를 통해 자신의 역량을 발휘하고 동아리 사람들과 소통하는 것은 존중 욕구에 기초한 것일 수 있으며, 힘을 갖거나 자유로움을 누리려는 욕구의 표현일 수도 있다.

생각해 보기

지원과 유진이는 자신을 어떤 사람으로 이해하고 있을까? 각 사람이 자신을 어떠한 사람이라고 생각하는지를 고려하여 다음의 빈칸을 채워 보자.

지원은 .... 사람이다.

유진은 .... 사람이다.

나는 .... 사람이다.

지원은 자신을 유쾌하고 밝은 사람이라고 여기는 편이다. 또한 관계에서 주도적인 역할을 하며 늘 관계를 추구하고 사람들과 함께 있고 싶어 하는 사람이기도 하다. 사람들이 모인 곳에서 주인공이 되는 경우가 많으나, 가끔 관계의 가벼움에 상처받는 사람이라고 설명할 수도 있다. 이와 다르게 유진은 생각이 많고 신중하며 내향적이고 말수가 적은 사람이다. 타인과의 구어적 소통에서는 주도적이지 않은 편이나 문어적 소통에서는 예리하고 날카로운 측면이 있다. 타인을 배려하는 마음이 커 갈등을 피하려고 하며, 가끔 자신만 손해 보는 관계를 맺고 있는 것은 아닌가 생각하기도 한다. 이러한 주인공들의 모습을 보며 자신과 비슷하다고 생각하거나, 같은 상황에서 다른 반응을 나타낸다고 생각한 부분이 있는가? 그렇다면 지원과 유진에 대한 설명 중에 자신과 잘 맞는다고 생각하는 내용은 무엇인가? (예: '나도 지원과 같이 관계를 추구하는 사람이구나', '나는 말은 잘하는 편이지만 글로는 생각을 표현하지 못하는구나', '나는 사람들 속에서 주목받는 것을 피하는구나') 이와 같이 주인공의 특성을 자신에 대한 이해의 측면으로 생각해 볼 수 있다.

하지만 이러한 자신에 대한 이해, 즉 자기 이해의 측면은 '나'의 전체를 설명할 수 없다. 우리가 자신에 대해 알고 있는 것은 '조하리의 창'(3장 참조)에서는 나도 알고 다른 사람도 아는 열린 창(open area)에 해당할 가능성이 높다. 하지만 실제의 나는 보이지 않는 창(blind area), 숨겨진 창(hidden area) 그리고 나도 타인도 모르는 미지의 창(unknown area)에 해당하는 영역을 가지고 있다. 이러한 다양한 측면을 이해하려는 노력은 자신에 대한 이해를 확장시킬 수 있다.

이 장에서 살펴본 그 남자와 그 여자의 이야기, 어떠했는가? 살펴본 바와 같이 우리는 다양한 사람들과 관계를 맺고 살아가고 있으며, 자신에 대해, 관계에 대해 늘 고민한다. 즉 관계의 양상이 어떠하든 우리 모두는 관계를 토대로 살아간다. 그리고 대학생 시기는 관계의 폭이 확대되고 자신이 주체가 되는 관계를 더 많이 마주하게 되면서 관계 고민이 한층 깊어지는 시기이기도 하다. 이러한 대학생의 시기에 진지하게 또는 학문적으로 관계에 대해 고민함으로써, 자기 이해가 깊어질 수 있다. 우리는 우리의 다양한 모습을 만나고, 이를 통합하며 자신의 정체성을 형성해 나간다. 이제 지원과 유진 그리고 나의 이야기를 가지고 본격적으로 인간관계의 심리학을 학습해 보자.

1 핸드폰의 사용 기록(통화 기록, 문자 메시지, SNS 소통 내역, 사진첩 등)을 살펴
   보자. 누구와 언제, 어떤 목적으로 연락하였는가? 연락을 주고받은 대상과 목
   적을 요약해 보자.

대상	목적
예: 고등학교 친구	예: 주말에 만날 약속을 정하기 위하여

2 당신과 교류하고 있는 사람들을 다음의 다이어그램 안에 표시해 보자. 가까운
   관계일수록 안쪽 원에, 심리적으로 멀수록 바깥쪽 원에 배치해 보자.

– 다이어그램에는 어떤 사람들이 등장하는가?
– 다른 사람들을 배치한 위치를 설명해 보자.
– 다이어그램에서 위치를 변화시키고 싶은 사람이 있는가?
– 만약 이러한 변화가 나의 관계를 위한 바람직한 방향이라면, 나는 이러한 관계의 변화를 위해 어떠한
  노력을 해야 하는가?

3 의무적으로 해야 할 일이 없는 어느 날, 누군가 한 사람을 만나서 시간을 보내야
   한다면, 어떤 사람과 어디에서 무엇을 하며 어떻게 시간을 보낼지 생각해 보자.

2부

관계의 이해

03 인간관계의
형성과 발달

●

인간관계 형성에는 처음 만났을 때의 인상이 큰 영향을 미치며, 이후 서로에 대한 신뢰와 이해를 바탕으로 점차 관계가 깊어진다. 이 과정에서 서로의 유사성, 호혜성, 근접성 등이 중요한 역할을 하며, 이러한 요소들은 서로 간의 상호작용을 통해 더욱 발전하게 된다. 인간관계는 서로를 더 잘 알아가는 단계에서 시작하여, 갈등을 해결하고 심화하는 단계를 거쳐 안정된 동맹으로 발전할 수 있다. 이 과정에서 각자의 개성과 필요가 상호보완되는데, 한번 맺어진 관계를 유지하고 발전시키기는 데는 이해와 신뢰를 바탕으로 한 지속적인 의사소통이 필수적이다. 따라서 인간관계를 형성하고 유지하기 위해서는 개인의 성격, 호감을 느끼는 요인 그리고 관계를 심화시키는 방법에 대한 이해가 중요하다고 볼 수 있다.

이 장에서는 인간관계 형성 과정과 지속적인 관계를 유지하고 발전시키기 위한 요인들에 대해 알아본다.

학습 목표

★ 인간관계 형성 및 발전의 다양한 단계를 이해한다.

★ 관계를 형성하는 과정에서 호감과 친밀감을 높이는 요인들에 대해 배운다.

★ 관계의 지속과 발전을 위한 의사소통 및 상호작용의 중요성을 인식한다.

유진의 과거 인간관계

이 사례는 2장에서 소개한 유진의 대학교 1학년 때 경험으로, 현재 같은 학교에 다니고 있는 지석과의 이야기다. 지석은 커뮤니케이션학과 학생이며, 유진은 국문과 학생이다. 둘은 동아리 활동을 통해 처음 만났고, 각자 전공과 관심사가 다름에도 빠르게 친해졌다.

지석은 사람들과 어울리는 것을 좋아하는 반면, 유진은 좀 더 내성적이고 관찰을 선호하는 편이다. 지석은 동아리 모임에서 유진을 처음 만난 후로 늘 유진과 친해지고 싶었다. 처음에는 서로에 대해 많이 알지 못했지만, 지석의 적극적인 태도와 유진의 따뜻한 성격 덕분에 두 사람은 빠르게 가까워졌다.

어느 날, 동아리 활동 중에 팀 프로젝트가 주어졌고, 지석과 유진은 같은 팀에 배정되었다. 프로젝트 준비 과정에서 둘은 서로의 성격과 특성이 잘 맞는다는 것을 발견하고, 이를 통해 서로에 대한 신뢰와 이해가 깊어졌다. 지석은 유진에게 자신의 개인적인 문제를 공유하기 시작했고, 유진은 지석의 고민에 귀를 기울이며 조언을 해 주었다.

두 사람은 프로젝트가 끝난 후에도 자주 만나 서로의 취미와 관심사를 공유하며 시간을 보냈다. 지석은 유진에게 사진 촬영을 가르쳐 주었고, 유진은 자신이 어려서부터 관심을 가져왔던 심리학의 흥미로운 이론들을 지석에게 설명해 주었다. 이러한 교류를 통해 둘은 서로의 다양한 면모를 알아 갔고, 이윽고 두 사람은 서로 존중하는 관계로 발전했다.

그러나 관계가 깊어질수록 둘 사이에는 작은 오해와 갈등도 생겼다. 한번은 지석이 유진에게 한 약속을 잊어버려 유진이 서운해한 적이 있었다. 이 일로 둘 사이에 잠시 어색한 분위기가 흘렀지만, 두 사람은 솔직한 대화를 통해 오해를 풀고 서로를 더욱 이해하게 되었다.

인간은 진화론적으로 협동, 신뢰, 사랑, 돌봄과 같은 관계적 활동의 기제를 물려받았고, 이에 따라 인간의 뇌와 신경체계도 사회적 활동을 위해 다른 사람들과 집단을 형성하면서 살도록 진화되어 왔다. 그래서 인간은 오래전부터 짝을 찾고 짝의 마음을 얻어 짝을 지키고 돌보는 한편, 더 큰 힘을 얻기 위해 다른 사람과 제휴하고 지위를 확보해 나가는 도전 속에서 부부, 가족, 친구, 동료 등과 친밀한 관계를 형성해 왔다.

우리는 살아가면서 수많은 사람과 만나게 되지만, 이들과 관계를 형성하고 유지하는 방식은 사람마다, 관계 유형마다 다르다. 오래전부터 인간이 해온 일임에도 불구하고, 쉽지만은 않은 듯하다. 인간관계는 피상적인 만남에서 시작하여 친밀한 관계로 발전되어 가지만, 서로의 생각이나 이해관계 충돌로 갈등을 겪기도 하고, 갈등이 심화되어 관계가 끝나기도 한다. 사람과 관계를 맺는 과정은 우연히 일어나지 않고, 사람을 만나 호감을 느끼고 관계가 친밀해지는 일련의 단계를 거친다. 관계가 형성되고 발전되는 과정은 다음과 같이 시작, 탐색, 심화, 재협상, 동맹 등 5단계로 나눠 살펴볼 수 있다(설기문, 2002).

1 시작 단계: 관계의 시작

인간관계가 시작되기 위해서는 무엇보다 관계를 맺는 사람들이 서로에게 호감과 매력을 느껴야 한다. 대화를 나누며 파악한 상대가 처음의 기대에 부합할 경우, 우리는 상대와 더 친밀한 관계로 발전하지만, 그렇지 않을 경우 관계를 지속하지 않을 수 있다.

(1) 첫 만남에서 어떤 요인이 매력적으로 느껴질까

관계는 첫 만남부터 시작된다. 첫 만남에서 상대와 대화를 나눌 때, 우리는 상대의 첫인상, 신체적 매력, 성격 특성 등을 파악한다. 이러한 요인들은 관계에 얼마나 큰 영향을 미칠까? 각각의 요인을 자세히 살펴보자.

① 첫인상

첫인상은 호감에 매우 큰 영향을 미칠 수 있다. 첫인상은 아주 짧은 시간 안에 형성된다. 상대를 만나자마자 형성될 수도, 몇 마디 말을 주고받은 후 형성될 수도 있다. 일반적으로 첫인상은 짧으면 3초, 늦어도 90초 안에 결정된다고 한다.

앨버트 머레이비언(Albert Mehrabian)의 '머레이비언 법칙'에 따르면 (Mehrabian, 1967), 첫인상을 결정하는 요소의 비율은 시각적 요소가 55%, 청각적 요소가 38%, 말의 내용이 7%로, 시청각적 요소가 첫인상의 93%를 차지한다. 순식간에 형성된 첫인상은 이후의 대인관계를 지속할지 결정하는 데 중요한 기능을 하며, 관계를 유지하는 동안 계속 재확인되거나 수정된다. 이렇게 형성된 첫인상은 쉽게 바뀌지 않는다. 여러 정보가 순차적으로 제시되는 상황에서 초기에 제공된 정보가 대표성을 띠고 더 잘 기억되는 효과, 즉 초두효과가 작용하기 때문이다.

호감 가는 첫인상을 주는 비법은 청결하고 단정한 몸가짐, 밝은 표정과 바른 자세, 밝은 목소리와 부드러운 말투 등이다. 첫인상이 안 좋으면 최소 40시간을 투자해야 이를 만회할 수 있다는 실험 결과도 있다고 하니, 부드럽게 미소 지으면서 따뜻한 말 한마디 건네는 것으로 좋은 첫인상을 주려고 노력해 보자.

② 신체적 매력

첫 만남에서 호감도에 영향을 주는 두 번째 요인은 신체적 매력이다. 훌륭한 외모는 사람의 심리를 움직여 일단 믿어 주고 싶은 욕구를 불러일으킨다는 연구 결과가 있다. 예를 들어 연구에 참가한 사람들을 두 집단으로 나눈 뒤 같은 내용의 에세이를 보여 주고, 한쪽에는 매력적인 여성의 사진을, 다른 한쪽에는 매력적이지 않은 여성의 사진을 제시하며 글쓴이라고 소개하였다. 그 결과 연구 참가자들은 글쓴이가 매력적인 여성일 때 에세이를 더 긍정적으로 평가했다(김종운, 2017).

외모에 대한 인상이 형성되는 데는 얼굴 생김새 외에도 표정(예: 웃음, 찡그림)이나 체형(예: 마른, 다부진, 통통한) 역시 중요한 영향을 미친다. 그러나 외모를 통한 성격 추론은 정확하지 않으며, 고정관념으로 인한 것일 수 있으므로 신중하게 판단해야 한다.

이처럼 외모나 지명도, 좋은 대학, 좋은 직장과 같이 어떤 사람이 갖고 있는 장점이나 긍정적인 특성 하나가 그 사람 전체를 평가하는 데 결정적인 영향을 미치는 것을 '후광 효과(halo effect)'라고 한다. 반면에, 비호감의 외모나 다른 부정적인 특성 하나가 그 사람의 다른 측면에까지 부정적인 영향을 미치는 것을 '악마 효과(devil effect)'라고 한다. 영화나 드라마에서 주인공이 대부분 잘생겼고, 범죄자, 깡패, 사기꾼 등의 악역을 맡은 배우는 험상궂게 생겼거나 평범하게 생긴 경우를 흔히 볼 수 있다.

또한 매력 있는 상대와 함께 있을 때 사회적인 지위나 자존감이 고양되는 것을 '방사 효과(radiation effect)'라고 한다. 주변 사람들 또는 함께 있는 사람의 긍정적인 특성이 자신에게 영향을 끼쳐 마치 '방사능'처럼 그 영향을 받게 되는 현상이다. 사회적 지위가 높은 사람과 함께 있는 것만으로도 자신의 존재 가치나 자존감이 상승하는 느낌을 받을 수 있다. 그러나 이러한 방사 효과는 두 사람이 서로 잘 모르는 사이일 때보다는 사적으로 어느 정도 아는 사이일 때 발생한다. 즉 자신이 그 사람과 가까운 관계라고 인식할 때, 그 사람의 긍정적인 이미지를 자신에게도 투영하게 되고, 그로 인해 자신의 이미지가 더 좋아 보이게 되는 것이다. 반면에 '대비 효과(contrast effect)'는 서로 잘 모르는 경우에 발생한다. 예를 들어 모임에서 다른 사람들이 내 모습에 비해 상대방을 덜 매력적으로 느낀다면, '상대적으로 내가 더 매력적으로 보이는 효과'가 나타날 수 있는 것이다(김종운, 2017).

③ 성격 특성

사람들이 선호하는 성격 특성은 문화와 시대에 따라, 개인마다 다를 수 있다. 굿윈(Charles Goodwin)의 연구 결과, 사람들이 애인의 성격으로 선호하는 특성은 친절함, 사려 깊음, 정직함, 유머러스함 등으로 나타났다(Goodwin, 2000). 앤더슨(Norman H. Anderson)의 연구 결과에서 사람들이 좋아하는 성격 특성은 성실성, 정직함, 이해심 많음, 진실함, 지적임, 믿음직함, 사려 깊음, 따뜻함, 친절함, 유머러스함 등이었고, 선호하지 않는 성격 특성은 '거짓말을 잘함'이었다(Anderson, 1968).

우리 사회에는 '첫 만남에서 싹싹하고 친근하게 다가가야 한다.'는 사회적 통념이 있다. 그러나 내향형인 사람에게는 이러한 통념이 상당히 부담스러울 수 있다. 한국의 경우 외향형인 사람보다 내향형인 사람이 훨씬 많다. 내향형인 사람을 처음 만날 때는 적당한 거리감을 두고 천천히 자연스럽게 친밀감을 만들어 가는 것이 필요하다. 누군가를 처음 만났을 때는 어색하고 낯선 것이 당연하다. 따라서 관계를 시작하는 단계에서는 상대의 이야기를 많이 듣고 상대에게 자신을 받아들일 시간을 충분히 주는 것이 좋다. 이것만으로도 상대와 가까워지는 것이 조금 더 수월해질 것이다.

또한 남자 대학생들을 대상으로 한 이민규(2004)의 연구에서, 연구 참가자들에게 캠퍼스 내의 문제에 대해 좋은 해결책을 제시한 남학생들의 인터뷰를 듣게 하였다. 인터뷰에서 좋은 해결책을 제시한 남학생들은 매우 유능하거나, 매우 유능하지만 당황해서 커피를 쏟았거나, 다소 무능하거나, 다소 무능하면서 당황해서 커피를 쏟는 모습으로 연출되었다. 연구 참가자들에게 이들 중 누구를 가장 선호하는지 조사한 결과, 참가자들은 '실수를 저지른 매우 유능한 학생'을 선호하는 것으로 나타났다. 즉 사람들은 흥미롭게도 유능하면서 때때로 허당끼가 있어서 실수도 하는 사람에게 더 많은 호감을 느낀다.

2 탐색 단계: 서로에 대한 탐색

관계가 시작된 다음에는 상대방의 특성을 탐색하게 된다. 상대방과 이름, 직업, 가족관계, 전공 분야, 고향 등에 대한 정보를 주고받고, 서로 간의 공통 화제나 관심 분야, 취미 등을 찾아보며 서로에 대한 이해를 증진하여 더욱 친밀한 인간관계를 맺는 것이다.

(1) 호감은 어떨 때 생길까

① 유사성: 닮은 사람에게 끌린다

사람들은 본능적으로 자신과 비슷한 사람을 좋아하며, 자신과 연관이 있는 것에 끌린다. 생각이나 의견, 취미나 가치관, 나이, 성별, 외모, 가정 환경, 행동 등 서로 간에 사소한 공통점이라도 있다면 관심이 생기기 마련이다. 그래서 대화하면서 상대방과 공통 분모를 많이 만들면 빨리 가까워지고 호감을 얻을 수 있다. 커플들과 부부들은 나이, 인종, 종교, 사회경제적 지위, 교육, 지성, 신체적 매력, 태도, 가치관에서 비슷한 경향이 있는 것으로 나타났다.

유사성의 법칙과 관련하여 재미있는 실험 결과가 있다(Cialdini, 2016/ 2023). 서빙 직원의 팁 수령액을 조사한 실험인데, 주문 시 서빙 직원이 고객의 말을 반복하는 경우와 그렇지 않은 경우, 즉 주문받은 후 "네, 알겠습니다."라고만 말하고 돌아간 서빙 직원과 주문받은 후 고객의 말을 반복한 서빙 직원 중 고객의 말을 반복한 서빙 직원이 팁을 70%나 더 받은 것으로 나타났다. 또한 상대방의 행동을 미묘하게 따라 한 그룹의 협상 성공률이 67%로 따라 하지 않은 그룹의 협상 성공률 12.5%보다 높은 것으로 나타났다. 이러한 결과를 통해 상대방의 말과 행동을 잘 따라 하면 호감을 불러일으키고, 좋은 성과가 나올 확률이 높다는 것을 알 수 있다.

② 근접성: 자주 만나면 호감이 생긴다

사람은 자주 만나는 사람에게 친근감을 느낀다. '이웃사촌'이나 '눈에서 멀어지면 마음도 멀어진다.'라는 말이 있듯이 일반적으로 가까이 살거나, 함께 일하거나, 함께 장을 보거나 밥을 같이 먹는 등 자주 어울리는 사람에게 호감을 느끼기 쉽다.

③ 호혜성: 자기를 좋아하는 사람을 좋아한다

사람은 자기를 좋아하는 사람을 좋아하게 된다. 호혜성은 상대방이 주는 친절이나 관심에 보답하고자 하는 심리적인 경향을 의미한다. 즉 내가 상대방에게 좋은 감정이나 친절을 보이면 상대방도 그에 대해 긍정적으로 반응하려는 경향이 있다는 것이다. 이러한 호혜성의 원리는 인간관계에서 매우 중요한 원리로, 만약 어떤 사람이 당신을 좋아한다고 믿는다면, 당신은 상대방에게 더 친절하게 행동하게 되고, 이는 다시 상대방이 당신에게 긍정적으로 반응하도록 자극하는 방식으로 작용한다.

상대방에게 정말 매력적인 경우가 아니고서는 관심 있는 상대에게 일부러 거리를 두는 태도를 보이는 '튕기기 전략'은 별 도움이 안 된다. 이 전략은 상대방의 관심을 끌거나 상대방이 더 적극적으로 다가오도록 유도하는 데 사용되곤 한다. 그러나 상대방에게 특별하게 매력적이지 않으면, 상대방은 이를 자신에게 관심이 없다는 의미로 받아들일 수 있다. 이 경우 튕기기 전략은 관계를 발전시키는 데 오히려 역효과를 줄 수 있다. 따라서 관계를 발전시키기 위해서는 상대방의 반응을 기다리기보다 적극적으로 호혜성을 적용하는 것이 좋다. 상대방에게 진심으로 관심을 보이고 친절하게 대한다면, 상대방도 나에게 긍정적인 태도를 보이게 될 것이다.

④ 상보성: 상반되는 특성이 서로를 끌리게 한다

때때로 서로 상반되는 특성은 서로가 서로에게 더 큰 매력을 느끼게 할 수 있다. 말하기를 좋아하는 사람은 말하기보다 들어 주기를 잘하는 사람을 좋아할 수 있는데 이를 '욕구 상보성'이라 한다. 욕구 상보성은 서로 다른 특성을 가진 두 사람이 각자의 욕구를 서로 보완하는 방식으로 서로에게 끌리는 현상을 말한다. 한 사람에게 없는 특성을 다른 사람이 가지고 있어서, 서로 부족한 부분을 채워 주는 방식으로 관계가 형성될 수 있다. 특히 서로의 상반되는 욕구를 보완하면서도 유사성으로 공유되는 것이 많을 때, 둘 사이의 관계는 자연스레 더욱 친밀해지고 깊어진다.

(2) 자기개방

탐색 단계에서는 자신에 대한 정보를 상대방과 나누게 된다. 자기개방(self-disclosure)은 주변 사람들이 일반적으로 알지 못하는 자신의 개인적인 정보를 상대방에게 의도적으로 노출하는 것이다. 자기개방을 통해 서로 경계심을 낮춤으로써 좀 더 솔직하고 깊이 있는 대화를 할 수 있는 장이 펼쳐지면, 서로 사적 정보를 공유하며 마음을 열고 신뢰감을 쌓을 수 있다. 한편으로 낯선 사람에게 자신을 개방하는 것, 특히 자신의 부정적인 면을 드러내는 것은 매우 어려운 일일 수 있다. 상대방이 자신을 거절하거나 무시할 수 있다는 두려움과 걱정이 들 수 있기 때문이다. 그러나 자기개방은 서로를 깊이 이해하는 토대를 만드는 중요한 과정이기에, 누군가와 친해지고 싶다면 자신을 드러내는 용기가 필요하다.

자기개방은 서로 간의 의사소통과 친밀감을 증진할 뿐만 아니라, 우리 자신에게도 도움이 된다. 우선 자기개방은 자신에 대한 이해를 촉진한다. 다른 사람에게 자기 이야기를 하는 과정에서 자신을 좀 더 객관적으로 이해하고, 스스로 느끼는 감정과 생각들을 정리하는 한편, 다른 사람들의 반응 속에서 자신을 더 깊이 이해할 수 있다. 자기개방은 감정을 정화하는 기능을 한다. 특히 다른 사람들에게 쉽게 이야기하기 어려운 감정적인 내용을 개방할 때 감정이 많이 정화된다. 또한 쉽게 털어놓지 못하는 비밀스러운 자신의 이야기를 상대에게 개방할 때, 그동안 억눌렸던 에너지가 충전되거나 새로운 에너지를 얻는 효과를 경험할 수 있다.

① 조하리의 창

조하리의 마음의 창(Johari's window of mind)은 심리학자인 루프트(Joseph Luft)와 잉햄(Harrington Ingham)에 의해 개발된 것으로, 조하리의 창이라고도 부른다. 자기개방과 피드백 측면에서 자기 인식 및 타인과의 관계를 진단하는 데 사용되는 자가 진단 도구이다(Luft & Ingham, 1955). 조하리의 창을 활용하여 개인이 자신을 어떻게 인식하는지, 다른 사람은 자신을 어떻게 인식하는지 탐구하고 대인관계를 개선할 수 있다.

조하리의 창은 열린 창(공개 영역), 보이지 않는 창(맹목 영역), 숨겨진 창(숨겨진 영역), 미지의 창(미지 영역) 등 네 가지 영역으로 나뉜다. 공개 영역은 나도 알고 다른 사람도 아는 나에 대한 정보를 의미하고, 맹목 영역은 나

	자신이 아는 부분	자신이 모르는 부분
다른 사람이 아는 부분	열린 창	보이지 않는 창
다른 사람이 모르는 부분	숨겨진 창	미지의 창

그림 3.1 조하리의 창

는 모르지만 다른 사람은 알고 있는 나에 대한 정보(예: 행동 습관, 말버릇 등)를 의미한다. 숨겨진 영역은 나는 알고 있지만 다른 사람에게는 알려지지 않은 정보(예: 비밀, 약점)를 의미하고, 미지 영역은 나도 모르고 다른 사람도 모르는 나에 대한 정보에 해당한다.

다음의 조하리의 창 진단검사를 이용하여 자신의 인간관계를 살펴보자. 조하리의 창은 '말하기(신뢰, 노출)'라는 자기개방과 '듣기(존중, 수용)'라는 피드백의 측면에서 자신의 대화 스타일을 진단해 볼 수 있다.

조하리의 창 진단검사

번호	문항	그렇지 않다	그저 그렇다	매우 그렇다
1	나는 상대방 의견에 공감하면 이를 바로 인정한다.	1 2 3 4	5 6 7 8	9 10
2	나는 상대방의 잘못을 지적할 필요가 있을 때는 직접 말한다.	1 2 3 4	5 6 7 8	9 10
3	나는 나의 느낌을 상대방에게 솔직하게 표현한다.	1 2 3 4	5 6 7 8	9 10
4	나는 걱정거리가 생길 경우 다른 사람을 찾아가 터놓고 의논한다.	1 2 3 4	5 6 7 8	9 10
5	나는 상대방이 서운한 점을 표현하면 차분하게 그에게 설명한다.	1 2 3 4	5 6 7 8	9 10
6	나는 달가운 일이 아닐지라도 상대방이 알아야 할 사항이라면 알려준다.	1 2 3 4	5 6 7 8	9 10
7	상대방의 의견이 나와 다를 경우, 나의 생각을 말하고 함께 검토해 본다.	1 2 3 4	5 6 7 8	9 10
8	나는 말하기 거북한 내용이라도 상대방에게 솔직히 말한다.	1 2 3 4	5 6 7 8	9 10
9	나는 상대방에게 있는 그대로를 나타내며 가식이 없는 편이다.	1 2 3 4	5 6 7 8	9 10

번호	문항	그렇지 않다	그저 그렇다	매우 그렇다
10	내가 옳다고 확신하는 것은 상대방을 잘 설득한다.	1 2 3 4	5 6 7 8	9 10
11	나는 상대방으로부터 납득하기 어려운 말을 들을 경우, 상황 파악을 위한 질문을 하고 잘 들어본다.	1 2 3 4	5 6 7 8	9 10
12	나의 의견에 대해 상대방이 어떻게 생각하는지 물어본다.	1 2 3 4	5 6 7 8	9 10
13	나는 상대방의 감정을 존중한다.	1 2 3 4	5 6 7 8	9 10
14	나는 혼자 이야기를 계속하여 상대방을 불안하게 하지 않는다.	1 2 3 4	5 6 7 8	9 10
15	나는 진심으로 상대방의 이야기를 들어 준다.	1 2 3 4	5 6 7 8	9 10
16	나는 누군가가 찾아오면 그의 의견을 듣고, 대화를 독단적으로 끌고 가지 않는다.	1 2 3 4	5 6 7 8	9 10
17	나는 상대방의 의견을 잘 받아들인다.	1 2 3 4	5 6 7 8	9 10
18	나는 나의 실수에 대해 상대방에게 변명을 하지 않고 비판에 귀를 기울인다.	1 2 3 4	5 6 7 8	9 10
19	나는 나의 의견에 찬성하지 않는 사람이라도 그의 의견을 끝까지 듣는다.	1 2 3 4	5 6 7 8	9 10
20	나는 상대방에게 그의 생각을 편하게 말하도록 권장한다.	1 2 3 4	5 6 7 8	9 10

- **말하기(신뢰, 노출)** 1~10번 점수의 합: / 10
- **듣기(존중, 수용)** 11~20번 점수의 합: / 10
* 역채점 문항 점수는 1점 → 7점, 2점 → 6점, 3점 → 5점, 4점 → 4점, 5점 → 3점, 6점 → 2점, 7점 → 1 점으로 계산한다.

출처: 김성현(2004).

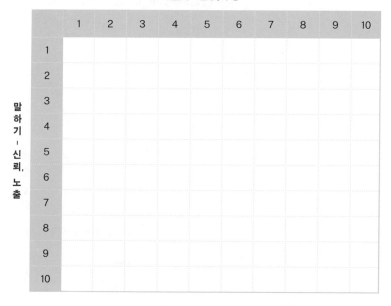

듣기 – 존중, 수용

	1	2	3	4	5	6	7	8	9	10
1										
2										
3										
4										
5										
6										
7										
8										
9										
10										

말하기 – 신뢰, 노출

　　말하기 점수는 수직축, 듣기 점수는 수평축으로 나누어 체크하고, 두 점이 만나는 선을 그으면 4개 영역으로 나누어진다.

　　나의 대화 스타일은 (　　　　　) 이다.

　　사람마다 창의 모양이 다를 것이다. 인간관계에서 자기 자신을 다른 사람에게 개방하는 일인 말하기(신뢰, 노출)와 듣기(존중, 수용) 정도에 따라 마음의 창을 구성하는 영역의 넓이가 달라질 수 있다.

　　― 개방형

　　열린 창의 영역이 넓은 경우는 **개방형**으로서 인간관계가 원만한 유형에 해당한다. 이 유형에 속하는 사람들은 적절하게 자기 자신을 표현하고 다른 사람의 말도 잘 경청하며 다른 사람에게 호감과 친밀감을 주어 인기도 많다. 그러나 지나치게 공개적 영역이 넓은 사람은 말이 많고 주책스럽고 경박한 사람으로 보일 수 있다.

공개적 영역 (열린 창)	

─ 주장형

보이지 않는 창의 영역이 넓은 경우는, **주장형**으로서 기분이나 의견을 솔직하게 잘 표현하고 시원시원하지만, 다른 사람의 반응에 무관심하거나 둔감하여 때로는 독선적으로 보일 수 있는 유형이다. 다른 사

	맹목의 영역 (보이지 않는 창)

람의 말을 좀 더 진지하게 경청하는 노력이 요구된다.

─ 신중형

숨겨진 창의 영역이 넓은 경우는, 신중형으로서 타인에 대해 수용적이고 속이 깊고 신중한 유형에 해당한다. 이 유형에 속하는 사람들은 다른 사람의 이야기는 잘 경청하지만 자신의 이야기는 잘 하지 않는

숨겨진 영역 (숨겨진 창)	

다. 현대인에게 가장 흔한 유형으로 내면적으로 고독감을 느끼는 경우가 많기에 자기개방을 통해 다른 사람과 좀 더 넓고 깊은 관계를 맺는 것이 요구된다.

─ 고립형

미지의 창 영역이 넓은 경우는, **고립형**으로서 인간관계에서 소극적이고 다른 사람과 접촉하는 것을 불편해하거나 혼자 있는 것을 좋아하는 유형이

다. 이 유형에 속하는 사람들은 인간관계에 좀 더 적극적인 태도를 가질 필요가 있다. 특히 인간관계 개선을 위해 미지의 창 영역을 줄이고 열린 창 영역을 넓히는 것이 요구된다.

	미지의 영역 (미지의 창)

(3) 인간관계의 법칙

인간관계의 법칙은 사람들 사이의 상호작용과 사회적 연결의 패턴을 설명해 주는 법칙으로, 관계의 지속성과 영향력을 이해하는 데 활용된다. 인간관계의 법칙 중 대표적인 사례들을 다음과 같이 살펴보고자 한다.

① 123의 법칙

123의 법칙은 전 세계적으로 5,000만 부 이상 판매된 『데일 카네기 인간관계론』에서 알려 주는 기본 법칙 중 하나이다. 이 법칙은 '1번 말하고, 2번 듣고, 3번 맞장구쳐라'라는 의미로 경청과 반응을 강조한다. 우선 상대방의 흥미를 끌 만한 주제를 한 가지 던지고, 두 가지 이상 상대의 말에 귀를 기울이며, 세 가지 이상의 리액션이나 칭찬으로 환대하는 말을 하면, 다른 사람들이 당신을 아주 매너 있고 좋은 사람으로 본다는 법칙이다. 마지막 맞장구 단계에서 가장 중요한 것은, 행동을 너무 빠르게 하여 진중함을 잃지 말고 천천히 그리고 진중하게 일관성 있는 대답과 리액션을 해야 한다는 점이다. 이 법칙은 너무 많이 말하기보다는 듣고 반응하는 게 더 중요하다는 사실을 시사한다.

② 248의 법칙

우리는 흔히 자신이 준 만큼 대접받기를 원한다. 248의 법칙은 '2개를 받고 싶으면 4개를 주고, 4개를 받고 싶으면 8개를 주어라'라는 의미로, 인간관계를 계산적으로 받아들이는 사람들에게 생각해 볼 지점을 제공한다. 이 법칙은 좋은 인간관계를 위해서는 자신이 대접한 만큼 받겠다는 계산적인 마음을 내려놓고, 손해를 보더라도 다른 사람을 더 배려해야 한다는 사실을 알려준다.

③ 2:7:1의 법칙

우리는 살면서 여러 유형의 사람들을 만나며, 때때로 사람들에게 상처를 받기도 한다. 다른 사람과 서로 알아 가고 친해지는 과정에서 때로는 너무 가까워져 서로의 모난 점에 상처를 입는 경우가 있는가 하면, 너무 멀어져서 더 이상 친밀감이 형성되지 않는 경우도 있다. 이에 대해 가마타 히로키 교수는 『그 사람은 왜 인복이 많을까』라는 저서에서 2:6:2의 법칙 혹은 2:7:1의 법칙을 제안하였다. 이 법칙에 따르면, 당신 주위에 있는 10명의 사람 중에서 2명 정도는 당신의 성격과 잘 맞지만, 잘 맞지 않는 사람도 반드시 1~2명은 있다. 이 법칙은 모든 사람과 성격이 잘 맞을 수는 없음을 시사한다. 이는 매우 자연스러운 현상이다. 모두에게 사랑받는 사람은 역사상 존재하지 않았다. 모두에게 미움을 받는 사람도 마찬가지다. 이 법칙을 이해하면 누구와 친해지고, 누구와 거리를 두는 것이 좋을지 좀 더 원활히 판단할 수 있으며, 모두에게 사랑받고 싶다는 생각이 환상에 불과하다는 사실을 깨달을 수 있다.

2019년에 방영된 tvN 드라마 〈블랙독〉에 이런 대사가 나온다.

> "2:6:2의 법칙이라는 게 있다. 열 사람이 모이면 그중에 둘은 나를 좋아하고, 여섯은 내게 관심이 없고, 나머지 한둘은 날 싫어하기 마련이라는 자연의 법칙. 하지만 이 법칙을 알면서도 난 여전히 뒤에서 오래도록 날 미워하는 사람을 대가 없이 돕고 발 뻗고 잘 만큼 평안하지 못하다."

물론 이러한 법칙을 안다고 인간관계의 적당한 거리가 어느 정도인지 단숨에 파악할 수 있는 것은 아니다. 우리는 수많은 시행착오를 거듭한 다음에야 사람과 사람 사이의 적당한 거리 감각을 익히고 체화할 수 있다. 너무 빠르게 다가가도, 너무 오랫동안 멀리 있어도 친한 관계가 되기 어렵다. 또한 당신에게 아무런 의미도 없는 사람들을 억지로 붙잡아 두려 애쓰지 말자. 우리는 적당한 거리에서 더 깊은 관계가 될 수 있다(박한평, 2021).

3 심화 단계: 관계의 심화와 통합

심화 단계에서는 관계의 심화와 통합이 이루어진다. 이 단계에서 '그냥 아는 관계'에서 '친한 관계' 수준으로 넘어가게 된다. 서로가 시간과 마음을 들여서 관계를 발전시켜 감에 따라 친밀함과 신뢰가 쌓여서 두 사람의 관계는 심화된다. 이 단계에서 우리는 사적이고 개인적인 점들을 상대방에게 더 많이 보여 주게 되고, 상대방의 사적인 부분에 대해서도 더 많이 알게 된다. 자기공개를 많이 할수록 친밀해지고, 친한 사이일수록 자기공개가 증가한다. 이 단계에서는 서로의 성격과 가치관, 세계관을 이해하고, 더 친밀한 관계에서 사용할 수 있는 격식 없는 호칭을 사용하며, 서로의 심적 거리가 가까워져서 스킨십도 자연스럽게 이루어질 수 있다.

심화 단계에서 개인적 고민이나 가족 갈등, 열등감, 신체적 결함, 재정 상황, 성적인 문제 등 매우 사적이고 비밀스러운 이야기를 공유함에 따라 점진적으로 친밀감이 깊어진다. 상대방을 잘 알수록 대화의 주제가 넓어지고 상대방의 말과 행동을 잘 이해하게 된다. 또한 상대의 행동을 더 잘 예측하게 되므로 상대방의 의도를 오해하는 일이 줄어 갈등이 감소하고 편안함을 느끼게 된다. 더 나아가 두 사람 사이의 교류가 증진되고 심화될수록 심리적으로 하나가 되고자 여러 가지를 공유할 것이다. 연인의 경우 둘만의 추억거리

(예: 커플링, 기념일 챙기기 등)를 만들면서 신뢰가 쌓여 감에 따라 자기노출이 심화되면서 관계가 깊어진다. 이러한 신뢰와 자기노출은 서로 상호작용한다. 즉 신뢰가 더 깊은 자기노출을 야기하고, 더 깊은 자기노출은 더 깊은 우정과 신뢰를 낳는다.

(1) 인간관계를 심화시키는 요인

인간관계의 심화는 상호작용의 질과 지속성에 의해 결정된다. 보상성과 상호성, 규칙성 등의 요인이 신뢰와 유대감을 형성하고, 관계의 안정성과 지속성을 높이는 데 중요한 역할을 한다.

① 보상성과 상호성

긍정적인 보상이 있는 관계는 심화된다. 정서적 지지와 공감, 즐거운 체험, 현실적 도움을 포함한 보살핌, 선물 등이 보상이 될 수 있는데, 이러한 보상이 커질수록 관계는 점점 더 심화된다. 쉽게 말하지 못하는 고민이 있거나 힘든 일을 겪는 사람에게 정서적 공감과 지지를 통해 위로하는 경우(혹은 그 반대의 경우), 그 사람과의 관계는 상호촉진적이 되어 더욱 깊어질 수 있다. 살다 보면 누구나 도움이 필요한 순간이 있다. 이런 때 주고받는 도움은 삶에 큰 힘이 되기 마련이다.

인간관계는 상호호혜적인 속성을 띠기에 도움을 일방적으로 주거나 받기만 하는 관계는 지속되기 어렵다. 인간관계를 유지하기 위해서는 서로 간의 긍정적인 상호교류와 기브 앤 테이크(give & take)가 중요하다. 취미나 관심사가 같아서 즐거움과 유쾌함을 함께 나눌 수 있는 사람은 자꾸 만나고 싶은 법이다. 즐겁고 의미 있는 취미나 관심사, 경험을 공유할 수 있는 사람들은 그 관계가 계속해서 발전하고 심화된다. 이러한 긍정적 상호교류가 이루어지는 정도와 빈도가 원활할수록 관계는 친밀해진다.

② 규칙성

우리는 서로 다른 사고방식과 행동 양식을 지닌 사람들과 교류한다. 그러다 보니 상대방에 대한 기대와 표현 방식에 차이가 있을 수밖에 없고 이러한 차이는 불만이나 오해를 불러일으킬 수 있다. 그래서 원활한 관계를 맺기 위해서는 서로의 역할에 대한 명시적인 혹은 암묵적인 규칙성을 따라 일관성 있게 행동할 필요가 있다. 예를 들어 친구 사이에서 상대의 자존심을 상하게 하는 행동을 하지 않고, 친구의 연인을 유혹하지 않아야 한다는 규칙이 존재한다. 이러한 규칙을 무시하고 자기 마음대로, 일관성 없게 행동하는 사람과는 인간관계를 지속하기 어려울 것이다(권석만, 2004).

4 재협상 단계: 관계 갈등의 조정과 해결

재협상 단계는 스스로 관계 자체를 다시 냉정하게 따져보고 재검토하는 단계이다. 이 단계에서는 이제까지의 관계에 대해 여러 가지 의문이 들어 해당 관계를 지속할 때 어떤 노력이 필요하며, 그 노력의 대가가 무엇인지 따져보게 된다. 두 사람 사이의 불만과 당면한 갈등을 어떻게 조정하고 해결하느냐에 따라 관계 양상이 달라질 수 있는데, 서로의 불만에 대해 적극적으로 대화하여 이를 잘 조정한다면 새로운 차원의 관계로 나아갈 수 있다. 반면 재협상을 실패하게 되면 불만을 지닌 채 피상적인 관계로 머물거나, 관계를 중단하게 될 수도 있다. 이 단계에서는 두 사람 사이에 불만과 갈등이 일어날 수 있음을 인정하고, 이에 대하여 함께 적극적으로 대화하고 문제를 해결해 나가는 노력이 필요하다.

(1) 관계의 약화와 해체

'한 친구를 얻는 데는 오래 걸리지만, 잃는 데는 금방이다.'라는 말이 있
듯이 한때 절친했던 친구와 멀어진 경험이 있을 것이다. 과연 어떤 요인들이
친밀한 관계를 약화시키고 해체시키는 것일까?

① Out of sight, out of mind

친밀한 관계를 유지하기 위해서는 시간적, 물리적, 심리적인 투자가 필요
하다. '보지 않으면 마음이 멀어진다(out of sight, out of mind)'는 말처럼, 이
전에 친했던 사람이라 해도, 잘 만나지 않다 보면 서로 소원해지는 경우가 많
다. 이사, 전학, 다른 대학 입학처럼 물리적 거리가 멀어지거나 바쁜 일로 시
간적 여유를 갖지 못해 자주 만나지 못할 경우 서로에 대한 관심도 줄어들 수
있다. 대학생들을 대상으로 한 조사에서, 친한 친구와 관계가 멀어지게 된 주
된 원인은 서로 자주 만나지 못함이었고, 그 밖의 원인으로는 새로운 친구로
대체됨, 친구의 행동이나 성격에 대한 불만, 연애 및 결혼 등이 있었다(이혜
은, 이순희, 2021). 새로운 사람과 친밀해지는 과정에서 시간적, 심리적 투자가
이루어지므로, 기존의 사람과 만나는 횟수가 서서히 감소하면서 서로에 대한
관심도 줄어들어, 친밀했던 관계가 소원해질 수 있다. 또한 사회생활을 하다
보면, 각자의 직업이나 사회적 지위가 달라지면서 서로에 대한 이질감이 증
가하고, 공통적인 관심사나 화제가 줄어들 수 있다.

② 실망, 오해, 갈등

친한 사람에 대한 기대와 믿음이 깨질 때 느끼는 실망감과 배신감은 매
우 고통스럽다. 친구에 대한 기대가 좌절되는 것은 우정을 약화시키는 주요
한 원인이다. 이러한 기대를 꺾는 요인으로는 친구의 질투와 비판, 다른 사람
과의 관계에 대한 인내 부족, 서로의 비밀을 다른 사람에게 누설하는 것, 곤

경에 처했을 때 자발적으로 도와주지 않는 것, 공개적으로 잔소리하거나 비난하는 것 등이 있다(Henderson & Argyle, 1984). 이런 상황에서 느끼는 실망과 배신감은 종종 친구에 대한 분노와 적개심으로 발전되어, 친한 사이가 오히려 적대적인 관계가 되기도 한다. 특히 어려움이나 곤경에 처해 도움을 요청했음에도 친구가 도와주지 않을 경우 서운한 마음과 실망감이 클 수밖에 없으며, 반대로 곤경에 처한 친구가 무리한 부탁이나 요청을 할 경우 심리적 부담이 커 이를 거절할 수 있는데, 두 경우 모두 관계가 소원해질 수 있다.

또한 친한 사이에도 크고 작은 갈등이 발생하곤 한다. 이때 갈등이 원만하게 해결되지 않는다면, 감정적인 대립이 격화되어 갈등이 더 커지거나 심지어 관계 자체가 와해될 수 있다. 하지만 갈등이 잘 해결될 경우 오히려 전보다 관계가 더욱 깊어질 수 있다. 갈등이 발생하면 사람들은 그 관계를 떠나거나, 상대방을 비난할 수 있는데, 이 경우 관계는 더욱 악화될 수 있다. 또한 갈등이 발생했을 때 상대와 그 문제에 대해 이야기하고 외부에 도움을 구하는 등 변화를 시도하거나 기다리면서 개선을 바라는 방식으로 대처할 수도 있다. 이처럼 오해와 갈등을 어떻게 대처하느냐에 따라 관계가 더 깊어질 수도, 관계가 종결될 수도 있다.

5 동맹 단계: 상호 성장과 발전 추구

동맹 단계는 재협상 성공 이후, 관계에 대해 일종의 계약을 맺는 단계이다. 이 단계에서 관계가 더욱 공고해지고, 서로에 대한 의무와 책임을 인정함으로써, 이를 다하기 위해 노력하게 된다. 이 단계의 대표적인 예는 결혼이다. 결혼은 두 사람이 장기적인 관계를 유지하기 위해 구체적으로 계획하고 이를 실천하기 위해 노력하겠다는 약속을 공식화하는 의식이라고 말할 수 있다.

동맹 단계는 관계의 심화와 발전을 위해 중요한 과정으로, 서로에 대한 신뢰와 이해를 바탕으로 한 깊은 연결을 의미한다. 인간관계의 가장 성숙한 형태인 동맹 단계에는 서로에 대한 깊은 애정과 존중이 필요하다. 이러한 관계에 도달하면, 서로의 가치와 목표를 공유하고, 상호 지원을 통해 개인적인 성장과 발전을 추구할 수 있다(임혜경 등, 2014).

'의미 있는 타인'은 우리 삶에 중요한 영향을 미치는 사람을 뜻한다. 개인의 삶에 중요한 영향을 주며, 때로는 개인이 좋아하고 닮고 싶어 하는 사람, 이상이 되는 사람, 조언과 충고를 얻기 위해 찾는 사람 등이 이에 해당한다. 개인차가 있지만 의미 있는 타인의 대표적인 예로 어머니, 아버지, 친구, 연인 혹은 배우자, 선생님, 교수님 등이 있다. 긍정적인 의미에서 중요한 타인은 나를 지지하고 함께 있으면 편안하고 나의 잠재력을 성장시키고 실현하도록 돕는 사람이다. 부정적 의미에서의 중요한 타인도 있는데, 나에게 깊은 심리적 상처를 주었거나 내 삶을 가로막고 있는 사람 역시 나의 인생관과 가치관에 강한 영향을 미치는 사람이다. 반면교사[1]라는 말이 있듯이, 부정적인 의미에서 닮고 싶지 않은 사람도 우리의 인생관과 세계관에 큰 영향을 미칠 수 있다.

의미 있는 타인은 첫째, 나에 대한 지지자의 역할을 한다. 의미 있는 타인은 내가 매우 좋아하고 또한 나를 매우 좋아하는 사람이다. 어려움에 처하거나 도움이 필요할 때, 정서적 혹은 재정적으로 변함없이 지원해 주는 사람, 나에게 친밀감과 존중감을 제공하는 사람일수록 의미 있는 타인이 된다. 둘째, 자기 평가에 중요한 영향을 주는 사람이다. 우리가 인정받기를 원하고 우리의 가치관과 세계관, 행동에 큰 영향을 미치는 사람이라고 말할 수 있다. 셋째, 서로 성격이나 가치관 등에서 유사성을 많이 공유하면서 정서적으로나 심리적으로 가장 깊게 신뢰하는 사람일수록 의미 있는 타인이 되기 쉽다. 상

....

1   반면교사(反面教師): 극히 나쁜 면만을 가르쳐 주는 선생이라는 뜻으로, 따르거나 되풀이해서는 안 되는 나쁜 본보기로서의 사람이나 일을 이르는 말

호영향력이 크고 개인적 성장을 촉진하며, 강한 상호의존적 관계를 맺고 있는 사람이다(권석만, 2004).

지금까지 살펴본 것처럼, 인간관계는 시작, 탐색, 심화, 재협상, 동맹의 단계를 거치며 발전하며, 각 단계에서는 신뢰 형성, 상호작용, 갈등 조정과 해결 등이 중요한 역할을 한다. 이러한 과정은 관계의 성격과 지속성을 결정하며, 상호 이해와 적응을 통해 더욱 견고한 유대감으로 이어질 수 있다.

1 조하리의 창에서 제시하는 대화 스타일(개방형, 주장형, 신중형, 고립형)에 따라 같은 유형의 사람들끼리 그룹을 이루어 각 유형의 장점과 단점을 분석해 보자.

2 가족, 연인 친구 등과의 관계에서 갈등을 극복한 뒤 더욱 친밀해진 경험을 이야기해 보자.

3 생성형 AI로 인간관계 형성과 발달에 대한 자신만의 스토리를 만들어 보자.

04 심리학적 관계 이해

우리는 타인과 친밀한 관계나 스쳐 지나가는 관계를 맺기도 하고, 의도치 않게 적대적인 관계를 맺기도 한다. 부버(Buber, 1954)가 말한 '나와 너'의 진실된 관계는 어떻게 이루어지는 것일까? 인간관계는 복잡한 심리적 특성을 지닌 '나'와 '너'의 상호작용으로 이루어진다. 이처럼 복잡한 인간관계를 이해하기 위해 심리학에서는 심리학적 모델을 개발하였다. 심리학적 모델에서는 자신의 심리적 요인, 타인의 심리적 요인, 두 사람 사이에 일어나는 상호작용이 인간관계에 영향을 미치는 주요 요인이라고 설명한다.

이 장에서는 사람 사이에 관계가 형성·유지되는 과정을 심리학적 측면에서 이해하고자 한다. 먼저 신경심리학적 관점에서 신경계의 구조와 기능을 통해 사람들 간의 사회적 상호작용이 어떻게 영향을 주고받는지 설명한다. 다음으로 인간관계 형성 과정을 심리학적으로 깊이 이해하기 위해 인간관계가 형성되는 과정에 영향을 미치는 성격적 요인인 대인 동기, 대인 신념, 대인 기술을 알아보고, 상호작용적 요인인 대인 사고, 대인 감정, 대인 행동을 살펴볼 것이다.

학습 목표

★ 신경심리학적 관점에서 인간관계를 이해한다.
★ 대인관계 형성 과정에 대한 심리학적 모델을 이해한다.

지원은 자신의 성장 모습이 담긴 앨범을 보면서, 어린 시절의 귀여운 모습, 초등학교에 입학한 첫날 새로운 친구들을 만나 설레는 모습, 친구들과 어울리던 모습 그리고 현재 자신의 모습을 살펴보며 그동안의 인간관계를 다시 생각하고 있다.

마지막 사진은 지원의 절친인 유정과 함께 찍은 사진이다. 지원과 유정은 대학의 HR(human resourcement, 인적개발론) 부전공 수업에서 처음 만났다. 두 사람은 처음에는 서로를 잘 몰랐지만, 같은 프로젝트팀에 배정되면서 친해졌다. 지원은 유정에게 '친절하고 열정적인 사람'이라는 첫인상을, 유정은 지원에게 '똑똑하고 신뢰할 수 있는 사람'이라는 첫인상을 받았다(대인 지각: '상대방을 어떻게 인식하는가').

지원과 유정은 함께 프로젝트를 진행하며 서로가 너무 잘 맞는다고 생각했다. 유정은 지원의 성실함과 책임감을 더욱 높게 평가하게 되었고, 지원도 유정이 문제를 해결하는 데 뛰어난 능력을 가졌다고 생각하게 되었다. 서로의 강점을 알아 감에 따라 두 사람은 서로를 더욱 신뢰하게 되었다(대인 사고: '상대방에 대한 생각').

유정은 지원과의 협업을 통해 더 많은 것을 배울 수 있을 것이라고 생각했고, 지원도 유정과 함께 공부하면서 지식과 경험을 넓힐 수 있을 것이라 기대했다. 이러한 대인 동기는 두 사람을 더욱 긴밀히 협력하게 만들었다(대인 동기: '상대방과의 관계를 원하는 이유').

점점 더 친해지면서 유정은 지원이 항상 최선을 다해 일을 수행한다는 믿음을 갖게 되었고, 지원도 유정이 항상 솔직하고 신뢰할 수 있는 친구라고 믿게 되었다. 이러한 대인 신념은 두 사람의 관계를 더욱 단단하게 만들었다(대인 신념: '상대방과의 관계에 대한 믿음').

프로젝트 내 의견 전달 과정에서 갈등이 생길 때도 있었지만, 지원과 유정은 서로를 배려하는 태도와 갈등을 잘 조정하려는 적극적인 커뮤니케이션 방법으로 관계를 긍정적으로 발전시켜 나갔다(대인 기술: '상대방과의 상호작용 방법').

이렇게 관계가 점점 더 친밀해지면서 유정과 지원은 서로를 '함께하면 즐겁고 어려운 순간에는 힘이 되어 주는 친구'로 여기게 되었다. 그래서 프로젝트가 끝난 후에도 지원과 유정은 자주 만나서 공부도 같이 하고 서로의 고민을 들어주었다(대인 행동: '상대방에게 어떻게 행동하는가'). 이렇게 지원과 유정은 절친한 친구가 되었다.

1 신경심리학적으로 본 인간관계

인간은 사회적 동물이며, 인간에게는 사회적 동물로서의 고유한 신경 체계가 있다. 이를 알아보기 위해 인간관계 형성 과정에서 나타나는 다양한 뇌 기능과 신경 메커니즘의 상호작용을 신경심리학적 측면에서 살펴보고자 한다.

(1) 인간의 사회 참여와 미주신경의 발달

사회와 연결되어 살고자 하는 인간의 욕구는 신체적 욕구처럼 기본적인 욕구에 해당한다. 즉 인간은 살아남기 위해 관계적 욕구를 지닌다. 인간은 무리를 지어 살게 되면서 더욱 안전해졌을 뿐만 아니라 수렵, 채집, 양육 등의 일을 서로 나누어 할 수 있게 되었다. 다른 동물들과 달리 인간은 태어난 뒤 몇 년간 온전히 타인에게 의존해야 살 수 있으므로, 관계는 뇌 발달의 기초적이고 필수적인 조건이다.

사회적 뇌(social brain)는 효율적으로 생존하고 환경에 적응할 수 있도록 발달하여 다른 사람들과 서로 관계를 맺고 협력할 수 있도록 해 준다. 사회적 동물인 인간은 사회적 상호작용을 통해 진화해 왔고, 공동체를 형성하며 생존해 왔다(Lieberman, 2013/2015). 인간은 사회에서 원활하게 살아가기 위해 다른 사람의 뇌와 협력해야 한다. 그래서 뇌는 끊임없이 관계를 맺고 유지하려고 하며, 사회적 연결에 대한 위협을 신체적 고통과 비슷하게 경험하도록 진화해 왔다. 사회적 관계에서 겪는 고통은 신체적 고통과 신경적으로 연결되어 있어서 사회적 고통은 신체적 고통과 비슷한 수준이라고 한다. 그래서 지속적인 관계를 맺는 것은 고통을 덜기 위한 본능적인 행동이라 할 수 있다.

당신은 고통을 겪어 힘들 때 가까운 이들에게 다가가는 편인가? 아니면 사람들을 피해 혼자 어딘가에 숨는 편인가? 이 질문에 대한 답과 관련하여 세계적인 트라우마연구센터 정신의학 교수인 포지스(Porges)는 1994년에 '다미주 이론(polyvagal theory)'을 발표하였다. 이 이론에 따르면 인간의 미주신경은 진화적으로 발달한 신경구조로 타인과의 원활한 의사소통과 관계 형성에 중요한 역할을 한다. 미주신경은 위협적인 위기 상황에서 타인과의 상호작용을 통해 적절한 정서 반응을 가능하게 하여 개체의 생존 확률을 높일 수 있다(김창대, 2019).

인간은 사회 참여 체계인 배측미주신경이 발달하면서, 사회를 인식할 수 있게 되었다. 이러한 배측미주신경의 발달은 사회적 신호를 해석하고 타인과의 상호작용을 조절하는 역할을 하며, 특히 신뢰와 유대감을 형성하는 데 중요한 기초가 된다. 이를 통해 사회적 환경에서 안정적인 관계를 구축하고 유지할 수 있으며, 위협적인 상황에서도 교감신경을 완화하고 타인과의 대면 상호작용을 통해 심리적 균형을 회복하는 과정이 가능해진다. 배측미주신경은 위협적인 상황에서 도피 혹은 회피 등 방어적인 반응을 억제하고 심박수를 낮춰 심신을 안정시키며 안정된 상태로 사회적 참여를 유지하게 돕는다. 배측미주신경이 활성화되면 친구를 만나고 사람들과 함께 어울리고 싶어지며, 이 신경계가 잘 발달한 사람은 스트레스를 받더라도 교감신경계를 잘 조절할 수 있다. 그러나 그렇지 않은 사람은 스트레스 상황에서 심신이 불안정해지고 투쟁-도피 반응을 보이기 쉽다. 투쟁-도피 반응이란 극심한 스트레스를 겪을 때 신체가 스트레스의 원인에 맞서 싸우거나 도망가기 위해 에너지를 동원하는 반응으로, 특히 성장하며 부정적 경험을 많이 한 사람에게 흔하게 나타난다. 부정적인 경험이 자율신경계인 배측부교감신경의 발달을 저해하여 자기조절이나 타인과의 상호조절을 어렵게 하기 때문이다. 엄마가 유아의 정서 표현에 대해 거절하거나 거부하는 반응을 보일 경우, 유아의 시상하부-뇌하수체-부신피질 스트레스 축이 작동하여 교감신경계가 빠르게 흥분하면서 극단적인 정서 과각성이나 해리 상태가 나타날 수 있다. 이러한 외상 상태가 강하게 장기간 지속되면 배측미주신경이 다른 사람들에게 도움을 구하게 하거나, 대사 활동을 줄여 고통을 덜 느끼게 하여 개체의 생존을 돕는다. 더욱이 배측미주신경은 오랫동안 활성화될 경우 고통 상황으로부터 해리되게 하여 정서적 고통을 의식적으로 느끼지 못하게도 한다(김창대, 2019).

배측미주신경이 잘 발달하려면 무엇보다 어린 시절 '적절한 양육'을 받는 것이 중요하다. 어린 시절에 받은 양육의 질은 두뇌의 복잡한 체계가 잘 발달하고 통합되는 데 영향을 미친다. 따라서 어린 시절 적절한 양육 관계를 제공받으면 전전두피질(prefrontal cortex)과 배측미주신경이 잘 발달하여, 자기 인식과 감정조절, 문제 해결 능력이 뛰어나고 타인을 신뢰하는 사람으로 성장할 수 있다. 반대로 부모가 자녀를 무시하고 방임하거나 정서적 조율을 소홀히 하여 적절치 못한 양육을 제공하는 것은 마치 자녀의 뇌에 "넌 우리가 원한 아이가 아니야"라는 메시지를 주는 것과 같다. 적절치 못한 양육으로 인하여 아이의 뇌는 장기적 생존에 도움이 되지 않는 방향으로 발달한다. 아이에게 '사랑하지 않음'을 의미하는 행동을 하는 부모는 아이에게 '세상은 아주 위험한 곳'이라는 메시지를 전달할 뿐만 아니라 "이 세상은 위험하니 더 알아내거나 발견하려 하지 말고 기회를 얻으려고도 하지 마라"라고 말하는 셈이다. 그래서 양육 관계에서 트라우마, 학대 등 심각한 경험을 겪은 아이는 장기적 생존에 도움되지 않는 '투쟁-도피 반응' 상태를 보이며, 면역 기능이 떨어진 사람으로 성장하게 될 수 있다(Cozolino, 2015/2018).

우리는 힘들 때 사람들을 피해 혼자 있고 싶다고 생각하곤 한다. 정말 힘들 때는 어떤 위로의 말도 들리지 않고, 아무도 만나고 싶지 않을 수 있다. 어쩌면 힘들 때마다 괜히 상대의 마음을 불편하게 하고 싶지 않아서 누군가에게 마음을 터놓는 대신에 오랫동안 그냥 혼자 삭혀 왔던 경우가 많을 것이다. 그러나 힘들 때마다 계속 회피 반응을 하는 것은 앞에서 설명한 사회 참여 체계인 배측미주신경이 활성화되지 못하는 것과 연관이 있을 수 있다. 힘들 때 누군가로부터 위로와 헤아림을 받은 기억이 없다면 사회적 연결을 추구하는

부동화	행동화	사회적 교류
얼어붙는다	위험에서 도망친다	차분하게 연결감을 느낀다.

그림 4.1 위협 상황에서의 세 가지 반응

신경계가 잘 발달되지 않아 자기조절과 상호조절에 어려움을 겪게 된다. 즉 힘든 상황에서 교감신경이 항진되더라도 적정 수준에서 조절할 수 있는 브레이크가 없기에 심신이 불안정해져 자꾸 방어적으로 '투쟁-도피 반응'을 선택하게 되는 것이다. 그래서 스트레스를 받으면 사람들에게서 벗어나 자신을 숨길 곳을 찾게 된다. 도피 또는 회피 반응은 문제 상황에 대한 방어적인 반응으로, 스트레스와 불안 수준을 높여 이를 다시 낮추는 데 훨씬 더 많은 에너지가 사용되게 한다.

다미주 이론에서는 개인이 스트레스 상황에서 더 잘 대처하기 위한 전략을 다음과 같이 제안한다.

첫째, 스트레스를 받을 때, 자신이 안전하다고 느낄 수 있는 환경을 만드는 것이 중요하다. 예를 들어 편안한 장소로 이동하거나 친한 사람들과 함께 시간을 보낼 수 있다. 배측미주신경은 안전함이 느껴지는 환경에서 활성화되어 심박수를 낮추고 몸을 이완시킨다.

둘째, 심호흡 및 이완 기술을 수행한다. 깊이 심호흡하여 미주신경을 자극하면 부교감신경계가 활성화되어 스트레스 반응을 완화할 수 있다. 천천히, 그리고 깊이 심호흡하는 것은 심박수를 낮추고 몸을 진정시키는 데 도움이 될 수 있다.

셋째, 사회적 연결 유지이다. 신뢰할 수 있는 사람들과의 상호작용은 배측미주신경을 활성화하여 스트레스 수준을 낮추는 데 도움이 된다. 친구나 가족과의 대화, 포옹 등의 친밀한 상호작용은 안전감을 증진하여 스트레스를 완화시킬 수 있다.

넷째, 가벼운 운동이나 산책은 스트레스를 줄이고 마음을 진정시키는 데 효과적이다. 가벼운 운동은 도파민과 세로토닌 같은 긍정적인 신경전달물질의 분비를 촉진하여 기분을 나아지게 한다.

(2) 관계 형성 과정과 뇌과학적 메커니즘

리버먼(Lieberman, 2013/2015)은 그의 저서 『사회적 뇌, 인류 성공의 비밀』에서 인간의 뇌가 끊임없이 타인과 접촉하도록 설계되어 있다고 하였다. 관계 형성 과정에서 뇌가 어떤 작용을 하는지 그 과정의 신비를 살펴보자.

① 전두엽과 전전두피질

전두엽(Frontal Lobe)은 사회적 상황에서 적절한 반응을 선택하고 조정하는 데 필수적인 의사결정 및 계획 수립, 사회적 행동 및 감정 조절에 있어 중요한 역할을 한다. 특히 전전두피질은 보다 복잡한 감정 자극인 동정심, 죄의식 등 사회적 감성에 관여하며 타인의 감정을 이해하고 공감하는 데 중요한 역할을 한다. 이 부위는 자기를 인식하여 행동을 계획하고, 불필요한 행동을 억제하게 하며, 문제 해결을 위한 전략 수립과 의사결정 능력에 관여한다. 편도체가 감정을 관장한다면 전전두피질은 이런 감정들을 조절하면서 상호작용하는 것을 관장한다. 우리가 불안이나 우울과 같은 불쾌한 감정을 느낄

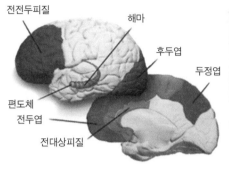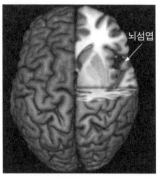

그림 4.2 사람의 뇌

때 편도체와 오른쪽 전전두피질이 활성화된다. 반대로 긍정적인 감정 상태에서는 편도체와 왼쪽 전전두피질이 활성화된다. 즉 오른쪽 전전두피질이 활성화되면 불행과 고민이 많아지고 왼쪽 전전두피질이 활성화되면 행복감과 긍정적인 감정을 느끼는 것이다. 이러한 전전두피질과 편도체의 연결망이 빈약해서 상호작용이 원활하지 않을 때 우울증이나 자살 충동 등 정신적인 문제가 발생한다. 리버먼은 분노나 슬픔, 우울한 감정을 말로 표현하는 과정에서 편도체와 오른쪽 전전두피질이 서로 상쇄하는 방향으로 작동하여 편도체의 활동이 현저히 줄어들고 절제된 고등 사고를 관장하는 오른쪽 전전두피질이 매우 활성화되어 격한 감정이 누그러진다는 사실을 밝혀냈다. 그래서 우리는 슬프면 '슬프다', 불안하면 '불안하다', 화나면 '화났다'고 솔직히 말하는 것이 감정을 조절하는 데 도움이 된다는 사실을 기억할 필요가 있다.

관계는 정서가 촉발되고 체험되는 중요한 맥락이다. 관계에서의 상실과 거절당하는 경험으로 과도하게 고통과 공포를 느끼고 조절되지 않을 때 심각한 정신건강 문제가 초래될 수 있다(김창대, 2019). 특히 이타적이고 의로운 행동을 하는 사람의 경우 전전두피질에 존재하는 뇌섬엽(insular)이 활성화되었다. 뇌섬엽은 우리 마음에서 생겨나는 사회적 공감, 도덕적 감정, 직감,

정서적 반응 등 다양한 감정적 반응을 인지하고 행동을 결정하도록 하는 부위이다. 타인의 표정을 보고 반응해 특정 행동을 실행해야 할지를 판단하고 의존, 고통, 유머, 심지어 음식 취향 등 폭넓은 분야에 관여하는 것으로 나타났다.

하지만 성과 중심의 가치를 중시하는 물질만능주의와 치열한 경쟁사회를 살아가는 현대인들은 뇌섬엽 발달과 활성도가 많이 떨어지는 것으로 나타났다. 이는 개인이 경쟁에서 뒤처지지 않기 위해 자기중심적인 사고와 행동에 주력하게 되며 물질적 성공이 미덕으로 여겨지면서 타인의 감정과 정서를 인지하는 것과 관련된 뇌섬엽의 발달이 원활히 이루어지지 않을 수 있음을 시사한다. 또한 디지털 기술과 소셜 미디어의 발달도 생활에 신속함과 편리함을 더해 주었지만, 사회적 고립을 증가시켜 인간의 정서적인 연결을 저해하는 요인이 되고 있다(서울신문, 2024. 03. 11.). 이러한 이유로 개인은 다른 사람과 같이 있으면서도 진심으로 이해받는 경험을 하지 못해 깊은 허무와 외로움을 느낄 수 있다. 외로운 상태는 하루 15개비 담배를 피우는 것만큼 해롭다. 병적인 외로움은 지속적으로 신체와 정신에 영향을 미쳐서 정상적인 일상생활을 어렵게 하며 우울증, 불안, 수면장애, 자살, 자해의 위험도를 높이는 것으로 나타났다.

외로울수록 후두상측두구(posterior superior temporal sulcus: pSTS) 영역의 활성화 정도가 낮아지는 것으로 나타났다. pSTS는 다른 사람의 행동을 보고 그 행동의 의도와 맥락을 판단하는 뇌 영역으로, pSTS가 잘 활성화되지 않으면 다른 사람이 펜을 집는 행위를 보고, '무언가 쓰기 위해 펜을 드나 보다'라고 생각하기보다 '나한테 펜을 집어던지려고 드나?'라고 오해하거나 부정적으로 해석할 가능성이 높아진다. 또한 실제적인 상호작용이 부족해 외로움을 느낄 때, 뇌가 이를 보완하기 위해 타인의 마음 읽기, 회상, 상상 등 기본 모드 네트워크(default mode network)를 더 많이 사용하게 되는 것으로 나타났다. 즉 외로움은 과도한 내적 사고 과정을 초래하여 타인을 오해하고 지레

짐작하는 경향을 강화하고, 그 결과 개인은 사회적으로 더욱 고립되고 더 깊은 외로움을 느끼게 된다(Spreng et al., 2020). 따라서 타인의 행동을 자주 오해하거나 지레짐작하는 자신을 발견했다면, 이를 외로움의 신호로 받아들일 필요가 있다. 혼자 있고 싶은 마음이 들수록 오히려 더 적극적으로 사람들과 소통하려 노력해야 한다. 이런 노력이 있어야 뇌의 구조와 기능을 다시 긍정적인 방향으로 변화시킬 수 있다. 가장 혼자 있고 싶은 순간이야말로 사람들을 더 적극적으로 만나야 할 때라는 점을 명심하자.

뇌과학적 관점은 물질만능주의 사회에서 감성적 지능을 함양하는 일이 매우 중요함을 시사한다. 따라서 도덕적 가치를 지키는 공동체의 일원으로서 이웃의 어려움에 깊이 공감하고, 이웃과 소통하며 일상생활에서 작은 도움을 주는 등 따뜻한 마음을 실천하는 데 더욱 관심을 가질 필요가 있다.

② 해마와 편도체

해마는 타인과의 상호작용에 핵심적인 역할을 한다. 좀 더 자세히 말하자면, 해마는 타인에 대한 기억과 정보를 처리하고 새로운 정보를 통합하여 사회적 관계를 형성하는 데 기여한다. 특히 해마의 CA1 영역은 과거 경험에 대한 긍정·부정적인 주관적 평가를 처리하는 것으로 나타났다. 즉 해마의 CA1 영역이 상대를 서로 다른 개체로 인식하고 이전 상호작용에서의 정보를 기억에서 끄집어내 통합하는 역할을 하는 것이다(머니투데이, 2023. 06. 01.). 해마의 이러한 능력은 사회적 관계를 맺는 데 기본이 된다. 이는 기억을 통해 관계의 질과 지속성을 유지하는 데 중요하다.

사람의 감정 변화에 반응하는 뇌 부위는 대뇌변연계(limbic system) 깊숙한 곳에 있는 편도체(amygdala)이다. 변연계는 하나의 덩어리가 아니다. 그보다는 기쁨과 슬픔, 분노 등 다양한 감정을 관장하는 신경망이 고리처럼 연결되어 변연계를 구성한다. 편도체는 '감정의 관문'으로 다양한 감정을 처리하며, 특히 두려움과 같은 강한 감정을 인식하고 반응하는 데 중요한 역할을 한다. 인간관계에서 편도체는 타인의 감정 신호를 해석하고 적절히 반응하는데 도움을 준다. 흥미로운 점은 사람들이 자극을 정확히 파악하기도 전에 편도체가 이미 활성화되어 거의 무의식적으로 감정 자극에 반응한다는 점이다. 가령 외상 사건에서의 극심한 공포로 인해 외상후 스트레스장애(post traumatic stress disorder: PTSD)가 있는 경우, 이성적 판단을 하는 전두엽 기능이 떨어지고 감정을 관장하는 편도체의 반응이 높게 나타나 공포감이 더욱 커진다. 전두엽과 편도체 연결에 문제가 생기면 괴로운 기억이 끈질기게 계속 떠오를 수 있다. 외상을 극복하기 위해서는 따뜻한 애정과 위로, 사회적·정서적 지원이 반드시 필요하고, 특히 가까운 가족이나 친구들로부터 의미 있는 도움을 받는 것이 중요하다. 사람은 충격적이고 괴로운 경험을 하고 나서 극도로 약해질 수 있지만, 의미 있는 사람들과 함께하며 회복될 수 있다. 이는 뇌의 가소성, 즉 경험과 학습에 따라 스스로 구조와 기능을 변화시키는 뇌의 성질 덕분에 가능하다.

③ 신경전달물질: 세로토닌, 도파민, 페닐에틸아민, 옥시토신, 노르에피네프린

신경전달물질은 뉴런(신경세포) 사이의 시냅스를 통해 신호를 전달하는 화학적 물질을 의미한다. 인간관계에서 작용하는 신경전달물질은 세로토닌, 도파민, 페닐에틸아민, 옥시토신, 노르에피네프린이다(하버드비즈니스리뷰, 2017. 03. 01.). 먼저 세로토닌(serotonin)은 행복 신경전달물질로 알려져 있다. 세로토닌이 분비되면 행복감과 편안함, 극도로 이완된 감정을 느낄 수 있다. 도파민(dopamine)은 보상과 동기부여에 관련된 신경전달물질로, 게임이나 경기 등을 구경하고 있을 때 혹은 긍정적인 사회적 상호작용 시 활발하게 분비된다.

우리가 누군가를 보고 가슴이 설레고 심장이 두근거리는 것을 느끼는 이유는 뜨거운 감정을 불러일으키는 신경전달물질인 페닐에틸아민(phenylethylamine)의 분비로 인한 것인데, 이 신경전달물질의 효과는 길어야 18~30 개월이라고 한다. 그다음으로, 정서적 안정감을 느끼게 하는 옥시토신(oxyto-cin)이 분비된다. 이는 신뢰와 결속감을 증진하는 신경전달물질로, 긍정적인 인간관계를 형성하고 유지하는 데 중요한 역할을 한다. 옥시토신은 관계적 유대감을 증진할 뿐 아니라 관계에서의 헌신에도 관여하는 것으로 나타났다. 커플을 대상으로 한 연구에서 참여자들의 옥시토신 수준을 연구 시작 시점과 6개월 후에 측정했을 때, 이별한 커플은 6개월 후 측정 시 옥시토신 수준이 유의미하게 감소하였다(Schneiderman et al., 2012). 노르에피네프린(nor-epinephrine)은 스트레스 신경전달물질로 우리를 다소 우울하거나 힘들게 만든다. 근육 경련이나 스트레스를 유발하기도 한다. 노르에피네프린이 과도하게 분비되면 교감신경계가 각성된다. 한편, 우리가 사랑을 할 때 상대방이 나를 사랑하고 있는지 불안해지고 심장박동수가 빨라지고 시야가 좁아지는 것은 도파민과 노르에피네프린의 영향이다.

누군가를 사랑하게 되면, 마치 도박이나 마약을 하는 듯한 중독 증상과 집착을 보일 수 있지만, 친구 관계에서는 중독과 집착 경향이 나타나지 않는다고 한다. 사랑이 과격하게 교감신경을 활성화하는 감정이라면, 우정은 이와는 반대로 우리를 이완시키고 편안하게 하는 부교감신경을 활성화하는 감정에 해당한다. 그래서 친구 관계는 이성 간이라도 서로를 편안하고 안정되게 만들어 준다. 상대에 관한 일에 시야가 좁아지고 잠도 오지 않고 하루의 대부분 시간에 상대방이 생각난다면, 이는 사랑이지 우정이 아니다. 반면 함께 있을 때 안정감과 편안함이 느껴지고, 그 사람으로 인해 교우관계가 넓어지며, 어떤 일을 할 때 더 집중할 수 있게 된다면, 이는 우정이라고 말할 수 있다. 따라서 안정감과 편안함을 느끼게 해 주는 관계임에도 남녀 사이에는 우정이 없다는 생각으로 상대방을 밀어낼 필요는 없다.

우정은 진화론적으로 인간이 무리 짓지 않고 혼자 살던 시절에 가족처럼 나를 보호해 줄 사람이 필요해서 만들어진 감정이라고 한다. 사회에서 나를 보호해 줄 우정이라는 대상이 필요한 것이다. 따라서 공통된 적이 있거나 신념 혹은 지향점을 공유하는 등 내 편이 될 수 있다는 것은 우정의 가장 중요한 기준이다. 그러므로 남녀 사이에도 우정이 있을 수 있고, 이는 우리가 살아가는 데 필요한 감정이라 할 수 있다. 이에 반해 사랑은 이 사람이 나의 가족이 될 수 있느냐 없느냐가 중요한, 좁은 의미의 감정에 해당한다. 이 사람만 바라보고 다른 사람이 들어올 여지가 없게 만드는 것이 사랑이기 때문에 사랑은 사회적인 감정보다는 본능적인 감정에 가깝다. 그래서 남녀 사이에 사회적인 우정은 있지만 본능적인 우정은 없다. 본능이 개입하는 순간 우정은 언제든지 사랑으로 변할 수 있기 때문이다. 따라서 남녀 사이에 진정한 우정을 갖는 사람은 정말 성숙한 사람일 수 있다는 점을 기억하고 남녀 사이에 좋은 우정을 만들어 보자.

2 인간관계 형성에 대한 심리학적 모델

생텍쥐페리의 소설 『어린 왕자』에는 어린 왕자가 지구에 와서 여우를 만나는 이야기가 있다. 이야기 속에서 여우는 어린 왕자에게 "너의 별에 있었던 장미꽃 한 송이가 너와 특별한 관계가 있었던 이유가 뭔지 아는지" 묻는다.

> "너와 장미꽃이 특별한 관계가 된 것은
> 네가 시간과 정성을 들여 만들어진 관계이기 때문이야."

처음부터 특별해질 수 있는 관계는 사실 거의 없다. 천천히 오랜 시간을 함께하면서 그 시간 속에 쌓이는 경험을 통해 흔들리지 않는 대인관계가 형성된다. 나와 네가 만나 관계를 맺는 과정에는 시간과 정성이 필요하다. 이 과정에는 많은 요인이 상호작용하기도 한다. 서로 처음 만났음에도 금세 호감을 느껴 친밀한 사이로 발전하는 관계가 있는가 하면, 더 이상 발전하지 못하고 그저 스쳐 지나간 사이로 끝나는 관계도 있다. 인간관계는 매우 복잡한 심리적 특성을 지닌 나와 너의 상호작용으로 형성되기 때문에 상호작용의 내용과 방식으로 그 관계가 발전되기도, 안타깝게 끝나기도 하는 것이다. 이러한 인간관계의 형성 과정을 이해하기 위해 권석만(2004)이 제안한 인간관계에 대한 심리학적 모델을 살펴보려 한다.

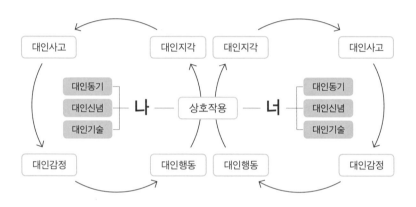

그림 4.3 인간관계에 대한 심리학적 모델

(1) 인간관계 형성의 성격적 요인

인간관계의 주체인 나와 너의 심리적 요인에는 개인의 성장 과정에서 형성된 성격적 특성인 대인 동기, 대인 신념, 대인 기술이 있다.

① 대인 동기

대인 동기는 인간관계에 임하는 개인의 내면적 욕구로, 사람마다 인간관계를 맺고 관계를 통해서 충족하고자 하는 대인 동기는 각기 다르다. 어떤 사람은 인간관계보다 학업이나 성취를 위한 활동에 과도하게 몰두하기도 하고, 어떤 사람은 학업보다 인간관계에 더 몰두한다. 우리는 인간관계에서 어떤 욕구를 충족하고자 할까?

다음의 물음을 보고, 자신의 경우는 어떠한지 생각해 보자.

- 현재 자신의 삶에서 인간관계는 얼마나 중요한가?
- 당신은 학업(혹은 일)과 인간관계 중 어떤 것에 더 비중을 두고 살고 있는가?
- 당신은 성취를 이루거나 어떤 목표를 달성하는 일에 관심이 많은가? 아니면 사람들과 친밀한 관계를 맺는 일에 더 관심이 많은가?
- 당신은 학업(혹은 일)에 비해서 인간관계에 얼마나 시간과 에너지를 투자하고 있는가?

대인 동기는 인간관계를 맺기 위한 목표지향적 행동을 시작하고 지속하며 조절하고, 사회적 유대를 형성하는 기능을 한다. 인간이 추구하는 목표, 가치, 욕구는 매우 다양하고 개인마다 그 정도도 다르다. 사람들은 대인 동기로 인해 타인과의 연결을 추구하며, 이러한 동기는 사회적 유대와 관계 형성에 매우 중요하다. 이러한 기능은 정서적 지지, 소속감, 사회적 욕구 충족에 필수적이다. 대인 동기는 접근적 동기와 회피적 동기로 구분해 볼 수 있다. 어떤 사람은 친구를 만들기 위해 새로운 모임에 나가는 반면, 어떤 사람은 새로운 사람으로부터의 거절에 대한 두려움으로 새로운 모임에 나가길 꺼릴 수 있다. 일반적으로 접근적 동기가 회피적인 동기보다 욕구 충족에 조금 더 효과적인 것으로 알려져 있다(Carver, 2006).

② 대인 신념

대인 신념은 인간과 인간관계에 대해 개인이 지니고 있는 지식이나 믿음을 의미한다. 인간관계에 영향을 미치는 인지적 요인으로, 상대방의 언행의 의도와 의미를 파악하는 인지적 과정이 마음속에서 일어난다. 사람은 누구나 자기 자신, 타인, 그리고 인간관계에 대해 나름대로의 생각과 신념을 가지고 있고, 이러한 생각과 신념은 인간관계에 영향을 준다.

다음의 물음을 보고 자신이 인간관계에 대해서 어떤 생각을 갖고 있는지 생각해 보자.

- 인간관계가 자신의 삶에 있어서 어떤 의미를 지닌다고 생각하는가?
- 당신이 행복해지는 데 인간관계가 얼마나 중요하다고 생각하는가?
- 친밀하고 깊이 있는 인간관계를 위해 어떤 노력이 필요하다고 생각하는가?

삶에서 인간관계가 중요하다고 생각하는 사람은 인간관계에 시간과 노력을 기울일 것이고, 중요하지 않다고 생각하는 사람은 인간관계에 소극적인 행동을 보일 것이다. 또한 결국 믿을 사람은 가족밖에 없다고 여기고 다른 인간관계보다 가족 관계를 더 중요하게 생각해서 많은 시간을 가족과 함께 보내는 사람도 있다. 많은 사람과 폭넓은 인간관계를 맺는 것을 선호하는 사람도 있지만, 소수의 사람과 깊은 인간관계를 맺는 것을 선호하는 사람도 있다. 인간관계는 애쓰지 않고 자연스럽게 이루어져야 한다고 생각하는 사람은 자연스러운 만남을 추구할 것이다.

특히, '나는 왜 인간관계에서 불편함을 경험할까?'라는 질문에 대해 스스로 대인관계에서의 부적응을 가져오는 대인 신념을 탐색할 필요가 있다. '다른 사람이 나를 알면, 나를 싫어하고 거부할 것이다', '내가 완벽한 모습을 보여야 다른 사람이 나를 좋아할 것이다' 등 자신이 갖고 있는 비합리적인 대인 신념이 무엇인지를 자각해야 한다. 그런 다음 이러한 비합리적인 신념을 지니고 있는 것이 자신에게 도움이 되는지 자문하고 논박해야 한다. '과연 다른 사람이 나를 잘 알게 되면 나를 싫어하고 거부할 것인가? 이 신념이 사실인가?'라는 물음을 스스로에게 던지고 깊이 생각해 볼 필요가 있다. 마지막으로 보다 유연한 '적응적 대인 신념'을 가져야 한다. '내가 어떻게 하느냐에 따라 상대방의 반응은 얼마든지 달라질 수 있다. 나를 잘 안다고 해서 나를 거부하는 것이 아니라 더 친밀해질 수 있다' 등의 유연한 신념으로 대체하는 것이 필요하다.

③ 대인 기술

대인 기술은 인간관계를 성공적으로 이끌 수 있는 사회적 기술로 친한 관계를 맺기 위해 언어적 또는 비언어적 행동을 구사할 수 있는 능력을 의미한다. 실제로 대인관계에서 의사소통을 할 때 언어적 요소는 7% 정도만 영향을 끼치고, 말의 속도, 높낮이, 크기와 같은 음성 요소가 38%, 표정, 자세, 몸짓, 호흡, 눈맞춤이나 깜박임 등의 생리 반응이 55%의 영향을 주는 것으로 알려져 있다. 즉 비언어적인 행동이 전체 의사소통의 93%의 영향력을 지녀 언어적 행동보다 영향력이 크다(O'Connor & Seymour, 2011).

비언어적 행동이 중요하다 하였지만, 인간관계에서의 주된 의사소통은 언어로 이루어진다. 언어적 대인 기술은 경청하기, 질문하기, 반영하기, 공감하기, 설명하기, 강화 주기, 자기 공개하기, 자기 주장하기, 유머 등이 있는데 간단히 살펴보면 다음과 같다.

― 경청하기

상대방이 말하는 내용을 주의 깊게 듣고 이해하며 존중하는 대인 기술로 효과적인 경청은 좋은 대화와 인간관계를 형성하는 데 중요한 역할을 한다. 우리는 우리의 이야기를 진지하게 잘 들어주는 사람에게 호감을 느끼며, 특히 상대방이 내 이야기에 깊은 관심과 공감을 보일 때 이해받고 있다고 느낀다.

─ 질문하기

상대방이 말하는 내용을 더 자세히 듣기 위해 사용하는 중요한 대인 기술인 질문하기는 기본적으로 상대방에게 추가 정보를 요청하고 상대방의 태도, 감정, 의견을 확인하는 데 사용된다. 적절한 질문을 통해 상대방과의 대화를 활발하게 이어나가고 상대방의 관점을 이해하며 더 나은 인간관계를 형성할 수 있다.

─ 반영하기

반영하기는 상대방이 표현한 내용을 주의 깊게 듣고, 그 내용을 다시 요약하거나 반영하여 상대방에게 전달하는 기술이다. 반영하기를 통해 상대방의 발언 내용을 요약하여 다시 말해 줌으로써 상대방으로 하여금 자신의 이야기가 제대로 전달되고 있음을 느끼게 할 수 있다. 또한 적극적으로 경청하고 상대방의 관점을 이해하려고 노력하고 있음을 보여 줌으로써 상대방과 신뢰를 구축하는 데 도움이 된다.

─ 공감하기

공감하기는 다른 사람의 감정을 이해하고 공유하는 능력으로, 친밀한 정서적 관계와 효과적인 의사소통을 구축하는 데 필수적이다. 공감을 통해 상대방과 더 깊은 수준에서 연결될 수 있고, 상대방의 요구에 의미 있게 대응할 수 있다. 공감을 표현할 때는 열린 마음으로 상대방의 관점과 입장에서 상대방의 감정을 진정으로 이해하고 공유하려는 노력이 필요하다. 공감은 상대방과 정서적인 연결 및 깊은 관계 형성을 촉진하는 데 도움이 된다.

─ 설명하기

인간관계 속에서 자신의 입장, 생각, 지식을 상대방에게 정확하게 표현하고 충분히 설명하는 것은 중요한 대인 기술 중 하나이다. 상황에 따라 때로는 간결하게, 때로는 구체적이고 자세하게, 때로는 명쾌하게, 때로는 감동적으로 설명해야 할 때가 있는데, 이때 설명을 듣는 사람의 이해 수준에 맞추어 설명하는 것이 필요하다.

— 강화 주기

인간관계에서 타인에 대한 인정, 긍정, 칭찬, 격려, 지지를 전달하는 언어적 표현을 하는 대인 기술로, 상대방으로 하여금 관계가 즐겁고 보상적인 것이라고 느끼게 한다.

— 자기 공개하기

자기 공개는 다른 사람에게 자기 자신에 관한 정보를 알려주는 대인 기술로, 상대방의 경계심과 두려움을 완화하고 자기개방을 통해 좀 더 솔직하고 깊이 있는 대화가 가능해지게 한다. 자기 공개하기를 통해 서로 사적인 정보를 공유하면, 상대방에 대한 신뢰가 높아져서 대인관계가 심화된다.

— 자기 주장하기

자신의 개인적인 권리를 옹호하고 타인의 권리를 존중하면서 자신의 생각, 신념, 감정을 직접적이고 솔직하게 표현하는 대인 기술이다. 들어주기 어려운 타인의 요청을 거절하기, 타인에게 부탁하거나 요청하기, 긍정적 감정과 부정적 감정 표현하기, 대화를 원할 때 시작하고 종결하기 등이 자기 주장하기의 주된 내용이 된다.

특히, 부정적인 감정을 표현하는 것은 쉽지 않은데, 이때 나 전달법(I-message)을 활용할 수 있다. 나 전달법은 '나'를 주어로 하여 상대방을 비난하지 않고 자신의 생각이나 감정을 상대방에게 효과적으로 알려주는 방법이다.

표 4.1 너 전달법과 나 전달법 비교

너 전달법	나 전달법
상대방의 행동을 비난하거나 지적하는 방식 예: "너는 왜 내가 부탁한 걸 안 들어주는 거야? 너무 무책임한 거 아니야?" "너는 나와의 약속을 너무 가볍게 생각하는 거 아니야?"	상대방에게 자신의 생각과 감정을 전달하는 방식 예: "나는 네가 내가 부탁한 것을 해 주지 않으니까 속상해." "나는 너와의 약속을 중요하게 생각해서 이번에 너무 섭섭하더라. 앞으로는 서로 더 신경 써 주면 좋겠어."

— 유머

유머는 인간관계의 긴장을 해소하여 타인을 편안하게 만드는 기능을 한다. 지나치게 진지하고 딱딱한 인간관계는 부담스러울 수 있기 때문에, 적절하게 재미있는 이야기를 통해 만남을 편안하고 유쾌하게 만드는 것은 중요한 대인 기술이다. 단, 유머는 때와 장소, 대상을 고려하여 적절하게 구사하는 것이 중요하다.

(2) 인간관계 형성의 상호작용적 요인

우리는 각자 독특한 대인 동기, 대인 신념, 대인 기술을 갖고 상호작용하면서 인간관계를 맺어 나간다. 이때 인지적, 감정적, 행동적 측면에서의 언어적 또는 비언어적 반응으로 의사소통을 주고받는다. 인지적 측면에서의 상호작용은 서로에 대한 정보를 처리하는 인지 과정을 유발하는데, 인상 형성, 행동의 의도나 원인에 대한 추리 및 판단 등 이러한 정보처리의 결과가 바로 '대인 지각'과 '대인 사고'에 해당한다. 또한 상호작용하는 과정에서 감정적인 측면으로 사랑, 우정, 친밀감, 고마움, 기쁨, 분노, 배신, 좌절 등 다양한 대인 감정을 느끼며, 행동적 측면에서는 상대방의 행위에 대한 반응을 대인 행동으로 보이게 된다.

① 대인 지각

대인 지각은 다른 사람을 인식하고 이해하는 과정이다. 주로 인상 형성과 귀인 과정으로 이루어지며, 대인 행동을 결정하는 매우 중요한 심리적 요인이 된다.

— 인상 형성

우리는 처음 만나는 사람의 외모와 행동을 통해 첫인상을 형성한다. 옷차림과 꾸민 정도, 표정, 몸짓, 비언어적 단서 등을 비롯해, 대화의 내용, 말투, 어휘 선택 등의 언어적 진술 방식이 첫인상 형성에 중요한 역할을 한다. 대학에 입학해서 깔끔한 옷차림과 밝은 미소로 인사하는 친구를 만난다면, 그 친구가 친절하고 신뢰할 만한 사람이라는 첫인상을 형성할 것이다. 또한 어떤 친구가 팀 프로젝트에서 명확하고 조리 있게 자신의 의견을 표현하며 재미있게 대화한다면, 그가 소통 능력이 뛰어나고 협력적인 사람이라는 인상을 받을 수 있다.

인상 형성과 관련한 현상으로 초두효과(primary effect)를 예로 들 수 있다. 이는 처음에 받은 정보가 나중의 정보보다 더 강하게 기억되고 평가에 큰 영향을 미치는 현상이다. 예를 들어 채용 면접에서 첫 번째 지원자가 매우 강렬하고 긍정적인 인상을 남겼다면 나중에 인터뷰한 지원자들의 성과를 덜 중요하게 여기게 된다. 이 경우 결국 첫 번째 지원자가 가장 좋은 평가를 받게 된다. 이와 반대로 최신성 효과(recency effect)는 마지막에 받은 정보가 처음이나 중간에 받은 정보보다 더 강하게 기억되어 평가에 큰 영향을 미치는 현상이다. 여러 명의 학생이 발표했을 때, 평가자가 마지막 발표자의 내용을 가장 많이 기억할 수 있기에 마지막 학생이 더 높은 평가를 받을 수 있다.

다음으로, 맥락효과(context effect)가 있는데, 이는 우리가 다른 사람에 대한 인상을 형성할 때, 그 사람을 만나는 상황이나 환경이 인상 형성에 중요한 영향을 미치는 현상을 의미한다. 예를 들어 지원과 지수, 두 사람은 신입사원으로서 같은 회사에 입사했다. 둘 다 비슷한 능력과 경력을 가지고 있지만, 지원은 즐거운 분위기의 팀 빌딩 행사에서 처음 소개되어 동료들과 밝고 친근한 모습으로 잘 어울렸다. 덕분에 지원이는 긍정적이고 활기찬 사람으로 인식되었다(긍정적 맥락). 지수는 바쁜 업무 시간에 처음으로 동료들에게 소개되었다. 그날은 업무가 많아서 직원들이 모두 스트레스를 받고 있었다. 지수는 긴장된 모습으로 간단한 인사를 하고 자리에 앉았는데, 이러한 맥락으로 지수는 처음에 다소 소극적이고 부담스러운 사람으로 인식되었다(부정적 맥락).

― 귀인 과정

귀인(attribution)은 자신 또는 타인의 행동과 사건 발생의 원인을 찾으려는 시도에 해당한다. 주변의 사건이나 사람들의 행동 원인을 찾으려는 노력은 특이한 일이나 불쾌한 일 또는 개인적으로 중요한 일이 발생하거나 다른 사람이 예상하지 못한 방식으로 행동할 때 일어난다. 특히, 일이 순조롭게 진행될 때보다 고통스럽고 불쾌한 일들이 진행될 때 귀인 과정이 촉발될 수 있다.

귀인 과정은 어떤 사람의 행동을 그 사람의 성격, 태도, 능력 등 내부 요인에 돌리는 '내적 귀인'과, 행동의 원인과 상황, 환경 등 외부 요인에 돌리는 '외적 귀인'으로 구분된다. 예를 들어 팀 프로젝트에서 원하는 성과가 나오지 않았을 때, 프로젝트 실패 원인을 팀원들의 역량 부족과 열정 부족으로 돌린다면, 이는 내적 귀인에 해당하며, 프로젝트 실패가 학과의 지원 부족과 주변 상황의 변화 때문이라고 생각한다면, 이는 외적 귀인에 해당한다.

또한 귀인 과정에서 타인의 행동을 설명할 때 외부 요인보다 내부 요인으로 설명하는 경향이 나타날 수 있다. 이를 기본 귀인 오류라고 부른다. 앞의 사례에서 프로젝트 실패 원인을 팀원의 능력 부족으로 판단했지만, 사실 실패의 원인은 급작스러운 외부 요인 때문일 때의 상황에 해당하는 오류이다.

② 대인 사고

대인 사고는 사람들과의 관계에서 일어나는 사건의 의미를 추론하는 것을 의미한다. 대인 사고에는 대인 지각에 비해 더 복잡한 상위 수준의 인지 기능이 관여한다. 스토아 학파의 에픽테토스도 인간의 정서적 혼란은 경험하는 어떤 사실이나 사건에 의해서가 아니라 그 사실에 대해 가지는 관점 때문에 생긴다고 하였는데, 이러한 대인 사고 과정은 매우 신속하고 자동적으로 일어나기에 스스로 자각하기 쉽지 않은 것이 특징이다. 인지행동치료의 권위자 아론 벡(Aaron T. Beck)은 마음속에서 자동적으로 처리되어 잘 자각되지 않는 사고를 '자동적 사고'라 명명하고, 이를 우리의 감정과 행동을 결정하는 주요한 심리적 요인으로 보았다.

대인 사고 과정은 타인과 상호작용하면서 정보를 처리하고 반응을 결정하는 단계들로 이루어진다. 즉 대인관계에서 일어나는 사건의 의미를 추론하는 의미 추론 과정, 추론된 의미에 대한 긍정성과 부정성을 평가하는 의미 평가 과정, 대인관계에서 어떻게 행동하고 대처할 것인가를 판단하는 대처 방법을 결정하는 과정을 거치게 된다(김종운, 2017). 이와 같은 사고 과정은 우리가 일상생활에서 다른 사람들과 상호작용할 때 끊임없이 일어나며, 각 과정에서의 해석과 결정은 우리의 대인관계에 큰 영향을 미친다.

― 의미 추론 과정

의미 추론 과정은 타인의 행동이나 말을 통해 타인의 행동 및 상황이 의미하는 바를 추론하는 과정이다. 의미 추론 과정은 대화의 맥락, 상대방의 표정, 몸짓 등을 종합하여 이루어지는데 도출된 내용은 사실일 수도, 왜곡된 것일 수도 있다. 예를 들어 지수가 도서관에서 지원을 마주쳤는데 지원이 인사를 하지 않고 지나간 상황을 생각해 보자. 이때 지수는 지원의 행동의 의도를 추론할 수 있다(예: '자신을 보지 못했을 것이다', '바빴을 것이다', '기분이 좋지 않았을 것이다' 등).

— 의미 평가 과정

의미 평가 과정은 추론된 의미를 개인적으로 평가하는 단계이다. 추론된 의미는 개인의 가치관, 감정, 경험 등에 따라 다르게 평가될 수 있으므로, 의미 평가 과정은 대인 감정을 결정하는 데 중요하다. 일반적으로 우리는 실제 일어난 사건의 의미와 자신의 신념을 비교하여 사건에 대한 감정을 결정한다. 앞의 예에서 지수는 지원이 인사를 하지 않은 이유를 여러 가지 추론했는데, 이 과정에서 지수는 지원이 자신을 무시했다고 생각할 수도, 그냥 바빠서 그랬을 것이라고 생각할 수도 있다. 만약 지수가 지원이 일부러 자신을 무시했다고 평가한다면, 부정적인 감정을 느낄 수 있다. 이에 반해 지원이 바빠서 그랬다고 평가한다면 별다른 감정을 느끼지 않을 수 있다.

— 대처 방법 결정 과정

사건의 의미를 평가하고 나면, 어떻게 대응할 것인지를 결정하는 대처 방법 결정 과정을 거치게 된다. 이는 직접적인 행동, 대화, 감정 조절 등 다양한 대처 방법을 포함한다. 다시 앞의 예시로 돌아가서, 지수가 지원이 자신을 일부러 무시했다고 평가했다고 가정하자, 지수는 지원에게 직접 다가가 왜 인사를 하지 않았는지 물어볼 수도 있고, 그냥 넘어갈 수도 있으며, 이후 지원을 멀리할 수도 있다. 만약 지수가 지원이 바빠서 그랬다고 평가했다면, 지수는 별다른 대응을 하지 않고 일상생활을 계속하는 행동을 선택할 것이다.

③ 대인 감정

우리는 사람들과 상호작용하는 과정에서 상대의 언행에 대한 감정을 느낀다. 인간관계에서 느끼게 되는 여러 감정을 대인 감정이라고 하며, 사랑, 우정, 친밀감, 고마움, 기쁨 등의 '긍정 정서'와 슬픔, 불안, 분노, 질투, 시기, 배신감 등의 '부정 정서'가 이에 해당한다. 긍정적인 감정을 많이 느끼게 되는 인간관계는 지속되고 때때로 심화되는 반면, 부정적인 감정을 더 많이 느끼게 되는 인간관계는 불만과 고통으로 인해 단절되기도 한다. 이 감정들은 우리가 다른 사람과 소통하고 갈등을 해결하며 협력하는 과정에서 중요한 단서를 제공하기에 성공적인 대인관계를 유지하고 발전시키는 데 중요한 요소이다.

진화심리학적 관점에서 대인 감정은 인류가 생존하고 종족을 유지하는 데 필요한 적응을 돕고 특정한 행동적 반응을 유발하는 적응적 가치를 지닌다. 예를 들어 불안은 위험이나 앞으로 닥쳐올 일을 준비하게 하고, 분노는 공격자로부터 방어하기 위한 공격적 행동을 유발하며, 사랑과 수용의 감정은 배우자나 동료에 대한 애착과 보호 행동을 유발한다(김종운, 2017).

이처럼 대인 감정은 특정 상황에서 적극적 반응을 유발하지만, 모든 감정이 단순한 형태로 존재하는 것은 아니다. 감정은 보다 기본적인 형태에서 출발하여 복합적인 감정으로 표현될 수 있다. 기본 감정은 즉각적이고 본능적인 반응을 일으키는 반면, 복합 감정은 더 깊이 있는 감정적 경험을 통해 관계의 질과 방향을 결정하는 데 기여한다. 기본 감정은 모든 사람이 공통적으로 경험하는 원초적인 감정으로, 선천적으로 타고나며 문화와 상관없이

표 4.2 기본 감정

기쁨	긍정적인 경험이나 상황에서 느끼는 행복감 예: 친구와 함께 시간을 보내며 즐거움을 느낄 때
슬픔	상실이나 좌절 등 부정적인 경험에서 느끼는 감정 예: 가까운 사람이 멀리 이사 가서 더 이상 자주 만나지 못할 때
분노	부당한 대우나 좌절을 겪을 때 느끼는 강한 부정적 감정 예: 친구가 약속을 계속 어길 때
두려움	위험이나 위협을 감지할 때 느끼는 감정 예: 중요한 발표를 앞두고 느끼는 긴장과 불안
놀람	예상치 못한 사건이나 상황에서 느끼는 감정 예: 친구가 갑자기 생일 파티를 열어 줄 때
혐오	불쾌하거나 거부감을 느끼는 상황에서 경험하는 감정 예: 부정적인 행동이나 비도덕적인 행위를 목격할 때

전 세계적으로 동일하게 나타나는 경향이 있다. 에크만과 프리센(Ekman & Friesen, 1971)이 제안한 대표적인 기본 감정은 표 4.2와 같다.

다음으로, 복합 감정은 두 가지 이상의 기본 감정이 결합되어 나타나는 감정으로, 상황과 문맥에 따라 다양하게 표현된다. 복합 감정은 종종 복잡하고 미묘한 인간관계를 반영하며 대표적으로 살펴보면 표 4.3과 같다(Ekman & Friesen, 1971).

표 4.3 복합 감정

사랑	기쁨, 신뢰, 애정 등 여러 감정이 결합된 복합 감정 예: 연인이나 가족과의 깊은 유대감을 느낄 때
질투	두려움, 분노, 슬픔 등이 섞여 있는 감정 예: 친구가 다른 사람과 더 친하게 지내는 것을 볼 때
감사	기쁨과 놀람이 결합된 감정 예: 누군가가 예상치 못하게 큰 도움을 주었을 때
죄책감	슬픔과 두려움이 결합된 감정 예: 자신의 행동이 다른 사람에게 피해를 주었다고 느낄 때
자부심	자신의 성취를 긍정적으로 평가하며 느끼는 감정; 기쁨과 놀람이 결합된 감정 예: 중요한 목표를 달성했을 때
수치심	부끄러운 행동을 했다고 생각할 때 느끼는 감정; 두려움과 슬픔이 결합된 감정 예: 공개적으로 실수했을 때

④ 대인 행동

대인 행동은 개인이 상대의 언행에 대해 보이는 외현적인 반응을 의미한다. 개인은 타인과의 관계에서 대인 지각과 대인 사고를 통해 여러 감정을 느끼고 대인 행동으로 반응하게 된다. 라자루스(Lazarus, 1991)는 대인 정서가 상대방에게 어떻게 반응할지를 결정하는 이차적 평가를 거쳐 대인 행동으로 표현된다고 보았다. 즉 대인 행동은 자신의 감정과 생각을 타인에게 전달하는 동시에, 타인의 감정과 생각을 받아들이는 중요한 통로로 작용한다.

대인 행동의 유형은 반응적 대인 행동과 자발적 대인 행동, 즉각적 정서 행동과 유보적 정서 행동, 적극적 행동과 소극적 행동으로 구분되며, 구체적인 설명은 다음과 같다.

— 반응적 대인 행동과 자발적 대인 행동

반응적 대인 행동은 타인의 행동에 의해 유발된 행동으로, 인간관계에서 보이는 대부분의 대인 행동에 해당한다. 인간관계는 대인 행동을 주고받는 과정으로, 나는 상대방의 행동에 반응하여 행동하고, 상대방도 내 반응에 대한 행동을 보인다. 예를 들어 친구가 직접 도와달라고 요청할 때, 우리는 도와주는 반응적 대인 행동을 보이게 된다. 이에 반하여 자발적 대인 행동은 타인에게 어떠한 반응을 유도하기 위해 자발적으로 하는 행동을 의미한다.

— 즉각적 정서 행동과 유보적 정서 행동

상대방에게 느낀 감정을 표현하는 시기에 따라 즉각적 정서 행동과 유보적 정서 행동으로 살펴볼 수 있다. 어떤 사람은 자신의 감정을 즉시 표출하기도 하고, 어떤 사람은 자신의 감정을 속에 담아 두었다가 서서히 표출하기도 한다. 특히, 친구가 어려운 상황에 처했다면, 곧바로 "넌 정말 잘하고 있어. 내가 어떻게 도와줄 수 있을까?"라고 위로의 말을 건네는 것과 같은 즉각적 정서 행동이 필요할 수 있다. 그러나 분노, 짜증, 당혹감, 수치심 등 부정적인 감정에 대한 즉각적 정서 행동은 상대방에게 솔직하게 감정을 전달하여 긴장과 오해를 줄일 수도 있지만, 충동적이거나 경솔한 행동으로 보일 수도 있음을 유념해야 한다. 반면에 유보적 정서 행동은 신중한 행동으로 화난 감정이 진정되도록 기다려야 문제 해결을 위한 실마리를 찾을 수 있을 때 필요하다. 그러나 섭섭함이나 서운함, 억울함 등의 부정적인 감정이 표출되지 못하고 마음속에 계속 남아 있게 된다면, 이는 관계를 불편하게 만들 수 있다.

— 적극적 행동과 소극적 행동

적극적 행동이 상대방에 대한 감정과 생각을 직접적으로 충분히 표현하는 행동인 데 비해, 소극적 행동은 자신의 감정이나 생각을 간접적이고 우회적으로 표현하는 행동에 해당한다. 특히 우리나라 사람들은 감정 표현을 억제하는 체면 문화의 영향으로 인해 자신이 가진 불만이나 화난 감정을 직접적으로 표현하지 않는 경우가 많다. 이러한 행동 패턴은 자신의 감정을 억제하면서 타인에게 자신의 진실된 감정을 제대로 전달하지 못해 오해를 낳기 쉽고, 서로 다른 기대와 요구사항을 가진 채 관계에 대한 불만을 더 커지게 만들 수 있다. 옛날부터 우리나라에서는 이와 같이 솔직하게 감정을 표현하지 않는 게 미덕으로 여겨지다 보니, 상대방이 어떤 감정 상태인지를 살피는 '눈치'가 타인과의 상호작용에서 매우 중요한 것으로 여겨진다. 그러나 눈치를 봐야 할 정도로 자신의 감정을 솔직히 표현하지 않는 사람과 의사소통을 할 때는 말투, 몸짓, 표정 등을 주의 깊게 살펴서 그 사람의 감정이나 의도를 파악해야 하기에 장기적으로 안정적인 관계로 이어지기 어렵다. 한쪽의 반복된 희생은 갈등의 씨앗이 될 수 있으므로 서로에게 맞추고 균형을 찾아 건강한 인간관계를 맺을 수 있도록 하자.

1 나 전달법을 연습해 보자.

상황	나 전달법
1) 친구가 약속 시간에 항상 늦어서 기다리느라 스트레스를 받고 있다.	예: ○○아. 네가 약속 시간에 늦을 때마다 나는 먼저 와서 기다리면서 스트레스를 좀 받아. 우리가 만나는 시간을 더 잘 지켜 주면 좋겠어. 그렇게 하면 우리 둘 다 만날 때 더 즐겁게 시간을 보낼 수 있을 것 같아.
2) 가족 모임에서 내가 말을 할 때마다 가족들이 주의를 기울이지 않고 다른 이야기를 한다.	
3) 팀 프로젝트에서 한 팀원이 맡은 일을 제대로 하지 않아 프로젝트 진행에 차질이 생겼다.	

2 다음의 감정에 대한 개인적 경험에 대해 이야기 나누어 보자.

1) 기쁨

2) 분노

3) 두려움

비합리적 신념	합리적 신념으로 바꾸기
1) 나는 항상 다른 사람들에게 완벽하게 보여야 해. 그렇지 않으면 사람들은 나를 무시할 거야.	
2) 다른 사람들이 나를 좋아하지 않으면, 나는 가치 없는 사람이야.	
3) 나는 다른 사람들에게 항상 친절해야 해. 만약 누군가를 실망시키면 나는 나쁜 사람이 되는 거야.	

05 상담 이론적
관계 이해

●

사람은 태어나면서 부모와 자식 간의 관계가 시작됨과 동시에 다양한 관계를 맺으면서 살아간다. 이 장에서는 인간관계를 이해하는 데 도움이 되는 상담 이론적 관점에 대해서 탐구해 본다. 개인이 타인과의 관계를 어떻게 형성하고 유지하는지 등 관계의 형성과 발전 과정에서 중요한 이론인 대상 관계 이론, 애착 이론, 인간 중심 이론을 소개하며, 관계의 주요 요소를 파악하고 실질적인 인간관계에 대한 이해를 도모하고자 한다. 이 세 가지 이론은 사람의 심리적 성장과 관계 형성 과정에 따라 이러한 관계가 어떻게 형성되고 발달되는지부터 자기이해와 실현으로 점진적으로 확장되는지의 순서로 살펴보기로 한다. 먼저 대상 관계 이론에서는 관계의 초기 형성과 내면화, 즉 사람이 어린 시절부터 내면화한 주요 타자(대상)와의 관계가 미치는 영향에 대해서 살펴본다. 다음으로 애착 이론에서는 초기 관계의 영향을 기반으로 성인이 된 후의 대인관계를 연결하여 성인 애착 유형과 대인관계에서의 역할을 살펴본다. 그리고 마지막으로 인간 중심 이론에서는 관계 경험과 애착 유형을 기반으로 개인의 자아와 자기실현 경향성이 대인관계에 미치는 영향을 설명한다.

> **학습 목표**

★ 대상 관계 이론, 애착 이론, 인간 중심 이론에서 이야기하는 관계에 대한 핵심 개념을 이해한다.

★ 각 이론적 관점으로 자신의 관계에 대해 좀 더 깊이 이해한다.

1 관계에 대한 대상 관계 이론적 관점

우리에게 관계를 맺는다는 것은 곧 성장과 생존으로 이어지는 필수적 요소가 된다. 대상 관계 이론에서는 사람은 관계욕구를 지닌다고 본다. 사람의 관계욕구는 지속적으로 관계가 연결되고 자신의 개별성을 인정해 주는 좋은 대상 체험의 욕구와 내가 잘났든 못났든 누구로부터 거부되지 않고 언제나 그 자리에 있는 대상 체험의 욕구를 의미한다. 관계욕구는 본능적으로 추구하는 욕구이기 때문에 관계에서 좋은 대상 상실에 대한 두려움을 발생시킨다. 관계의 질이 좋다면 우리는 자신을 더 나은 사람으로 느끼지만, 그렇지 않다면 스스로를 부족하거나 초라하게 느낄 수 있다. 사람 사이의 관계를 깊이 이해하려면, 어린 시절 경험한 관계의 질이 자라면서 이후의 관계에도 큰 영향을 미친다는 대상 관계 이론의 핵심 개념을 살펴보는 것이 필요하다.

(1) 자기와 대상 관계

자기(self)는 '나'라는 사람에 대한 의식적 및 무의식적인 정신적 표상으로, 본질적으로 '나는 누구인가'라는 질문에 대한 답을 의미한다. 사람은 누구나 관계를 형성할 수 있는 대상을 필요로 한다. 이때 개인의 욕구를 충족시켜 주는 중요한 대상이 바로 '대상'이며, '자기 대상(self object)'은 우리가 자기(self)를 유지하고 발달시키는 데 필요한 외부의 사람, 관계, 경험 등을 말한다. 대상 관계는 이러한 대상과의 관계가 심리적으로 어떻게 표상(representation)되는지를 나타내는 대인관계를 의미한다. 여기서 '표상'은 사람이 하나의 대상을 마음속에서 어떻게 생각하고 어떤 느낌으로 떠올리는지를 의미하는 심리학적 개념이다. 예를 들어, 어떤 사람이 '엄마'를 떠올릴 때, 엄마를 따뜻하고 다정한 모습으로 기억할 수도 있고 반대로 엄격하고 무서운 모습으로 떠올릴 수도 있다. 이처럼 마음속에 그려진 대상의 모습이 바로 표상이다.

대상 관계 이론은 부분 대상이 아닌, 하나의 전체 대상과의 좋은 관계를 추구하는 것이 중요하다고 본다. 여기서 전체 대상으로서의 관계는 '당신에게 부족한 부분이 있지만, 그럼에도 나는 당신이 좋다'는 인식이다. 반면, 부분 대상으로서의 관계는 '당신이 내 마음에 드는 부분을 보여 줄 때만 당신이 좋고, 나머지는 고쳐졌으면 좋겠다'는 생각이다. 이렇게 대상 관계를 좋고 나쁜 것으로 구분하며, 나쁜 부분을 반드시 떼어내거나 고쳐야 한다고 생각하는 것은 대상 관계에서의 '분열'을 의미한다.

전체 대상으로서의 관계는 부분적인 좋음과 나쁨을 넘어서, 대상의 전체적인 인격에 주목하는 방식이다. 예를 들어, "당신은 부족한 점도 있지만, 이 세상에 완벽한 사람은 없으니 이 정도는 괜찮다"거나, "내가 싫어하는 부분이 고쳐지면 좋겠지만, 그렇지 않더라도 관계를 유지할 수 있다"는 식으로 대상 관계를 통합적으로 바라보는 것이다.

(2) 대상 관계의 통합

대상 관계 이론은 한마디로 '대상 관계의 통합'을 강조한다. 이 이론에 따르면, 인간관계를 잘하는 사람과 실패하는 사람은 분명한 차이가 있다. 심리적으로 건강한 사람은 "좋기도 하고 싫기도 한 게 그 사람이구나"라고 타인의 장단점을 통합적으로 받아들이는 일관된 태도를 보인다. 반면, 성숙하지 못한 사람은 "저런 점은 마음에 드는데, 이런 점은 마음에 안 들어서 그만 만나야겠다"라고 분열적으로 사람을 바라본다. 이렇게 되면 "제가 좋게 봤는데 많이 실망했어요", "내가 당신을 좋게 봤는데 좋은 사람이 아닌 것 같아요"라며 관계를 자꾸 끊어내게 된다.

관계를 잘 맺는 사람도 때로는 타인에게 실망한다. 하지만 인간관계를 잘 맺는 사람은 실망하는 순간 그 사람의 단점과 장점을 구분하고, 나와 통하는 좋은 점을 바탕으로 교류를 이어갈 수 있다. 결국, 관계에서 다름을 발견하고 실망한 지점이 생긴 후도 관계를 끊어내지 않고 시간을 쌓아가며 공통점을 찾아 잘 어울려 지낼 수 있다. 시간이 흐르고 이해의 폭이 넓어지면 관계는 점점 더 깊어지고, 그러다 보면 처음에는 분명히 싫었던 점도 별것 아니게 느껴질 수 있다. 성공적인 인간관계의 비결은 다른 사람의 장단점을 통합적으로 보고, 관계에서의 유대감을 점차 깊이 쌓아가는 것이다.

(3) 개별화와 대상 항상성

인간은 개별화를 추구하면서도 관계에서 완전히 벗어날 수는 없다. 개별화에 실패할 경우, 이는 불안으로 이어질 수 있다. 어린 시절 양육자와의 관계에서 분리-개별화에 실패했다면, 자아는 외부의 기대와 요구에 따라 불안정하고 파편화된 자기(fragmented self)가 형성될 수 있다. 파편화된 자기를 형성하는 대표적인 예를 살펴보자. 양육자가 항상 우수한 성적을 기대할 경우, 자녀는 성적이 기대에 미치지 못할 때 양육자의 실망을 느끼고, 이로 인해 자신감을 잃으며 자아의 안정감을 해칠 수 있다. 또한 양육자의 높은 기대는 자녀에게 친구들 사이에서도 잘해야 한다는 압박감을 주어 또래와 자신을 끊임없이 비교하게 만들고, 그 과정에서 자아가 파편화(분열)되는 경험을 하게 될 수 있다.

파편화된 자기를 가진 사람은 자신에 대한 확신과 안정감을 가지기 어렵고, 성취에 대한 지속적인 불안과 스트레스를 경험한다. 자신이 어떤 목표를 추구하는지 모르고, 친구들 사이에서도 위축되어 자신의 가치를 유지하기 어렵다. 외부의 기대와 요구에 맞추려다 보니 자주 행동이 바뀌고, 끊임없이 혼란스러워진다.

코헛(Kohut)은 건강한 사람은 타인과 자신의 심리적 경계가 분명하고, 진정성이 있으며, 정서적으로도 통합된 삶을 살 수 있는 자기(self)가 확립된 사람이라고 보았다. 개인은 자신의 주관적인 경험에 반응해 줄 대상을 만날 때, 통합적 자아를 발전시킬 수 있다. 개인이 이전에 지지와 위로, 사랑을 제공했던 주 양육자의 행동을 내면화하여 심리적으로 스스로에게 지지와 위로, 사랑을 줄 수 있는 대상 항상성을 갖추게 되면, 상대의 좋고 나쁨에 기준을 두기보다는 대상의 존재 자체를 중요시할 수 있게 된다(김창대, 2002).

2 관계에 대한 애착 이론적 관점

애착 이론은 초기 양육 과정에서 형성된 애착이 성인기까지 이어져 인지, 정서, 대인관계 등에 큰 영향을 준다고 본다. 애착이란 특정 대상과 정서적으로 강하게 연결되고자 하는 인간의 속성으로, 가까운 사람과의 정서적 유대 관계를 의미한다. 초기 양육 과정에서 주 양육자와 유아, 두 사람이 함께 형성하는 애착 관계가 애착 형성의 핵심이 되며, 특히 언어 습득 이전의 경험으로 자기의 핵심이 만들어진다. 엄마와 아이의 관계 경험은 아이에게 내면화되어 내적 작동 모델을 형성하게 한다. 내적 작동 모델은 주 양육자와의 상호작용 패턴을 인식하여 양육자의 행동을 예측하는 역할을 하며, 성장한 이후에는 관계에서의 행동, 이야기, 생각 등에 영향을 미친다.

주 양육자와의 정서적 유대를 통해 아이는 타인에게 마음을 열고 조율하는 법, 타인의 반응에 민감하게 반응하는 법을 배우게 된다. 이처럼 어린 시절 주 양육자와의 관계 경험은 성인이 되어 타인과의 정서적 유대 관계를 형성하는 방식에 영향을 줄 수 있다. 애정 어린 보살핌을 받았는지, 방치되었는지, 적절한 보호막을 느끼며 자랐는지, 관심 밖에 있었는지, 응석받이로 자랐는지 또는 양육자로부터 버려졌는지 등이 이후의 정서 발달에 큰 영향을 미치게 된다.

애착과 관련된 상호작용 패턴은 다음의 네 가지 애착 유형으로 분류되며, 성인이 된 이후의 연애 관계에도 영향을 미친다(Wallin, 2007/2010).

(1) 애착 유형

① 안정형 애착

안정형 애착 유형의 성인은 자신이 사랑과 관심을 받을 가치가 있다는 점을 알고 있으며, 도움이나 친밀한 유대감이 필요할 때 타인에게 의지한다. 상대방과 서로 의존하는 관계가 되는 것을 편안하게 여긴다. 이 유형의 사람은 늘 곁에서 보살펴 주고 아이의 감정에 민감하게 반응하는 양육자 밑에서 자란 경우가 많다. 애착 관계를 중요하게 여기며, 이야기 방식이 일관적이고 사려 깊으며, 감정에 휘둘리지 않으면서도 감정에 열려 있는 특징을 보인다. 자신과 양육자 사이에 힘든 경험을 떠올리기도 하지만, 양육자를 이해하고 용서하려는 노력을 기울이며 균형 잡힌 관점을 가진다.

안정형 애착 유형의 사람은 일관된 감정 태도 안에서 타인과 유연하게 조율하는 능력이 높다. 누군가와 조율을 잘한다는 것은, 타인이 어떤 특성을 보여도 "그럴 만해", "그럴 수 있어"라고 먼저 생각하는 능력이다. 상대방이 그런 이유가 있겠지라며 호기심을 가지고 궁금해하는 것이다. 안정형은 그 사람의 삶에서는 그럴 만하다고 느끼며, 상대의 이야기를 들으면서 상대방의 정서적 욕구를 알아차리고 이에 적절히 반응할 수 있기 때문에 서로의 관계를 더욱 깊은 관계로 만들어 간다.

② 불안형 애착

불안형 애착 유형은 어릴 적에 필요할 때 양육자가 곁에 없거나, 아이의 감정에 적절히 반응해 주지 못하는 환경에서 자랐을 가능성이 높다. 양육자에게 신뢰를 느끼지 못했기 때문에 성인이 되어 타인과 관계를 맺을 때도 불안감을 크게 느낄 수 있다. 자기 스스로의 가치를 확신하지 못하고 자신이 사랑받을 만한 존재라고 느끼지 못하기 때문에, 타인에게 거절당하거나 버려지는 것을 두려워한다. 그래서 상대에게 집착하거나 자꾸 사랑을 확인받고 싶어 한다.

불안형은 애정 결핍적 성향을 가지며, 애정이 충족되지 않으면 불안해한다. 또한 외로움을 강하게 느끼고, 누군가와 어떻게 하면 좀 더 깊고 강렬하게 연결될 수 있을지 고민하며, 타인과 연결되고 싶은 욕구가 강하다. 불안형은 내적으로 친밀감과 유대감을 갈망하지만, 자신의 욕구가 충족되지 않을 것이라고 믿기에 사람들이 자신을 믿고 좋아하게 만들기 위해 과도하게 애쓴다.

아이러니하게도 불안형과 회피형은 서로를 강하게 끌어당기는 경향이 있다. 불안형은 누군가가 자신을 진심으로 사랑해 주는 일이 일어나지 않을 것이라고 생각하며, 회피형을 만나면서 그 믿음이 옳다는 것을 경험하게 된다. 회피형이 필요할 때 곁에 없거나 무심한 태도로 일관하면, 불안형은 관계가 위태로워질까 봐 불안해진다. 그러나 회피형이 갑자기 관심이나 다정한 모습을 보이면, 아무리 사소한 관심이라도 불안형은 그것에 매우 행복해한다.

회피형이 불안형에게 끌리는 이유는, 회피형의 혼자 행동하기 좋아하고 상대를 지배하려는 욕구가 불안형의 애정에 굶주린 듯한 태도와 무능력감에 의해 정당화되어, 경계선을 긋고 어떻게든 상대와 너무 가까워지는 것을 피할 수 있기 때문이다.

③ 회피형 애착

회피형 애착 유형은 어릴 적에 필요할 때 양육자가 곁에 없거나, 아이에게 사랑과 관심을 주지 않은 환경에서 자란 사람들이다. 이런 환경에서 자란 아이는 성인이 되어서도 타인을 잘 믿지 못하고, 누군가와 친밀해지는 것을 조심스러워 할 수 있다. 회피형 유형은 애착 체계를 비활성화시키기 위해 애착과 관련된 단서들을 최소한으로 자각한다(Main, 1995). 이들은 관계에서 큰 기대를 하지 않으며, 상대방을 위해 헌신하고 적극적으로 행동하기보다는 자신의 독립성을 지키려는 경향이 있다.

상대방과의 관계에 균열의 조짐이 느껴지면, 방어적으로 도망치거나 마음의 빗장을 굳게 걸어버리는 경향을 보일 수 있다. 이들에게 애착은 종종 실망으로 이어지는 경험이었기 때문에, 다른 사람들과 친밀한 관계를 원하면서도 그 관계에서 자꾸 도망치려 한다. 상처받고 싶지 않기 때문에, 자신의 연약함이나 부족함을 있는 그대로 드러내거나 타인에게 의지해야 할 필요성을 부인하는 경우가 많다.

④ 혼란형 애착

혼란형 애착 유형은 양육자와 함께 있을 때 이상하거나 모순되고 해리된 행동을 보인다. 해리는 심리적 스트레스나 충격적인 경험으로부터 스스로를 보호하기 위해 작동하는 일종의 심리적 메커니즘으로, 개인이 실제로 경험한 일이나 감정을 제대로 기억하지 못하는 상태를 말한다. 이러한 행동은 아이의 안식처인 양육자가 동시에 아이에게 안전하지 않은 공포의 원인이 될 때 발생한다. 이 유형의 아이는 양육자와 물리적으로 가까이 있으면서도, 양육자가 주는 위협에 대처하기 위해 양육자 역할을 하게 된다. 혼란형 양육자는 과거의 정신적 외상이나 상실 등을 회상하고 성찰하는 데 어려움을 겪으며, 정신적 외상을 떠올리게 하는 말이나 행동에 압도되거나 혼란스럽고 멍한 상태에 빠지기도 한다.

이로 인해 아이의 울음소리는 양육자의 외상을 자극하는 행동이 되어, 양육자는 불안과 혼란을 겪고, 그 결과로 아이는 양육자에게 다가가지도 못하고 멀어지지도 못한 채 얼어붙은 상태가 된다. 양육자가 불안해하고 힘들어하는 이유를 알지 못한 아이는 그 원인이 자신에게 있다고 생각하기 쉽고, 그로 인해 아이도 불안한 상태가 된다(Wallin, 2007/2010).

다음은 '성인 애착 척도(Experience of Close Relationship Scale-Revised: ECR-R)'로서, 개인이 관계에서 보이는 애착 유형을 알아보는 데 유용한 심리학적 도구이다. 이 척도는 불안과 회피의 두 가지 차원을 측정하며, 개인의 애착 유형을 파악할 수 있게 해 준다. 자신의 애착 유형이 무엇인지 다음 척도를 통해 알아보자.

성인 애착 척도(ECR-R)

다음의 문항들은 정서적으로 친밀한 관계에서 경험하는 느낌에 관한 것입니다. 친밀하다고 느끼는 대상을 떠올리면서 행동하는 칸에 ○ 표시해 주시기 바랍니다. 모든 문항의 주어는 '나'입니다.

번호	문항	전혀 그렇지 않다	그렇지 않다	약간 그렇지 않다	보통 이다	약간 그렇다	그렇다	매우 그렇다
1	다른 사람들과 지나치게 가까워지는 것을 원치 않는 편이다.	1	2	3	4	5	6	7
2	때로 다른 사람들은 분명한 이유 없이 나에 대한 그들의 감정을 바꾸곤 한다.							
3	다른 사람들과 가까워지는 것은 비교적 쉽다.							
4	다른 사람들이 내게 가까워지려고 하면 불편하다.							
5	다른 사람들에게 모든 것을 다 이야기한다.							
6	다른 사람들은 내가 화가 나 있을 때만 나에게 주목하는 것 같다.							
7	다른 사람들은 나와 내 욕구를 잘 이해한다.							
8	버림받을까 봐 걱정하는 일은 별로 없다.							
9	다른 사람들과 여러 가지에 대해 의논한다.							
10	내가 다른 사람들에게 관심을 갖는 것만큼 그들도 내게 관심을 가져주지 않을까 봐 걱정한다.							

번호	문항	전혀 그렇지 않다	그렇지 않다	약간 그렇지 않다	보통 이다	약간 그렇다	그렇다	매우 그렇다
11	다른 사람들에게 내 마음속 깊은 감정을 드러내는 것을 원치 않는 편이다.							
12	다른 사람들의 기대에 못 미칠까 봐 걱정된다.							
13	다른 사람들이 내가 얻고자 하는 애정과 지지를 보내주지 않을 때는 화가 난다.							
14	내가 다른 사람들에게 호감을 표현했을 때, 그들이 나에 대해 같은 감정이 아닐까 봐 걱정된다.							
15	다른 사람들이 나를 진심으로 사랑하지 않을까 봐 자주 걱정한다.							
16	다른 사람들에게 속내를 털어놓는 것이 편하지 않다.							
17	다른 사람들은 내가 내 자신에 대해서 회의를 하게 만든다.							
18	필요할 때 다른 사람들에게 의지하는 것은 도움이 된다.							
19	다른 사람들을 의지하는 것이 어렵다.							
20	내가 다른 사람들에게 갖는 호감만큼 그들도 내게 강한 호감을 가지기를 자주 원한다.							
21	다른 사람들과의 대인관계에 대해 걱정이 많다.							
22	사람들과 매우 가까워지고 싶은 나의 욕구 때문에 사람들이 내게서 멀어지기도 한다.							
23	다른 사람들이 나를 떠날까 봐 걱정하는 일은 거의 없다.							
24	다른 사람들은 내가 바라는 만큼 나와 가까워지려고 하지 않는다.							
25	다른 사람들과 잠시 떨어져 있을 때 그들이 나 아닌 누군가에게 관심을 갖게 될까 봐 걱정한다.							

번호	문항	전혀 그렇지 않다	그렇지 않다	약간 그렇지 않다	보통 이다	약간 그렇다	그렇다	매우 그렇다
26	다른 사람들의 사랑을 잃을까 봐 두렵다.							
27	다른 사람들과 가깝게 지내는 것이 매우 편하다.							
28	다른 사람들에게 다정하게 대하는 것은 쉬운 일이다.							
29	다른 사람들에게 의지하는 것이 편하게 느껴진다.							
30	다른 사람들에게 의지하는 것은 쉬운 일이다.							
31	다른 사람들이 나와 함께 있기를 원하지 않을까 봐 자주 걱정한다.							
32	다른 사람들과 가까워지는 것은 어렵지 않다.							
33	내 문제나 걱정거리를 보통 다른 사람들과 의논한다.							
34	사적인 생각과 감정을 다른 사람들과 나누는 것에 대해 편안하게 느낀다.							
35	다른 사람들이 내게 너무 가까워지려고 하면 불안하다.							
36	일단 다른 사람들이 나에 대해 알게 되면, 그들이 있는 그대로의 내 모습을 좋아하지 않을까 봐 두렵다.							

1) 회피형 애착
- 1, 4, 11, 16, 19, 35번의 합:
- 2, 5, 7, 9, 18, 27, 28, 29, 30, 32, 34번의 합(역채점 문항):

2) 불안형 애착
- 2, 3, 6, 10, 12, 13, 14, 15, 17, 20, 21, 22, 24, 25, 26, 31, 33, 36번의 합:
- 8, 23번의 합(역채점 문항):

* 역채점 문항 점수는 1점 ➜ 7점, 2점 ➜ 6점, 3점 ➜ 5점, 4점 ➜ 4점, 5점 ➜ 3점, 6점 ➜ 2점, 7점 ➜ 1점으로 계산한다.
* 점수가 높을수록 해당 차원의 특성을 많이 지니는 것으로 해석할 수 있다.

출처: 김성현(2004).

이 척도 결과를 통해 자신의 불안정 애착 유형을 파악함으로써 왜 가까운 관계에서 불안을 느끼는지, 또는 왜 타인과 거리를 두고 싶어 하는지 등 자신의 인간관계에서 반복적으로 발생하는 행동이나 감정의 원인을 이해할 수 있다. 또한 연인 관계라면 불안형, 회피형 중 서로의 애착 유형을 파악하고 관계에서 갈등의 원인을 이해할 수도 있을 것이다.

(2) 안정된 관계를 맺기 위해 필요한 노력

> "내가 비어 있고, 내가 정서적 고통을 겪는 것은 나의 잘못이 아니다. 그 것은 나를 바라봐 줄 사람이 없었다는 것을 의미하는 것이지 내가 잘못 된 것은 아니다."(여정모, 2016).

불안정 애착 유형은 안정 애착이 아닌 불안형, 회피형, 혼란형을 포괄하는 개념이다. 우리는 불안정 애착 유형을 잘못되었거나 아프거나 틀린 것이라고 받아들여서는 안 된다. 대신, 예전에는 자신에게 그런 패턴이 필요한 상황이 있었다는 정도로만 이해하는 것이 중요하다. 자신의 애착 유형을 파악하는 이유는, 나 자신을 사랑하고 타인을 사랑하기 위해 이전에 사용했던 방법이 현재는 적합하지 않기 때문에, 더 도움이 되는 방법을 찾기 위함이다. 우리는 누구나 진실된 자신의 모습 그대로 사랑받을 가치가 있다는 점을 반드시 기억하자.

① 나 스스로를 먼저 돌보기
불안형 애착 유형은 타인을 우선적으로 살피고, 타인을 만족시킨 후에야 자신을 챙기는 경향이 있다. 그래서 자신이 무엇을 원하는지, 자신에게 무엇이 필요한지 잘 알지 못한 채, "내가 널 얼마나 잘 챙겨 주는데", "우린 친밀해, 우린 각별해"라고 불안정한 상태에서 거짓된 유대감을 유지하려고 노력하게 된다. 이로 인해 자신에 대한 돌봄은 뒷전이 되어 버릴 가능성이 높다. 따라서 불안형은 관계 안에서 자신의 생각 방식과 행동 패턴을 인지하는 것이 중요하다. 아무리 옆에서 챙겨 주고 싶거나 상대에게 영향을 끼치고 싶어도, 그건 어릴 적 주 양육자를 챙기려고 했던 노력의 연장선일 수 있으며, 상대방이 원하지 않는다면 건강하지 않은 바운더리가 될 수 있다는 점을 명심해야 한다. 우리는 상대를 챙기거나 맞춰 주지 않더라도 사랑받을 자격이 충분하며, 이런 방식으로 얻어낸 사랑은 진정한 사랑이 아닐 가능성이 높다는 점을 이해해야 한다.

또한 불안형은 대부분 상대방에 대한 마음이 커질수록 불안한 마음도 함께 커지며, 버림받을 것 같은 두려움을 더 많이 느끼게 된다. 그래서 '상대방이 나를 싫어하면 어떡하지?', '다른 사람이 더 좋아져서 나를 떠나면 어떡하지?' 하는 불안에 휘둘려 상대에게 집착하는 행동을 할 수 있다. 이럴 때 불안이 올라오면 상대방의 행동을 거절 신호로 잘못 해석하여 불안을 증폭시킬 수 있으므로 이에 휘둘리지 않고 '내가 지금 불안하구나, 그럴 수 있어'라며 자신을 스스로 위로하는 것이 중요하다. 상대의 생각을 읽으려 하기보다는, '나는 현재 어떤 감정을 느끼고 있고, 어떤 생각이 드는가?'를 먼저 생각하고, 상대방 역시 비슷한 감정 상황이 있을 수 있다는 것을 이해해야 한다.

불안형에 해당하는 사람은 자신이 주는 것을 상대가 똑같이 해 주지 않는다고 아파하지 말고, 상대방을 주의 깊게 관찰하고 세심하게 돌보기 전에 자신을 먼저 관찰하고 돌봐 주어야 한다. 자신의 기분을 세심하게 살피고, 속상한 날에는 자신이 좋아하는 일을 먼저 하며 스스로를 위로하는 것이 필요하다. 내가 나를 행복하게 해 준 다음에 상대방을 살펴도 괜찮다는 것을 이해하자. 또한 나 자신을 아프게 하는 관계를 억지로 붙잡는 것보다 내 마음의 평화가 더 중요하다는 것을 명심해야 한다.

② 내 감정을 표현하고 타인과 상호작용하기

인간은 서로 의지하고 연대하면서 발달해 왔기 때문에, 건강하고 적절한 의존은 인간에게 있어 본능적인 욕구이다. 그러나 회피형 애착 유형은 양육자에게도 거리감을 두고 오랫동안 자기만의 울타리를 쳐왔기에, 상대가 별로 다가오지 않는 느낌으로 다가와야 인간관계를 시작할 수 있다. 친밀해지는 단계에서 갑자기 물러나게 될 수 있기 때문에, 회피형을 만나는 상대도 비슷한 거리감이 힘들지 않아야 관계가 유지될 수 있는 것이다. 회피형에 해당하는 사람은 자신의 생각, 감정, 상처를 조금씩 꺼내면서, 더 사랑받고 더 사랑해 줄 수 있는 사람이 되기 위해 조금씩 사랑하는 연습을 해야 한다. 고민이 있으면 주변 사람들에게 도움을 요청해 보고, 다른 사람이 고민을 털어놓을 때는 귀찮다고 느껴지더라도 조건 없이 도움을 주는 경험을 시도해 보자. 순수하게 건넨 친절과 돌봄으로 타인을 기쁘게 만들 때, 누군가의 마음에 행복을 줄 때 더 큰 기쁨과 행복을 느낄 수 있을 것이다. 열린 마음으로 타인을 사랑해 보고, 관심을 가져 주고 공감해 주면서 다른 사람들과 함께 애정을 조금씩 키워 나가 보자.

한편으로, 회피형의 결핍에서 비롯된 핵심 감정이 불안형을 강렬하게 끌어당길 수 있다. 처음부터 특별해질 수 있는 관계는 사실 없다. 처음 보는 사람을 보자마자 단숨에 알 것 같다는 강렬한 감정이 든다면, 그것은 자신의 결핍에서 생긴 문제일 수 있다. 상대를 한순간에 파악할 수 있다는 생각은 상당히 위험할 수 있다는 점을 기억해야 한다. 다른 사람과 너무 빨리 가까워지려고 애쓰는 사람은 진짜 속도 조절이 필요하다. 천천히 오랜 시간을 함께하면서 그 시간 속에 소중한 경험들이 쌓이고, 그 경험들 속에서 흔들리지 않는 관계가 형성된다. 그래서 회피형은 자신의 결핍으로 인한 핵심 감정(외로움, 두려움)을 들여다보고, 충분한 자기 위로와 애도, 그리고 전문가와의 심리 상담을 통해 과거의 결핍이 현재의 관계에 미치는 영향을 줄일 필요가 있다. 또한 불안형은 연인 관계에서 불안하고 걱정이 되어 사랑하는 상대의 경계를 침범하고 통제하려는 경향이 있다면, '내가 너무 불안하고 걱정이 돼서 상대를 통제하려고 하는구나'라고 인식하고, '이렇게 했으면 좋겠어'라는 요구를 하기보다는 상대가 무엇을 원하는지 물어보고, 자신이 원하는 것과 조율하는 과정을 거쳐야 한다.

사랑하는 사람과의 공감적인 애착 대화는 '잘 표현하기'와 '잘 듣기'로 나눌 수 있다. 첫째, '잘 표현하기'는 상대방이 다가오게 하는 대화를 하는 것이다. 우리는 사랑하는 사람이 내 마음을 알아주길 원해서 속상하고 화가 날 때가 있다. 사실, 우리가 연약한 모습을 보이면 상대방은 다가와서 안아주고 싶어지게 되지만, 우리가 화를 내고 성질을 부리면 상대방은 두려움을 느끼고 멀어지게 된다. 잘 표현하려면 먼저 스스로의 화를 알아주고 다룬 후, 표현하는 것이 중요하다. 예를 들어, 연인이 연락이 안 되면 속상하고 초조해지다가 나중에 화가 난다. 이때 "야!" 하고 소리 지르면 상대방이 물러나게 되어 내 이야기를 들을 수 없게 된다. 그래서 이럴 때는 먼저 스스로 내가 왜 화가 났는지 들여다보고 진정하는 시간을 가져야 한다. 화가 났을 때마다 순간 멈춰서 연인이 지금 연락이 안 되는 것이 나를 무시하는 것인지, 나를 알아주지 않는 것인지, 나를 소외시키려는 것인지, 혹은 나를 질투 나게 하려는 것인지 등 자신의 마음을 살펴본다. 그러면 분명 늘 자신의 발목을 잡는 취약한 핵심 감정에 빠져 있을 것이다. '내가 내 감정에 빠져 있구나'라고 인정하고 그 감정을 희석시킨 후, 상대방에게 내가 연락이 안 되면 얼마나 힘든지 전달하는 것이 대화의 목적이다. 연인과의 대화에서 '요청하기'와 '거절하기'는 큰 주제이며, 부탁의 형식으로 요청과 거절을 담아서 말을 해야 한다. 예를 들어, "연락해 줘, 걱정돼"라는 말을 하려고 할 때 "너만 바쁘니? 너 좋은 데 많이 다니더라. 나도 친구 있어"라고 비꼬는 대신, 상대방이 나를 잘 이해할 수 있는 좋은 순간에 "네가 나를 좀 더 신경 써줬으면 좋겠어. 내가 좀 소외되는 것 같아"라고 말하는 것이 중요하다. 거절의 예로는, 갑자기 상대방이 너무 가까워져서 부담스러울 때 "너 때문에 내 일상이 망가졌어. 좀 거리를 두자. 좀 갑갑

한 것 같아"라는 말 대신에 "요즘 너랑 너무 가까워져서 좋은데, 너무 그러니깐 내가 부담스러워. 너랑 좀 천천히 알아가고 싶어"라고 할 수 있다. 요청이든 거절이든, 화내는 방식이 아니라 부탁의 방식으로 "나는 ~하는 것을 원한다"라고 잘 알려주는 것이 필요하다.

둘째, '잘 듣기'는 상대방이 다가올 때 무조건 수용해 주는 것이다. 상대방이 힘들다고 할 때는 그 힘듦을 무조건 들어 주고, 상대방의 편이 되어 주어야 한다. '내가 왜 계속 그 사람을 이해해야 하나?'라고 생각할 수도 있지만, 상대방이 힘들다고 하면 무조건 다가가서 껴안아 주고 받아 줘야 한다. 속상하고 낙담하는 사람에게는 "뭐가 그렇게 속상한데?"라고 속상한 마음을 더 들어 주는 것이 필요하다. 다음의 예시를 통해 상대의 이야기에 대한 반응을 연습해 보자.

표 5.1 상대방의 이야기에 대한 잘 듣기 반응

상대방 이야기	잘 듣기 반응
"너는 요즘 너무 바쁜가 봐."	• "야, 한 달만 기다려. 한 달 지나면 괜찮아져."(×) • "내가 요즘 너를 신경 못 쓴 것 같구나. 미안해."(○)
"너는 요즘에 친구들과 되게 재밌는 것 같아. 회사 생활도 바쁜 것 같고…"	• "아, 내가 요즘 너를 못 챙겨준 것 같구나. 서운했어?"(○)
"회사가 너무 힘든 것 같다. 월급이나 제대로 나올지 모르겠다."	• "회사 알아봐 줘?"(×) • "나도 힘들어."(×) • "지금 많이 불안하구나."(○)

③ 실존적 존재로서 자각하기

실존적으로 우리는 모두 외로운 존재이다. 외로움은 나를 이해받고 싶은 마음에서 비롯되지만, 가장 중요한 것은 나를 이해해 주는 사람이 있든 없든 인간은 외로운 존재라는 점이다. 누가 알아주지 않아도 '나는 괜찮다'라는 마음을 가질 수 있어야 한다. 우리는 외로움을 오롯이 가지고 살 용기가 있을

때, 오히려 관계에서 당당해질 수 있다. 내 외로움을 조금이라도 알아주면 고맙고, 알아주지 않아도 '뭐 어쩔 거야, 그래도 나는 살아가는 거지' 하며, '내가 외롭구나' 하고 느끼면서 살아가는 것이다. 누군가가 내 외로움을 해결해 줄 것이라고 생각하거나 그런 사람을 찾으려고 하면 오히려 힘들어진다. 누가 알아주든, 알아주지 않든 상관없이 내 외로움을 잘 데리고 살아가려는 자세가 중요하다. 외로움을 잘 다루기 위해서는 자기 자신을 매 순간 알아주고, 자신과 대화하며, 아주 친하지 않더라도 오늘은 이 사람과 이야기해 보고 싶다는 마음으로 소소한 관계라도 이어나가려는 노력을 해 보자.

외로움과 두려움은 평생 우리를 고민하게 하고 힘들게 만드는 핵심 감정이다. 키르케고르는 '불안은 인간의 실존이다'라고 할 만큼, 인간이라면 누구나 불안을 느낄 수 있다고 했다. 사실, 우리는 타인으로부터 버려질까 봐 두렵다는 불안을 조금씩 가지고 있다. 특히 사랑하는 사람과의 관계에서 '그 사람이 나를 떠날까 봐 두렵다', '저 사람이 나를 떠나면 어떡하지?', '혼자 남겨지면 어떡하지?' 하는 불안을 자주 느끼게 된다. 양육자가 불안한 마음에 '이렇게 해, 저렇게 해', '내 말 들어'라고 아이를 통제하게 되면, 아이는 우울해지거나 무기력해지거나 반항적인 행동을 보일 수 있다. 또한 자율적으로 살아가고자 하는 본능이 있기 때문에, 양육자의 지나친 통제로 아이가 '내가 나로 살아가는 경험'을 하지 못하면, 결국 혼자 통제할 수 있는 영역에 중독되는 경우가 있다. 예를 들어, 게임 중독처럼 자율성이 결여된 곳에서 일시적인 통제를 경험하려는 현상이 나타날 수 있다.

만약 양육자의 지나친 통제를 받으며 성장한 사람이라면, 양육자의 염려와 걱정이 많아서 나를 그렇게 간섭하고 개입하려 했다는 사실을 인지하고, '나는 어떻게 하고 싶지?'라는 질문을 스스로에게 던지며, 자신이 진정으로 원하는 것이 무엇인지 생각하는 것이 중요하다.

3 관계에 대한 인간 중심 이론적 관점

앞에서 애착 유형에 대해 살펴보면서, 우리 자신은 진실된 모습 그대로 사랑받을 가치가 있다는 점을 명심해야 한다고 강조했다. 그러나 많은 사람은 다른 사람과의 관계에서 자신의 본래 모습 그대로 사랑받을 가치가 있다고 생각하기보다, 사랑을 받기 위해 무엇인가를 해야 한다고 느끼거나, 사랑받고 싶은 욕구를 억압해야 한다고 생각한다. 그렇다면 우리는 왜 자신이 본래의 모습대로 사랑받을 가치가 있다는 것을 믿기 어려워할까? 이에 대해 인간 중심 이론의 창시자인 로저스(Rogers)는 '가치 조건화'로 인해 만들어진 자기개념이 우리가 본래의 모습대로 살아가는 것을 어렵게 만든다고 설명하였다(주은선 역, 2009).

(1) 자기

인간은 외적 대상을 지각하고 경험하면서 의미를 부여하는 존재이다. 생애 초기에 개인은 미분화 상태로 있다가 점차로 유기체의 내적 평가 과정을 통해 자신의 일부인 것과 자신이 아닌 것을 구분하여 인식하면서 '자기'를 발달시킨다. 개인은 새로운 경험이 자신의 자기실현 경향성을 촉진하는지 혹은 저해하는지를 평가하여 그 결과에 따라 반응한다. 이 과정에서 양육자나 교사와 같은 중요한 타인이 자신을 어떻게 여기는지에 따라 자신에 대한 평가 기준을 세우게 된다. 이처럼 자기는 주변 환경과의 상호작용을 통해 형성되어 가며, 점차로 분화되어 복잡한 특성을 지니게 된다.

(2) 자기개념

자기개념(self-concept)은 현재 자신에 대한 인식(실제적 자기)과 앞으로 되고 싶은 자신에 대한 인식(이상적 자기)으로 구성된 자기상(self-image)을 의미한다. 이는 자신의 능력에 대한 지각, 자신에 대한 타인의 지각, 그리고 경험 등을 바탕으로 구성된다. 건강한 사람은 자신이 느끼는 유기체적 경험과 자기개념이 일치하여 갈등 없이 자연스러운 모습을 보인다.

자기개념은 유기체가 중요한 타인의 반응에 민감하게 반응하며, 타인의 가치 체계와 평가를 받아들이면서 형성된다. 이때 생각, 감정, 행동을 포괄하는 유기체적 존재로서 존중받고 인정받으며 사랑받고 싶은 '긍정적 관심' 욕구가 자기개념의 형성에 결정적인 역할을 하게 된다. 그래서 개인은 성장하면서 의미 있는 어른들이 부여한 가치를 자신에게 의미 있는 가치로 받아들이면서 자기개념을 형성해 나간다. 이상적 자기는 주요 타자로부터 긍정적인 존중을 받기 위한 가치 조건화된 모습을 반영한다. 예를 들어, 우리는 어렸을 때부터 "엄마 말 잘 들어야 착한 사람이지", "남자는 울면 안 돼", "장남이 성공해야지", "공부를 잘해야 칭찬을 받을 수 있어"와 같이 중요한 타인으로부터 조건적 존중을 받으며 성장하게 된다. 아이들은 사랑과 인정을 받기 위해 주 양육자나 선생님이 기대하는 모습을 기억하고 그 모습으로 행동하려 노력한다. 이 과정에서 자기평가의 방식이 형성되고, 중요한 어른들의 가치를 따르지 않으면 자신이 인정받지 못하거나 사랑받지 못한다고 내면화한다. 아이가 자신의 유기체적 경험과 자기개념 간의 불일치를 경험할수록, 불안을 더 크게 느끼게 되고 아이의 행동은 더 혼란스러워진다.

불안과 혼란을 겪으면서 형성된 가치 조건화는 개인이 주관적으로 경험하는 사실을 왜곡하고 부정하게 만들어, 자신의 온전한 유기체적 경험을 통해 자기실현 경향성을 이루는 것을 방해하게 한다. 그 이유는 개인이 어른의 긍정적 관심을 받기 위해 자신의 유기체적 경험, 즉 자신의 내적 경험과 감각을 부정하고 어른이 강조하는 가치 조건에 맞추려고 하기 때문이다.

(3) 가치 조건화

가치 조건화는 어린 시절에 양육자로부터 긍정적 존중을 받기 위해 노력하는 과정에서 아이가 어른의 가치를 내면화하면서 형성된다. 가치 조건화는 사람들과의 관계에서 사랑과 인정을 받기 위해 자신이 원하는 것을 억제하고, 타인의 가치를 충족시키려는 행동을 하게 만든다. 중요한 점은 이러한 가치 조건이 우리 자신을 매우 힘들게 만든다는 것이다. 만약 특정 행동을 했을 때에만 자신의 존재적 가치를 경험한다면, 즉 타인의 욕구를 충족시키는 방식으로 생각하고 느끼며 행동할 때만 사랑받고 가치 있다고 느끼게 된다면, 개인의 자아상은 손상된다.

또한 가치 조건화는 우리가 사랑받기 위해 자신의 가치를 외부의 인정과 평가에 의존하게 만든다. 예를 들어, 양육자나 친구들이 내 행동을 긍정적으로 평가하면 나는 가치 있는 사람이라고 느끼지만, 부정적인 평가를 받으면 자기 신뢰가 떨어진다. 가치 조건화가 강하게 내면화될 경우, 내적 충족감보다 외부의 인정에 더 의존하게 되어, 진정한 자기 자신을 잃거나 내면의 진정한 욕구를 소홀히 하게 된다.

특히 우리나라에서는 양육자가 아이에게 높은 성적을 기대하는 경우가 많다. 성적이 좋지 않을 때 양육자에게 직접 비판을 받거나 양육자가 실망하는 모습을 내보였던 경험이 많다면, 성적이 자신의 가치와 직결된다고 믿는 가치 조건화가 만들어졌을 가능성이 크다. 성적이 좋으면 자신은 가치 있는 사람이라고 생각하고, 반대로 성적이 나쁘면 자신은 실패자라고 생각하게 된다. 이러한 가치 조건화가 내면화되면 대학에 온 뒤에도 성적이 나쁠 때 극심한 스트레스와 불안을 느끼고, 더 나아가서 자존감이 급격히 떨어지고 우울감을 느끼게 된다. 또한 자신이 진정으로 원하는 진로보다 부모님이 기대하는 진로를 선택했을 경우, 자신의 진정한 흥미와 열정을 무시하게 되어 정서적 소진과 우울감을 더욱 크게 느낄 수 있다.

성취가 자신의 가치와 직결된다고 믿는 사람은 인간관계에서도 자신이 타인에게 어떻게 평가받는지에 민감하게 반응할 수 있다. 성취가 중요한 환경에서는 친구나 동료와 협력하기보다는 상대방의 성과를 비교하고 평가하게 되어 관계에서 긴장이나 갈등이 커질 수 있다. 특히 자신이 부족하거나 쓸모없는 사람처럼 느껴질 때, 다른 사람들에게 자신의 감정을 솔직하게 표현하지 못하고 피상적인 관계를 맺는 경우가 많다. 무언가에 실패하거나 기대한 만큼 성취를 이루지 못했다고 해서 우리의 가치가 떨어지는 것은 아니지만, 내면화된 가치 조건화로 인해 우리는 스스로를 힘들게 만들 수 있다. 성취하고 성장해야만 가치 있는 사람이라고 여기고, 성취를 이루지 못하는 자신을 한심한 존재로 간주하는 것은 분명 잘못된 생각이다.

(4) 자기실현 경향성

자기실현 경향성(actualization tendency)은 인간의 기본적인 본능적 욕구로, 개인이 자신의 잠재력을 개발하여 가치 있는 존재로 성장하고자 하는 선천적 성향을 의미한다. 모든 인간은 태어날 때부터 자신의 잠재력을 최대한 발휘하고, 진정한 자아를 실현하고 더 나은 존재로 성장하고자 하는 욕구를 지니고 있다. 로저스는 사람에게 성장하고자 하는 자기실현 경향성이 있으며, 인간이 자유롭고 왜곡되지 않은 유기체로서 진정한 자신이 되는 것이 중요하다고 강조하였다. 자기실현 경향성은 개인이 외부의 조건이나 타인의 기대와 관계없이 진정한 자신을 찾고 그에 맞게 성장하고자 하는 경향을 의미한다. 실현 경향성을 추구하는 사람은 외부의 평가나 기대가 아닌 자기 자신의 경험을 신뢰하고 그 경험을 통해 자신이 무엇을 원하고 무엇이 필요한지를 선명하게 자각할 수 있다. 자기실현을 향한 과정에서 개인은 자신의 내적 욕구를 충족시키고 자신의 잠재력을 높이고 더 나은 사람으로 성장해 나가면서 진정한 자아를 찾아가게 된다. 자기실현 경향성은 개인이 과거의 패턴이

나 사회적 기대에 얽매이지 않고 자신만의 길을 가는 데 중요한 역할을 한다. 이를 통해 개인은 자신의 경험을 신뢰하게 되고 자기실현을 추구하는 여정 속에서 내적 평안과 만족을 얻을 수 있다.

(5) 충분히 기능하는 인간

유기체로서 '충분히 기능하는 인간(fully functioning person)'이 되면, 자신의 경험에 대해 관심을 갖고 개방적인 태도를 유지하며 삶의 순간순간에서 충실하게 살고자 한다. 충실히 기능하는 인간은 자신의 유기체적 경험을 자기개념과 일치시켜 통합함으로써 건강한 심리적 적응을 할 수 있다. 자신의 유기체적 경험에 대한 신뢰가 높아지면, 가장 만족스러운 선택을 할 수 있다. 자신이 무엇을 경험하는지 자각하고, 자신의 자각과 경험을 신뢰하며 진정한 자신으로 살아갈 수 있다. 충분히 기능하는 인간들은 다음의 다섯 가지 특징을 지닌다.

첫째, 새로운 경험에 대한 개방적인 태도를 지닌다. 이는 두려움, 실망, 고통 등의 '부정 정서'와 용기, 기쁨, 경외감 등의 '긍정 정서' 등 자신의 내면에서 일어나는 감정을 있는 그대로 인식하고 표현하며 타인과의 관계에서도 자신을 개방할 수 있는 상태이다.

둘째, 실존적 삶을 영위한다. 실존적 삶은 타인의 기대나 요구를 맞추는 삶이 아니라 주체적으로 자신의 삶을 형성해 나가는 삶이다. 실존적 삶을 사는 사람은 새로운 경험에 완전히 개방적이고, 그 경험을 기꺼이 자신의 것으로 받아들이며 산다. 과거에 얽매이지 않고 매 순간 자신의 내적 감각을 통해 자신이 무엇이 되고 무엇을 할 것인지를 판단하고 순간순간을 충분히 만끽하며 살아간다.

셋째, 자신의 유기체적 경험을 신뢰한다. 로저스(1961)는 어떤 행동이 행할 만한 가치가 있다고 스스로 느껴야 그 행동이 가치 있다고 하였다. 충분히 기능하는 사람은 자신의 유기체적 경험을 통하여 해야 할 것과 하지 말아야 할 것의 판단 기준을 정하고 현재 상황에서 욕구를 최대한 만족시킬 수 있는 행동을 하게 된다.

넷째, 자신의 느낌과 반응에 따라 자유롭게 살아간다. 건강한 사람은 억압이나 금지 없이 대안적인 생각과 행동을 자유롭게 선택할 수 있다. 그러면서도 자신의 행동이나 선택이 사회적 압력이나 과거의 영향을 받을 수 있음을 인정한다. 그리고 일시적 생각, 주변의 기대나 요구, 과거 경험이 아니라 자기의 삶을 주도적으로 살고 있는 느낌으로 자신의 미래를 결정한다.

다섯째, 독창적이고 창조적인 삶을 영위한다. 삶의 전 영역에서 독창적인 창작물을 만들어 냄으로써 삶 속에서 기쁨을 경험하면서 살아간다. 이들은 틀에 박힌 생활에 자신을 가두지 않고 사회의 문화 체계나 관념에 구속되지 않으며, 수동적으로 동조하지 않는다.

충분히 기능하는 인간은 현재의 경험에 더 접촉하고 과거에 덜 얽매이며, 덜 지배받고 자유롭게 결정하며, 삶을 더 신뢰하는 방향으로 성장해 나간다. 이처럼 충분히 기능하는 인간으로 성장하기 위해서는 자신의 존재 자체에 초점을 맞추는 것이 필요하다. 타인의 기대에 부응하기 위해 만들어진 자기개념과 자신의 진정한 유기체적 경험 간의 불일치를 발견하고, 진정한 나로 살아가는 데 방해가 되는 방어기제들을 자각하여 자신의 경험에 대한 불안과 의심에서 자유로워질 수 있도록 하는 것이 중요하다.

어른들의 기대에 부응하지 않아도, 어른 말을 듣지 않고 내가 중요하다고 생각하는 것을 해도, 스스로 자신을 소중하고 의미 있는 존재로 여겨야 한다. 조건 없이 자신을 긍정하고 존중하며 한 인간으로서 가치 있고 존중받을 만한 존재임을 인정하는 것이 중요하다. 또한 자신의 진정한 가치를 발견하기 위해 자신이 무엇에 관심과 흥미를 가지는지, 강점은 무엇인지, 어떤 것을 중요하게 생각하는지, 경험에서 느끼고 인식한 것은 무엇인지 등을 정리하고, 자신의 감정과 필요를 존중하고 수용해야 한다.

타인의 기대에 부응하는 삶을 오랫동안 살아왔다면, 가치 조건화된 자기 개념을 극복하고, 있는 그대로의 자신의 모습과 자기 자신으로서의 유기체적 경험을 존중할 수 있도록 상담 전문가의 도움을 받는 것도 좋은 방법이다.

1 10분 자기 탐색 저널

1) 부모님이나 어른들의 기대와 자신이 원하는 것 사이에서 갈등이 있었던 경험을 떠올려 보고, 그때 느꼈던 생각, 감정과 자신이 내린 결정이 무엇이었는지, 이러한 갈등을 통해 배운 점은 무엇인지 등에 대해 써 보자. 그리고 다 같이 이야기 나누어 보자.

2) 진정한 나의 모습으로 살아가기 위해 자신에게 무조건적 긍정적 존중의 메시지를 써 보자.
(예) 내가 어떤 선택을 하든지, 나는 매우 소중하며, 있는 그대로의 나를 존중받고 사랑받을 자격이 있다.

3부

관계 속의
나와 우리 이해

06 건강한 관계

●

나와 너가 존재하여 이루어지는 인간관계는 생존을 위해 필요할 뿐만 아니라 행복에도 중요한 영향을 준다. 좋은 관계를 맺는 것은 삶의 만족을 위한 요소이며, 사회 속에서 살아가기 위해 필요한 사회적 행동이다. 좋은 인간관계를 형성하기 위해서는 자신과 타인에 대한 이해뿐만 아니라 관계의 특성과 유형에 대해서 이해할 필요가 있다. 관계의 중요한 특성 중 하나는 변화한다는 점이다. 관계의 시작과 이별(종결)을 경험한 사람이라면 관계가 살아 있어서 변화한다는 것을 실감할 수 있다. 건강한 관계는 서로 성장하며 상호 의존과 존중을 바탕으로 적절한 경계와 거리를 가지며 지속되는 특성을 가진다. 좋은 관계는 서로 함께하며 친밀감을 경험하고, 상호 성장할 수 있는 특성이 있다. 이 장에서는 관계의 발달 특성과 함께 건강한 관계에서의 중요한 경계와 관계에 따른 적절한 심리적 거리를 살펴보고, 관계와 거리에 따라 달라지는 경계 유형을 학습한다.

학습 목표

★ 관계의 시작부터 종결에 이르는 변화 과정과 각 단계의 특징을 파악한다.
★ 건강한 관계에 필요한 심리적 거리와 경계 설정에 대해서 살펴본다.
★ 지속되는 관계의 특징인 상호 순환 성장과 적절한 거리와 경계에 대해서 학습한다.

〈대학 오리엔테이션에서 시작된 연인관계: 설렘의 시작〉

A는 대학 오리엔테이션에서 B를 처음 만났다. 서로 모르는 사람들 속에서 어색한 분위기였지만, 같은 팀이 되면서 자연스럽게 대화를 나누게 되었다. 첫 대화에서부터 A는 B에게 호감을 느꼈고, B 역시 A의 다정한 모습에 마음이 끌렸다. 오리엔테이션이 끝난 후에도 둘은 연락을 주고받으며 점점 가까워졌다. 그 후로 A와 B는 자주 만나 수업도 함께 듣고, 도서관에서 공부를 하며 많은 시간을 보냈다. 함께하는 시간이 즐겁고 자연스러웠던 두 사람은 얼마 지나지 않아 연인관계로 발전했다. 대학 생활의 시작과 함께한 설렘은 A와 B 모두에게 큰 기쁨이었고, 두 사람은 새로운 연애의 시작에 들떠 있었다.

〈바쁜 학기 일정 가운데 다가온 거리감과 이별〉

그러나 학기가 본격적으로 시작되자 A는 동아리 활동과 과제에 치여 점점 B와의 시간을 줄여갔다. 처음에는 서로 바쁘다는 것을 이해했지만, 시간이 지날수록 B는 A가 연락을 자주 하지 않고 만남을 피하는 것 같아 서운함을 느끼기 시작했다. B는 A에게 감정을 털어놓았지만, A는 여전히 바쁜 일정 속에서 충분한 시간을 내주지 못했다. 결국 작은 다툼이 반복되었고, 서서히 둘 사이에 거리감이 생기기 시작했다. 서로의 기대가 어긋나면서 관계는 불안해졌고, 마침내 갑작스럽게 이별을 맞이하게 되었다. A와 B는 한때 사랑했던 기억을 간직했지만, 바쁜 대학 생활 속에서 서로에게 충분히 집중하지 못하면서 관계는 서서히 멀어졌다.

〈기말고사 기간에 전해진 신뢰와 응원으로 든든해진 관계〉

반면 C와 그의 연인은 기말고사가 다가올수록 더 깊은 관계를 맺게 되었다. 시험 준비로 바쁜 와중에도 서로를 위해 시간을 내며 격려와 응원을 아끼지 않았다. C는 연인이 힘들어할 때마다 응원의 메시지를 보내거나 작은 선물을 남기며 기운을 북돋아 주었고, 그의 연인도 C에게 힘이 되는 말을 전하며 지지를 보냈다. 기말고사 전날, C의 연인은 C가 힘들어하는 것을 알고, 시험 준비로 바쁜 와중에도 C를 찾아와 "힘내, 다 잘될 거야"라는 말로 격려했다. 그 작은 행동은 C에게 큰 위로가 되었고, 두 사람은 서로에게 더 깊은 신뢰를 가지게 되었다. 이렇게 서로를 배려하고 지지하면서 둘의 관계는 더욱 단단해졌고, 대학 생활 내내 서로에게 든든한 존재가 되었다. 이 관계는 단순히 1년을 함께한 연애를 넘어서, 대학을 다니는 동안 서로를 지지하는 동반자로 발전하게 되었다. C와 그의 연인은 이제 단순한 연인이 아닌, 서로의 삶에서 중요한 존재로 자리 잡았다.

도입 질문

1. 첫 만남에서 느꼈던 설렘은 시간이 흐르면서 어떻게 변화하게 될까?
2. 바쁜 일정을 보내면서도 관계를 유지하고 발전시킬 수 있는 방법은 무엇일까?
3. 관계를 유지하는 데 있어 서로의 기대와 필요가 다를 때 어떻게 그 차이를 조정할 수 있을까?
4. 스트레스가 많은 어려운 상황에서 갈등이 발생했을 때, 관계를 유지하는 데 중요한 요소는 무엇일까?

관계는 종종 설렘으로 시작되지만, 시간이 지나면서 그 감정이 사라지거나 변화하는 경우가 많다. 첫 만남에서 느꼈던 설렘은 시간이 흐를수록 변화하고, 서로에 대한 기대와 관계에서 충족하고 싶은 욕구에 따라 갈등이 생기기도 한다. 이런 갈등에 잘 대처하면 관계가 성숙하고 발전하는 기회가 되기도 하지만, 때로는 점점 냉담해져서 멀어지게 만들기도 한다. 봄에 시작한 연애가 여름을 지나 가을에 마무리되고, 겨울에 이별을 맞이하게 되면 그 관계는 마치 일년생 식물처럼 느껴질 수 있다. 어떤 관계는 일년생 식물처럼 마무리될 수도 있지만, 다년생 식물처럼 해를 거듭하며 자라기도 하고, 늘 푸른 소나무처럼 오랫동안 지속되는 관계도 존재한다.

여기에서는 관계에서 겪는 다양한 변화와 갈등을 어떻게 다루고, 더 건강하고 지속적인 관계를 형성할 수 있을지 탐구하고 살펴보도록 하자.

1 관계의 변화 과정

(1) 관계의 발달 단계: 시작, 지속, 종결

인간관계는 매력에서 시작하여 신뢰와 성장을 쌓으며 발전하지만, 갈등이나 노력 부족으로 인해 쇠퇴하거나 종결되기도 한다. 그렇다면 관계는 어떻게 시작되고 발전하며, 또 어떤 이유로 종결에 이르게 될까? 이 질문에 답하기 위해서는 관계의 전 과정을 체계적으로 이해하는 것이 중요하다. 사회 교환 이론(social-exchange theory)은 관계를 보상과 비용의 교환이라는 관점에서 설명하며, 관계가 형성되고 유지되며 종결되는 과정을 분석하는 데 유용하다. 이 이론을 바탕으로 조지 레빙거(Levinger, 1980)는 관계의 발달 단계를 'ABCDE 모델'로 제시하였다. 이 모델은 관계의 시작에서부터 발달, 쇠퇴, 그리고 종결에 이르는 과정을 단계적으로 설명하며, 관계 유지와 종결에 영향을 미치는 요인들을 탐구하는 데 중요한 틀을 제공한다. ABCDE 모델에 따르면, 관계는 초기 매력(Attraction)에서 시작해 관계 형성(Building)을 통해 신뢰를 쌓고 안정된 단계로 나아간다. 이후 관계 지속(Continuation) 단계에서는 관계가 안정적으로 유지되며 발전하지만, 갈등이나 신뢰 상실과 같은 문제가 발생하면 관계는 악화(Deterioration)되기 시작한다. 결국 관계가 회복되지 않으면 이별, 이혼, 또는 사망과 같은 종결(Ending)로 이어질 수 있다.

표 6.1 관계의 ABCDE 모델

A	초기 매력	서로의 매력(A)에 끌리면서 시작함
B	관계 형성	서로를 알아가며 신뢰를 쌓아 관계가 형성됨(B)
C	관계 지속	관계가 일정 기간 안정되고 지속(C)되며 발전함
D	관계 악화	갈등, 오해, 신뢰 상실 등으로 관계가 악화됨(D)
E	관계 종결	관계가 악화되어 이별, 이혼 또는 사망으로 종결됨(E)

관계가 종결되는 상황은 두 가지로 나뉜다. 첫 번째는 상호 순환 성장 (mutual cyclical growth)을 통해 지속되다가 상대의 죽음으로 끝나는 경우이고, 두 번째는 보상이 줄고 비용이 증가하여 관계가 악화되고 종결되는 경우이다. 관계가 악화되었을 때 문제 해결과 의사소통을 통해 회복하려는 노력이 있지만, 보상이 부족하면 관계 유지의 동기가 약해져 종결될 가능성이 높다. 레빙거의 모델은 각 단계에서 보상과 비용의 균형이 관계 지속 여부를 결정하는 중요한 요소임을 강조한다. 다음에서 이 모델을 시각적으로 표현한 그래프와 함께 단계별로 자세히 살펴보겠다.

(2) 관계의 발달 과정 모델

관계는 시간이 지나면서 서로의 참여도와 만족도가 변화하며 다양한 방향으로 발전하거나 쇠퇴할 수 있다. 레빙거(1980)는 이러한 관계의 변화를 세 가지 대조적인 커플 관계를 통해 설명하며, 관계의 시작, 발전, 지속, 그리고 종결 과정을 체계적으로 제시하였다.

레빙거는 관계가 시작되어 형성된 후 세 가지 유형으로 발전할 수 있다고 보았다. 첫 번째는 관계가 만족스럽게 지속되며 상호 성장하는 경우이다. 두 번째는 갈등이 반복되어 관계가 불안정해지는 경우이며, 세 번째는 큰 갈등은 없지만 정적이고 변화 없이 유지되는 관계이다. 특히 지속되지 않는 관계는 시간이 지남에 따라 갈등과 악화를 겪으며 결국 이별로 끝나거나, 때로는 죽음을 통해 관계가 마무리되기도 한다. 이러한 세 가지 대조적인 관계 유형은 관계의 발달과 쇠퇴를 이해하는 데 중요한 통찰을 제공한다.

그림 6.1에서는 관계의 시작과 지속, 그리고 종결의 과정을 그래프로 설명하고 있다. 이제 이 과정을 각 단계별로 좀 더 자세히 살펴보자.

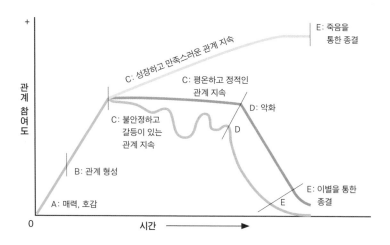

그림 6.1 대조적인 세 커플 관계에서 파트너의 관계 참여도의 시간에 따른 변화
출처: Levinger(1980).

① 초기 매력(A)

관계의 초기 단계에서 서로는 상대방에게 호감을 느끼며 끌리기 시작한다. 즉, 서로에게 매력을 느끼면서 관계가 시작된다. 이때 주요한 요인은 신체적 매력, 태도의 유사성, 접근성, 그리고 호혜적인 상호작용이다. 우연한 만남에서는 공간적 근접성이나 물리적 가까움이 작용하며, 같은 학교에 다니거나 근처에 살거나 친구의 소개로 만나는 경우가 많다. 최근에는 소셜 네트워크 사이트 등을 통해 상호작용하며 상대방의 유머 감각, 공통 관심사 등의 표면적 특성에 매력을 느끼고 호감을 표시하며 관계가 시작되기도 한다.

② 관계 형성(B)

레빙거는 매력으로 시작된 관계가 서로의 공통점을 찾고 상호 매력을 점검하는 표면적 접촉(surface contact)을 통해 발전한다고 한다. 이 과정에서 서로 함께할 수 있는 활동을 공유하며 관계를 형성하고, 가벼운 대화와 자기개방을 통해 친밀감을 쌓아간다. 이 단계에서는 공감과 이해를 바탕으로 관계의 거리가 좁혀지며, 점차적으로 가까워지고 신뢰를 토대로 친밀감을 구축할 수 있다.

③ 관계 지속(C)

관계가 발달하고 지속되면서 성장하면 강한 친밀감을 경험하게 된다. 관계가 지속되는 데 영향을 미치는 주요 요소로는 관심, 신뢰, 돌봄, 상대에 대한 긍정적인 평가, 공평하다는 인식, 그리고 전반적인 만족감이 포함된다. 친밀감이 깊어질수록 관계는 더욱 가까워지고, 공유하는 부분도 많아진다. 관계의 지속 방식은 세 가지로 나눌 수 있다. 첫째, 서로 성장하고 만족을 느끼며 유지되는 관계가 있다. 둘째, 고정되지만 안정적으로 유지되는 관계가 있다. 셋째, 불안정하고 갈등이 자주 발생하는 관계가 있다. 만족스러운 상호 의존이 이루어지는 관계는 장기적으로 지속되지만, 얕은 조화나 지나치게 강한 공존을 경험하는 관계는 쇠퇴하거나 악화될 가능성이 높다. 지속되는 관계는 상호 순환적으로 성장하는 관계로, 헌신과 신뢰가 발달하면서 상대가 원하는 것을 하게 되면 헌신과 신뢰가 더욱 증진되는 과정을 말한다. 이러한 상호 순환적 성장이 가능한 상대와의 관계는 지속될 가능성이 높지만, 한쪽만 돌봄과 헌신을 제공한다고 느낄 경우, 관계는 점차 악화될 수 있다. 공평성과 상호성을 유지하는 것이 지속적인 관계를 위한 핵심 요소로 작용한다.

④ 관계 악화(D)

서로 만족하고 성장하는 관계는 장기적으로 지속되지만, 불안정하고 갈등이 많거나 고정된 관계는 결국 이별로 마무리될 수 있다. 지속되던 관계의 악화는 서로가 관계에 투자하는 노력과 비용을 줄이면서 관계를 유지하지 않기로 결정할 때 발생한다. 관계가 악화될 때, 의사소통, 갈등 관리, 문제 해결 능력과 같은 사회적 기술을 발휘한다면 관계를 다시 개선하여 유지할 수 있지만, 관계 개선의 필요성을 느끼지 못하면 관계에 들이는 에너지나 비용을 줄이게 된다. 즉 관계를 지속하기 위한 노력을 기울이지 않으면 결국 관계는 종결된다. 이러한 점들은 10장에서 좀 더 자세히 다룬다.

⑤ 관계 종결(E)

관계는 시간이 지나면서 쇠퇴를 거듭하여 결국 이별로 마무리된다. 사회 교환 이론에 따르면, 상대가 서로에 대해 만족감을 찾지 못하고, 관계를 떠날 장벽이 낮거나 대안적인 상대가 존재할 때 관계는 종결된다. 이 외에도 관계의 종결은 죽음에 의한 분리일 수도 있다. 준비되지 않은 죽음이나 외도와 같은 급작스러운 종결이 있을 수 있으며, 계획적으로 또는 자연스럽게 관계가 마무리될 수도 있다. 관계가 끝나면 그동안 가까웠던 거리도 자연스럽게 멀어지게 된다. 관계가 잘 발달하여 장기간 지속될 수 있는지는 각 개인이 관계에 얼마나 적극적으로 참여하느냐에 달려 있다. 이 과정에서 갈등을 극복하고 만족을 느끼는 관계는 서로가 관계에 적극적으로 참여하고, 관계에서 얻는 보상과 비용이 균형을 이룰 때 지속된다. 이러한 관계는 장기간에 걸쳐 발전하며, 결국 한쪽이 죽을 때까지 유지된다. 반면, 성장과 만족이 부족한 관계는 분리나 이별로 끝나게 된다. 잔잔하고 고정된 상태로 유지되지만 성장하지 않는 관계, 혹은 불안정하고 갈등이 많은 관계는 결국 이별에 이르게 된다. 관계가 장기적으로 잘 지속되기 위해서는 서로가 성장하고 만족하는 관계를 유지하는 것이 중요하다.

(3) 건강한 관계의 특성

건강한 관계란 어떤 관계일까? ABCDE 모델에서 안정적으로 지속(C)되는 관계를 건강한 관계라고 할 수 있다. 이러한 관계는 서로가 함께 성장하며 발전하는 특징을 갖고 있으며, 이를 상호 순환 성장이라고 한다. 상대방에 대한 헌신과 신뢰를 바탕으로 서로를 돌보고 배려하는 상호성과 헌신의 특징을 포함한다. 이러한 관계는 소유욕에서 비롯된 질투를 조절하고, 관계에 투자한 노력과 얻는 보상이 균형을 이루는 공평함의 경험으로 설명할 수 있다. 즉, 지속이 되는 건강한 인간관계는 사회적 교환의 과정에서 긍정적인 상호작용이 있는 관계이며 만족과 성장을 함께 경험하는 관계이다. 레빙거는 이렇게 지속되는 관계에서 서로를 '우리'라고 생각하는 상호성(mutuality)이 생기고, 이를 통해 관계가 깊어진다고 보았다. 이러한 상호성은 개인인 '나'가 '우리'로 인식되는 인지적 변화에서 비롯된다고 한다(Deci et al., 2006). 자율성 지원을 주고받는 관계에서는 상호성이 형성되며, 이로 인해 관계에 참여한 양측 모두 더 큰 정서적 만족감과 심리적 안녕감을 경험하게 된다. 데시와 동료들(Deci et al., 2006)의 연구는 이러한 상호작용 관계에서는 단순히 받는 것만 중요한 것이 아니라 주는 것도 중요한 역할을 한다고 강조한다. 자율성 지원을 주고받는 과정에서 발생하는 상호 지원은 우정에서뿐만 아니라 모든 인간관계에서 심리적 복지에 긍정적인 영향을 미친다고 한다. 친밀한 관계에서 자율성 지원은 관계의 질을 결정짓는 중요한 요소 중 하나이다.

한편, 지속하지 않는 관계가 더 건강할 수 있는 경우도 있다. 다양한 상황에서 관계가 성장보다는 서로에게 상처를 주는 경우에는, 관계의 경계를 세우고 적절한 거리를 유지하는 것이 필요하다. 예를 들어, 가족 관계에서 지나치게 융합하여 자아분화가 이루어지지 않으면 서로 심리적으로 통제하거나 침범하는 관계가 되어 건강하다고 보기 어렵다. 연인관계에서도 과도한 융합, 집착, 침범이 있을 경우 건강한 관계라 볼 수 없다. 특히, 관계의 적절한 거리에 대한 합의 없이 상대를 침범하는 스토킹은 범죄 행위이고, 관계에서 상호 존중 없이 통제와 조종이 이루어지는 가스라이팅은 괴롭힘에 해당한다. 이러한 침범과 괴롭힘은 가족과 연인관계뿐만 아니라 직장 내에서도 발생할 수 있다. 가족 내 중독자가 있을 때 나타나는 가족 구성원의 공동 의존과 종교적 중독 또한 건강하지 않은 관계의 사례로, 이러한 관계들은 자신을 보호할 수 있는 경계나 거리가 없는 상태에서 발생한다. 결국, 건강한 관계란 상호 순환적으로 성장하면서도 자신을 보호할 수 있는 경계를 갖고, 서로 간에 적절한 거리를 유지하는 것이라 볼 수 있다.

2 관계에서의 경계와 거리

(1) 보웬의 심리적 경계

대학생 시기에 친구나 연인 관계에서 상대방의 감정과 생각에 영향을 받아 힘들어지는 경험을 하기도 한다. 관계를 잘 유지하고 싶어서 상대방의 요구를 거절하기 어려워하고, 상대에게 의존하거나 스스로 감정을 억누르다 보면 관계가 오히려 부담으로 느껴질 수 있다. 이럴 때 심리적 경계를 이해하고 설정하는 것이 관계를 건강하게 유지하는 데 중요하다.

관계에서 '경계(boundary)'를 설명하는 개념으로 보웬(Bowen)의 자기분화를 들 수 있다. 자기분화(differentiation of self)는 대인관계에서 자신과 타인을 균형적으로 분리하는 개념으로, 보웬은 이를 원가족과의 정서적 융합에서 벗어나 자율적으로 기능할 수 있는 상태로 설명한다. 인간은 개별성과 집단성이라는 상반된 두 욕구를 동시에 가지고 있으며, 이러한 갈등을 적절히 관리하기 위해서는 자아가 충분히 분화되어야 한다(이선혜, 1998). 자기분화는 두 가지 차원에서 이해되는데, 첫째는 개인이 자신의 감정과 사고를 구분하고 통제하는 심리내적 차원이고, 둘째는 타인과의 관계 속에서 자신의 경계를 유지하며 독립성을 확보하는 대인관계 차원이다. 자기분화가 높은 사람은 감정적 상황에서도 이성적인 판단을 유지하고, 타인의 영향을 받지 않으며 자율적으로 대처할 수 있는 반면, 분화가 낮은 사람은 감정적으로 쉽게 흔들리고 타인에게 지나치게 의존하는 경향을 보인다. 국내 연구에서도 자기분화는 개인의 심리적 특성, 가족 환경, 대인관계 적응과 밀접하게 연관되어 있으며, 분화가 높은 사람일수록 안정적인 성인 애착을 형성하고 건강한 대인관계를 유지하는 것으로 나타났다(박승민, 2020).

(2) 관계에서의 경계

휘트필드(Whitfield, 1993)는 『경계와 관계(Boundaries and Relationships)』 책에서 개인의 경계 설정이 건강한 인간관계 형성에 매우 중요하다고 강조한다. 다양한 관점에서 경계를 살펴보며 경계를 인식하고 설정하며 유지하는 방법을 안내한다. 휘트필드는 관계에서의 '경계'를 신체의 세포막에 비유하며, 신체적 경계, 정신적/정서적 경계, 영적 경계로 구분하고, 건강한 경계와 건강하지 않은 융합된 경계를 설명하였다. 정신적 경계, 즉 내면의 삶에는 신념, 생각, 감정, 결정, 선택, 경험, 욕구, 필요, 감각, 직관, 무의식적 경험 등이 포함된다. 이러한 정신적 경계를 침범하는 상황을 가스라이팅이나 조종 또는 통제하는 관계로 볼 수 있다.

경계는 자신을 보호하고 건강한 관계를 형성하기 위해 반드시 필요한 개념이다. 경계를 통해 우리는 자신의 감정, 생각, 신념, 그리고 신체적 안전을 유지하며, 타인으로부터의 부적절한 침범을 막을 수 있다. 경계가 없거나 침범될 경우, 우리는 심리적 불안과 스트레스를 경험할 수 있으며, 이는 신체적 폭력이나 정서적 폭력과 같은 다양한 형태의 갈등으로 이어질 가능성이 있다. 예를 들어, 상대방이 자신의 경계를 무시하고 감정적으로 조종하거나 통제하려 할 때, 이는 정서적 폭력으로 나타날 수 있다. 신체적 경계가 침범될 경우에는 물리적 위협이나 폭력으로 이어질 위험이 있다. 또한 경계는 자신을 보호하는 역할을 하면서도 때로는 자신을 제한하는 한계로 작용할 수 있다는 점을 인식할 필요가 있다. 너무 강하고 경직된 경계는 타인과의 관계에서 유연성을 떨어뜨리고, 새로운 관계나 경험을 받아들이는 것을 어렵게 만

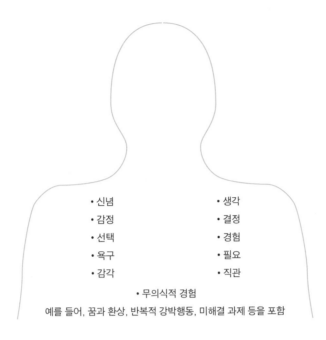

- 신념
- 감정
- 선택
- 욕구
- 감각

- 생각
- 결정
- 경험
- 필요
- 직관

- 무의식적 경험
예를 들어, 꿈과 환상, 반복적 강박행동, 미해결 과제 등을 포함

그림 6.2 나의 내면의 삶(세계)

출처: Whitfield(1993).

들 수 있다. 이러한 경우 경계는 자신을 외부의 위협으로부터 보호하는 기능을 넘어, 자신의 성장과 발전을 방해하는 요소가 될 수 있다. 따라서 경계는 건강한 삶과 관계를 위해 반드시 필요한 개념이며, 이를 설정하고 유지하는 데 있어 균형이 중요하다. 자신을 보호하면서도 타인과의 연결을 막지 않는 적절한 경계를 설정하기 위해서는 자기 인식과 관계 속에서의 상호작용을 통해 지속적으로 조정해 나가야 한다.

심리학과 사회학에서는 개인의 경계를 다양한 측면에서 논의해 왔다. 신체적, 정서적, 정신적, 성적, 물질적, 시간적, 관계적 경계가 그 예이다. 이러한 경계는 개인의 안전과 자율성을 보호하며, 균형 잡힌 삶을 유지하는 데 중요한 역할을 한다. 각각의 경계는 자신을 타인으로부터 보호하고 건강한 상호작용을 가능하게 하는 기반이 된다. 개인의 다양한 경계 개념에 대한 정의와

표 6.2 개인의 다양한 경계 개념

분류	정의	특징
신체적 경계	신체적 공간과 접촉에 관련된 경계	다른 사람이 얼마나 가까이 다가올 수 있는지, 어떤 형태의 신체 접촉이 허용되는지를 결정함. 개인의 신체적 안전과 편안함을 보호하는 데 중요함
정서적 경계	감정과 관련된 경계	어떤 감정을 타인과 공유할지, 어떻게 반응할지를 결정함. 정서적 경계는 우리의 감정을 보호하고, 감정적으로 안전한 환경을 유지하는 데 중요함
정신적 경계	생각, 신념, 의견과 관련된 경계	신념과 의견을 타인과 공유할지, 어떻게 토론할지를 결정함. 정신적 자율성과 독립성을 유지하는 데 중요함
성적 경계	성적 욕구와 행동과 관련된 경계	누구와 언제, 어떤 형태의 성적 관계를 가질지를 결정함. 성적 경계는 우리의 성적 안전과 자율성을 보호하는 데 중요함
물질적 경계	소유물과 재정과 관련된 경계	소유물과 돈을 어떻게 관리하고, 누구와 공유할지를 결정함. 물질적 자원을 보호하고, 재정적 안전을 유지하는 데 중요함
시간 경계	시간 사용과 관련된 경계	시간을 어떻게 관리하고, 누구에게 얼마나 할애할지를 결정함. 시간 경계는 우리의 시간적 자원을 보호하고, 시간 관리 능력을 유지하는 데 중요함
관계 경계	인간관계와 관련된 경계	누구와 어떤 형태의 관계를 맺을지를 결정함. 관계 경계는 우리의 인간관계를 보호하고, 건강하고 균형 잡힌 관계를 유지하는 데 중요함

특징을 정리한 표 6.2를 통해 이를 구체적으로 살펴볼 수 있다.

(3) 관계에서의 거리

　대학생들이 친구, 연인, 가족과의 관계에서 겪는 다양한 상호작용 속에서 건강한 인간관계를 유지하려면 상호 존중을 바탕으로 적절한 거리와 경계를 설정하는 것이 중요하다. 특히 서로가 함께 성장하려면 상대방의 자율성을 존중하고 지원하며, 관계의 친밀도에 맞는 거리와 경계를 유지해야 한다. 대학생 시기의 인간관계에서 심리적 거리는 관계의 친밀도와 적절한 경계를 결

표 6.3 개인의 다양한 거리 개념

거리	정의	범위	적용	특징
밀접한/ 친밀한 거리	매우 가까운 거리로, 주로 신체적 접촉이 이루어질 수 있는 범위	0~45cm	가족, 연인, 아주 친한 친구 사이의 상호작용에서 사용. 신뢰에 기반하여 감정적으로 매우 가까운 관계	세밀한 감각 정보가 공유되며, 목소리를 낮춰 속삭이거나 촉각을 통해 소통함
개인적 거리	개인 간의 상호작용에서 사용되는 거리로, 친밀한 대화가 가능하지만 신체적 접촉은 거의 없는 거리	45~120cm	친구, 동료, 가까운 사회적 관계에서 주로 사용. 개인의 편안함과 사적인 공간을 존중하는 상호작용을 나타냄	보통 평범한 대화를 나누며, 상대방의 표정과 몸짓을 명확하게 볼 수 있음
사회적 거리	일상적인 사회적 상호작용에서 사용되는 거리로, 개인적이거나 친밀하지 않은 관계에서 주로 사용	120~350cm	직장 동료, 상사, 낯선 사람과의 공식적 또는 비공식적 상호작용에서 사용. 개인 간의 공식적이고 비공식적인 관계를 구분 짓는 역할을 함	목소리를 약간 높여야 하며, 상대방의 표정과 몸짓을 확인할 수 있음. 세부적인 표정 변화는 놓칠 수 있음
공적인 거리	대중 앞에서 사용되는 거리로, 연설, 강연, 공연 등 공식적이고 대중적인 상황에서 사용	350cm 이상	연사와 청중, 강사와 학생, 공연자와 관객 사이에서 주로 사용. 권위와 공식성을 나타내며, 개인적 상호작용이 최소화됨	목소리를 크게 내야 하며, 상대방의 표정이나 몸짓을 세밀하게 관찰하기 어려움. 공간이 넓기 때문에 시각적, 청각적 도구를 사용하여 소통함

정하는 데 중요한 역할을 한다.

경계를 가깝게 할지 멀게 할지를 결정할 때는 심리적 거리를 고려하게 되며, 이러한 거리는 관계의 유형에 따라 달라진다. 에드워드 홀(Hall, 1966/ 1997)의 『숨겨진 차원(The Hidden Dimension)』에서 제시된 거리 개념은 인간의 공간 인식, 특히 문화적 차이에 따른 공간 사용 방식을 연구한 결과이다. 홀은 인간이 상호작용할 때 사용하는 거리를 네 가지 주요 유형으로 나누어 설명했으며, 각 거리는 친밀도와 상황에 따라 다르게 적용된다. 예를 들어, 친밀한 거리는 친구나 연인처럼 가까운 관계에서 자연스럽게 나타나는 반면, 사회적 거리는 수업이나 그룹 활동과 같이 공식적인 상황에서 주로 사용된다.

이러한 거리 개념은 대학생들이 다양한 인간관계에서 적절한 심리적 거리를 조정하고, 관계를 건강하게 유지하는 데 유용한 참고 자료가 될 수 있다.

에드워드 홀(1966)이 제시한 거리의 네 가지 유형은 관계에서 상호작용할 때 공간을 사용하는 방식이 단순한 물리적 개념을 넘어 심리적, 사회적 의미를 지닌다는 점을 강조한다. 또한 이러한 거리는 문화적 배경에 따라 다르게 해석되고 활용될 수 있다. 홀의 연구는 공간이 단순히 물리적 거리를 넘어 인간관계와 상호작용에 깊이 연관된 요소임을 보여 준다.

3 경계의 유형

타인의 필요를 돌보다 자신의 필요를 소홀히 하고 있다고 느낀다면, 자신의 경계 유형을 점검해 볼 필요가 있다. 니나 브라운(Brown, 2002)은 경계를 부드러운 경계, 경직된 경계, 스펀지 같은 경계, 탄력 있는 경계로 나누어 설명하며, 각 경계 유형은 관계의 맥락에 따라 다양하게 나타날 수 있다고 강조한다. 특히 가족 관계나 친밀한 관계에서 타인의 감정에 지나치게 얽히거나 심리적 거리가 너무 가까워 경계를 설정하지 못하고 융합(enmeshment) 상태가 되어 쉽게 이용당하거나, 반대로 이를 피하기 위해 지나치게 거리를 두는 경우가 있을 수 있다. 이러한 경계 문제를 해결하기 위해 자신의 경계 유형을 살펴보고, 건강한 경계를 설정하며, 조작적 행동을 인식하고 정서적 회복력을 키우는 노력이 필요하다. 이를 통해 타인을 공감하되 자신을 존중하는 균형을 이루어 건강하고 지속 가능한 관계를 형성할 수 있다.

니나 브라운은 경계를 위와 같이 구분한 반면, 문요한(2019)은 『관계를 읽는 시간』에서 경계를 순응형, 돌봄형, 지배형, 방어형의 네 가지 유형으로

표 6.4 경계의 유형

경계	정의	특징	결과
부드러운/ 연약한 경계	부드러운 경계는 너무 쉽게 타인에게 침해될 수 있는 경계	타인의 요구나 기대에 쉽게 굴복하며, 자신의 욕구와 감정을 우선하지 못함. 자아 존중감이 낮거나 갈등을 피하려는 성향에서 기인함	부드러운 경계를 가진 사람은 타인에게 쉽게 이용당하거나, 감정적 및 신체적 피로를 느낄 수 있음
경직된 경계	경직된 경계는 너무 단단해서 타인과의 상호작용을 거의 허용하지 않는 경계	타인에게 마음을 열지 않고, 상호작용이나 친밀감을 거부함. 신뢰 부족, 과거의 트라우마, 강한 자립심 등에서 기인함	경직된 경계를 가진 사람은 타인과의 관계 형성에 어려움을 겪으며, 고립되거나 외로움을 느낄 수 있음
스펀지 같은 경계	스펀지 같은 경계는 혼란스럽고 일관성이 없는 경계	때로는 유연하게, 때로는 경직되게 행동함. 경계를 설정하는 데 있어 혼란을 느끼고, 상황에 따라 반응이 달라짐	스펀지 같은 경계를 가진 사람은 타인과의 관계에서 혼란을 느끼며, 경계가 명확하지 않아서 갈등을 겪기 쉬움
탄력 있는 경계	탄력 있는 경계는 상황에 맞게 적절히 조절할 수 있는 건강한 경계	자신과 타인의 필요를 균형 있게 조절하며, 상황에 따라 경계를 유연하게 또는 단단하게 설정할 수 있음. 높은 자아 존중감과 자기 인식에 기인함	탄력 있는 경계를 가진 사람은 건강하고 균형 잡힌 관계 유지. 자신의 감정적 및 신체적 안전을 보호할 수 있음

설명하였다. 대학생 시기에 이러한 경계 유형을 이해하는 것은 대인관계의 건강함을 유지하는 데 매우 중요하다.

순응형 경계는 타인의 기대에 맞추기 위해 자신의 감정과 욕구를 억제하며 거절을 어려워하는 특징이 있다. 이러한 경향은 그룹 과제나 친구들과의 관계에서 자신이 원하지 않는 일을 떠맡게 하거나 불편함을 느끼게 할 수 있다. 돌봄형 경계는 타인을 돌보는 데 집중하다 보니 자신의 필요를 뒤로 미루게 되어 정서적 소진을 경험하기 쉽다. 대학생활에서는 타인을 돕는 것이 중요하지만, 자신의 에너지가 고갈되지 않도록 스스로를 돌보는 것도 필요하다. 지배형 경계는 자신의 의견과 방식을 고집하며 타인의 경계를 침범하려는 경향이 있어 팀 프로젝트나 그룹 활동에서 갈등을 유발할 수 있다. 이러한 경우 타인의 의견을 존중하고 협력하는 태도를 기르는 것이 중요하다. 방어형 경계는 타인과의 관계에서 자신을 보호하기 위해 과도하게 경계를 설정하고 감정적 거리를 두며 친밀감을 회피하는 특징이 있다. 이는 새로운 친구를 사귀거나 더 깊은 관계를 형성하는 데 장애물이 될 수 있다.

대학생 시기에는 이러한 경계 유형을 스스로 인식하고 필요에 따라 조정해 나가는 것이 중요하다. 각 유형의 특성을 이해하고 자신의 대인관계를 점검하며 적절한 균형을 찾아가는 과정을 통해, 건강한 인간관계를 유지하고 자신을 보호할 수 있는 능력을 키울 수 있다. 이러한 경계 유형을 인식하고, 대학생활에서 자신의 필요와 감정을 돌아보는 것은 타인과 친밀한 관계를 유지하면서도 자기 자신을 지켜나가기 위한 필수적인 과정이다. 자신의 경계 유형을 이해하고, 그것이 대인관계에 어떻게 영향을 미치는지 점검하면서 균형을 찾는 것이 대학 시기에 건강한 인간관계를 형성하는 데 중요한 역할을 한다.

4 건강한 경계

사례

민수와 서현은 대학교에서 만나 연애를 시작했다. 처음에는 서로에게 끌려 자주 시간을 보냈지만, 시간이 지나면서 둘은 각자의 생활과 목표도 중요하다는 것을 자연스럽게 인식했다. 민수는 학업과 동아리 활동에 집중해야 했고, 서현은 자신의 취미와 공부를 즐기며 목표를 향해 꾸준히 나아갔다. 둘은 서로에게 과도하게 의존하거나 모든 시간을 함께하려 하지 않았다. 각자 자신의 일에 몰두할 때도 있었고, 혼자만의 시간이 필요할 때는 솔직하게 대화를 나누었다. 민수가 바쁜 학업으로 서현과의 약속을 미룰 때, 서현은 이해하며 자신의 일에 집중했다. 서현이 친구들과 시간을 보낼 때도 민수는 이를 존중하며 불필요한 감정적 의존을 피했다. 서로가 힘든 상황에 처했을 때는 따뜻한 응원을 건네면서도, 상대가 스스로 해결할 수 있도록 여유를 주었다. 예를 들어, 민수가 과제 때문에 스트레스를 받으면 서현은 "필요하면 언제든 말해 줘, 네가 도와줄 수 있어"라고 말하며 그가 도움을 요청할 때까지 기다렸다. 서현이 고민이 있을 때 민수 역시 "네 결정을 존중할게, 네가 어떤 선택을 해도 괜찮을 거야"라며 그녀의 자율성을 지지했다. 두 사람은 서로의 경계를 존중하면서 각자의 삶을 살며, 서로에게 필요할 때는 함께할 수 있는 건강한 연애를 유지했다. 그들은 서로의 자율성을 지지하고, 연애와 개인 생활 사이에서 균형을 맞추며 성숙한 관계를 이어갔다.

민수와 서현의 이야기는 건강한 연애 관계에서 심리적 경계와 자율성이 어떻게 실천되는지를 잘 보여 준다. 이들의 사례를 보며 우리는 다음과 같은 질문을 떠올릴 수 있다. 연애 중에도 서로의 자율성을 존중하기 위해 실천할 수 있는 방법은 무엇일까? 연애와 개인 생활의 균형을 유지하기 위해 필요한 노력은 무엇일까? 또한 힘든 상황에서 상대를 돕는 것과 스스로 해결할 기회를 주는 것 사이의 균형은 어떻게 맞출 수 있을까?

이 질문들에 대한 답을 찾아가는 데 있어 휘트필드(Whitfield, 1993)의 이론은 중요한 통찰을 제공한다. 그는 개인의 경계 설정이 정서적, 정신적 건강을 유지하는 데 필수적이라고 강조한다. 건강한 경계를 통해 우리는 자아 존중감을 유지하고 자신을 보호할 수 있으며, 자신의 욕구, 감정, 가치관을 타인과 구별하고 존중받을 수 있도록 한다. 휘트필드는 건강한 경계가 세 가지 주요 특징을 가져야 한다고 설명한다. 첫째, 유연성은 상황에 따라 경계를 조절할 수 있는 능력을 뜻하며, 지나치게 경직되거나 흐릿하지 않도록 한다. 둘째, 상호 존중은 자신의 필요뿐 아니라 타인의 필요를 인정하는 태도를 포함하여, 관계에서 배려와 존중이 상호작용하도록 한다. 셋째, 명확성은 경계를 분명히 의사소통함으로써 오해를 줄이고 관계 내 갈등을 예방하는 것을 의미한다.

이러한 건강한 경계를 통해 개인은 자신의 감정과 욕구를 인정하며 자아존중감을 높일 수 있다. 또한 경계는 상호 의존이 아닌 독립적인 관계 형성을 돕는다. 결과적으로 불필요한 스트레스와 혼란을 줄여 감정적 소진을 예방하고, 관계의 안정성과 자율성을 도모할 수 있다. 휘트필드는 이러한 경계의 중요성을 여덟 가지 특성으로 정리하여 건강한 관계 형성을 위한 지침으로 제시하였다. 이는 민수와 서현의 사례처럼 서로의 자율성을 존중하면서 연애와 개인 생활의 균형을 찾고, 힘든 상황에서도 독립성을 유지하며 상대를 지지하는 데 유용하다. 경계의 특성 여덟 가지는 팔각형 그림으로 시각화되었으며, 다음과 같은 내용으로 구성된다.

표 6.5 건강한 경계의 여덟 가지 특성

특성	설명
현존 (presence)	경계가 도움이 되는지 인식하고 이를 유지하기 위해서는 현재에 집중하는 것이 중요함
적절성 (appropriateness)	내면의 삶을 기반으로 경계를 설정하거나 완화할 필요성을 설명함. 내면의 삶에는 믿음, 생각, 감정, 결정, 선택, 욕구, 필요, 직관 등이 포함됨. 건강한 경계를 설정하고 유지하기 위해서는 이러한 내면의 상태를 이해하는 것이 중요함
보호적 (protective)	경계는 개인의 내면을 보호하고, 안전과 통합성을 유지하는 데 도움이 됨
명확성 (clarity)	경계를 명확하게 설정함으로써, 나 자신과 타인 간의 경계를 분명히 할 수 있음
단호함 (firmness)	내가 원하는 것 또는 필요한 것을 얻기 위해 어느 정도 단호해야 하는지를 결정하고, 그 단호함을 유지하는 것이 필요함
유지 (maintenance)	특정 경계를 일정 기간 동안 유지할 것인지, 아니면 완화할 것인지를 결정하여 나 자신에게 필요한 것을 얻는 방법을 생각함
유연성 (flexibility)	경계를 상황에 맞게 조절할 수 있어야 하며, 필요할 때는 경계를 완화할 수 있음
수용적 (receptive)	경계를 어느 정도 열어 다른 사람, 장소, 사물, 행동 또는 경험을 받아들일지 결정함

현존

수용적   적절성

유연성   **건강한 경계**   보호적

유지   명확성

단호함

그림 6.3 건강한 경계의 특성
출처: Whitfield(1993).

경계를 설정하는 것은 자신을 존중하고 보호하는 한 형태로 자기돌봄의 시작이라고 할 수 있다. 자신을 보호할 수 있는 경계를 설정하면서 자기가 아닌 타자와 관계를 건강히 맺을 수 있다. 건강한 경계는 다른 사람이나 외부에 의해 설정되지 않고 대체적으로 해롭거나 유해하지 않으며 통제하거나 조작하지 않는다. 이렇게 경계를 설정했는데 경계가 침해되었을 때 어떻게 대처할 수 있을까?

(1) 자신의 감정을 인식하고 명확하게 표현하기

경계가 침해되었을 때, 우선 자신이 느끼는 감정을 인식하고 그 불편함을 인정하는 것이 중요하다. 침해된 상황에서 느끼는 불쾌감이나 불안감을 무시하지 말고, 이를 명확하게 표현하는 것이 첫 번째 단계이다. 이때 '나는 불편하다' 또는 '이 상황은 나에게 어렵다'와 같은 방식으로 구체적으로 표현하는 것이 좋다.

(2) 즉각적이고 정중한 의사소통하기

침해가 발생했을 때, 가능한 한 빠르게 그 상황에 대해 정중하고 명확하게 타인에게 전달해야 한다. 예를 들어, '이 부분에 대해서는 내가 편안하지 않다' 또는 '이것은 내가 설정한 경계에 맞지 않다'라는 식으로 상대방에게 전달함으로써 경계를 침해했음을 인지시키고 경고한다.

(3) 일관된 대응하기

경계가 시험받거나 다시 침해될 때, 앞서 설정한 경계를 유지하기 위한 일관성이 필요하다. 한 번 경계가 무너지면 다른 사람은 그 경계를 반복해서 넘으려 할 가능성이 있기 때문에, 침해가 발생할 때마다 같은 방식으로 대응하여 경계를 다시 설정하고 강화하는 것이 중요하다.

(4) 대처 방법을 재평가하기

상황에 따라, 경계를 설정한 방식이 잘 작동하지 않거나 더 강력한 대처가 필요할 수 있다. 이러한 경우, 침해된 상황을 돌이켜보며 더 효과적인 의사소통이나 경계 설정 방법을 찾아볼 필요가 있다. 경계가 지속적으로 침해되는 관계에서는 그 관계 자체를 재평가하는 것이 필요할 수도 있다.

(5) 경계를 다시 설정하고 강화하기

경계가 침해된 후에는 그 경계를 다시 명확하게 설정하는 것이 필요하다. 예를 들어, '이것은 내가 설정한 경계를 넘었다'라고 명확하게 말하거나, 필요할 경우 그 상황에서 물리적으로나 정서적으로 거리를 두는 것이 효과적일

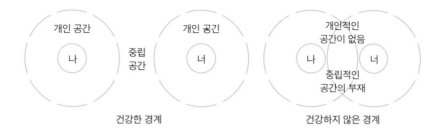

개인 공간

나

중립
공간

개인 공간

너

개인적인
공간이 없음

나　너

중립적인
공간의 부재

건강한 경계

건강하지 않은 경계

그림 6.4 건강한 경계와 건강하지 않은 경계의 차이

출처: Whitfield(1993).

수 있다. 또한 상대방에게 경계를 존중해 줄 것을 요청하는 것도 중요하다.

　건강한 관계와 건강하지 않은 관계의 경계는 개인과 타인 간의 상호작용 방식에서 큰 차이를 보인다. 건강한 관계에서는 각자가 자신의 개인 공간을 명확히 유지하며, 두 사람 사이에 중립적인 공간이 형성되어 상호 존중과 균형이 이루어진다. 이는 개인의 독립성을 보장하면서도 상호작용의 유연성을 유지할 수 있도록 돕는다. 반면, 건강하지 않은 관계에서는 개인 공간이 명확하지 않고('나'와 '너'의 경계가 침범됨), 중립적인 공간이 부재하여 서로의 감정과 필요가 과도하게 얽히는 융합 상태가 발생한다. 이러한 경계의 모호함은 개인의 자율성을 약화시키고, 관계에서 갈등과 스트레스를 유발할 가능성이 크다. 두 관계의 경계를 비교할 때, 건강한 관계는 독립성과 상호작용의 조화를 이루지만, 건강하지 않은 관계는 의존과 혼란을 초래한다는 점에서 중요한 차이가 있다.

　누군가 자신의 경계를 침해하려 할 때는 다음의 단계를 고려해야 한다. 첫째, 자신의 감정과 욕구를 명확히 인식하고 존중하며 자기인식을 강화한다. 둘째, 자신의 요구를 명확히 표현하여 타인에게 경계를 알리고 의사소통의 명확성을 유지한다. 셋째, 타인의 감정에 휘둘리지 않도록 자신의 감정을 보호하고 정서적 안정성을 유지한다. 넷째, 경계를 지키기 어려운 상황에서는 도움을 요청하거나 경계를 존중하지 않는 관계를 재평가해야 한다. 이처럼 건강한 경계는 감정적, 정신적, 물리적 안전을 확보하게 해 주며, 정신적 건강과 만족스러운 인간관계를 형성하는 핵심 요소이다. 필요시 친구, 가족, 전문 상담가의 지원을 받는 것도 도움이 된다.

생각해 보기 대학생활에서 경계 설정이 필요할 때 어떻게 할까?

대학생활에서는 다양한 사람들과 관계를 맺고, 많은 상황에서 경계를 설정해야 할 필요가 생긴다. 팀 프로젝트에서의 역할 분담, 동기들과의 개인적인 거리 조정, 시간 관리를 위한 약속 우선순위 정하기 혹은 사생활 보호 등 여러 상황에서 경계 설정이 중요하다. 다음의 여러 상황에서 경계 설정 예시를 참고하여, 자신이 마주할 수 있는 상황에서 어떻게 경계를 설정하면 좋을지 생각해 보자.

1. 친구관계에서의 경계 설정

상황	친구가 자주 자신의 감정적인 어려움을 털어놓으며 지나치게 의지할 때
경계 설정	"네가 많이 힘든 것 같아서 최대한 함께하려고 하는데, 감정을 잘 돌보면서 너와 이야기를 나누고 싶어. 우리 대화를 할 때 좀 더 다양한 이야기를 하면 어떨까?"
설명	친구의 감정에 공감하면서도 자신의 감정적 여유를 보호하기 위해 솔직하게 표현하며 관계를 건강하게 유지하기 위해 명확히 표현하기

2. 룸메이트와의 생활 공간 경계 설정

상황	룸메이트가 자주 방을 어지럽혀 청결 유지에 불편을 느낄 때
경계 설정	"우리 공간을 깨끗하게 유지하면 좋겠어. 청소하는 시간을 정하고 주기적으로 하면 좋을 것 같아."
설명	상대방이 불편함을 느끼지 않도록 구체적인 행동을 제안해 긍정적인 경계를 설정하여서 생활 속 사소한 갈등이 커지지 않도록 예방하기

3. 팀 프로젝트에서 역할과 시간 경계 설정

상황	팀 프로젝트에서 팀원이 자신의 역할 이상으로 지나치게 간섭할 때
경계 설정	"너의 의견도 참고할게, 하지만 내가 맡은 부분은 내 방식대로 진행해 보고 싶어."
설명	자신의 작업에 대한 자율성을 지키며 팀원과 협력하는 태도를 유지하기 개인의 역할과 협력적인 팀 분위기를 고려하기

4. 연인관계에서의 경계 설정

상황	연인이 지나치게 모든 시간을 함께 보내고 싶어 할 때
경계 설정	"너와 함께 보내는 시간이 소중하지만, 내게도 혼자만의 시간이 필요해. 그 시간 동안 내가 좋아하는 것들을 하면서 여유를 가지려 해."
설명	독립적인 시간을 존중하면서도 서로에 대한 애정을 표현하기 서로의 필요를 조율하며 균형 있는 관계를 유지하기

5. 자기관리와 학업 시간 경계 설정

상황	친구가 갑자기 공부 도중에 만나자고 할 때
경계 설정	"지금은 시험 준비로 집중해야 해서 만날 수 없어. 하지만 시험 끝나고 여유가 생기면 꼭 만나자."
설명	학업과 자기관리 시간에 대한 경계를 설정하기 현재의 제안은 거절하지만 추후 계획을 제안하여 긍정적인 관계를 유지하기

실전 적용 TIPS!

건강한 경계를 설정하는 방법은 개인의 자아 존중감을 높이고, 타인과의 관계에서 상호 존중과 신뢰를 구축하는 데 중요하다. 다음은 건강한 경계를 설정하는 데 참고할 수 있는 실전 tips이다. 좀 더 자세한 내용은 11장에서 살펴볼 수 있다.

1. 자기 인식
- 자신의 감정, 욕구, 가치, 한계를 명확히 이해하고 인식하는 것이 중요하다.

- 일기 쓰기나 명상, 자기 반성을 통해 자신을 더 잘 이해할 수 있다.

2. 명확한 의사소통

- 자신의 감정과 욕구를 명확하고 솔직하게 표현한다.
- '나는 ~를 느낍니다', '나는 ~를 원합니다'와 같은 문장을 사용하여 자신의 입장을 명확히 전달한다.
- '아니요'라고 말하기: 타인의 요구에 무조건적으로 응하지 않고, 자신의 한계를 존중하며 '아니요'라고 말하는 법을 배운다. 거절하는 것이 나쁜 것이 아니라, 자신의 필요를 우선시하는 것임을 기억한다.

3. 시간 관리

- 자신의 시간과 에너지를 관리하고, 타인이 자신의 시간을 지나치게 요구하지 않도록 경계를 설정한다.
- 일정을 정하고, 휴식 시간을 포함하여 자신의 시간을 계획한다.

4. 개인 공간 존중

- 자신의 물리적 공간과 프라이버시를 지킨다.
- 타인이 자신의 개인 공간을 침범하지 않도록 명확한 경계를 설정한다.

5. 책임감

- 자신의 행동과 감정에 대해 책임을 진다.
- 타인의 문제를 지나치게 떠안지 않고, 그들의 책임을 존중한다.

6. 감정적 경계 설정

- 타인의 감정에 지나치게 휘둘리지 않고, 자신의 감정을 보호한다.
- 공감은 하되, 타인의 감정을 자신의 것처럼 받아들이지 않도록 주의한다.

7. 도움 요청

- 필요할 때 주저하지 말고 주변 사람들에게 도움을 요청한다.
- 전문가의 상담을 받거나, 신뢰할 수 있는 친구나 가족과 이야기를 나눈다.

8. 건강한 관계 유지

- 상호 존중과 신뢰를 바탕으로 한 관계를 유지한다.
- 자신의 경계를 존중해 주는 사람들과의 관계를 지속하고, 그렇지 않은 사람들과의 관계를 재평가한다.

이러한 방법들을 통해 건강한 경계를 설정하고 유지함으로써, 타인과의 관계에서 자신의 자아 존중감과 행복을 높일 수 있다.

1 관계의 ABCDE 모델을 활용하여 시작하거나 형성하고 싶거나, 지속하고 싶은
   관계에 대해 이야기해 보자.

2 자신이 선호하는 심리적 거리와 경계 유형이 무엇인지 살펴보자.

3 건강한 경계를 만들기 위해 개선하고 싶은 점을 생각하며, 자기돌봄과 상호성
   을 균형 있게 향상시킬 방법을 고민해 보자.

07 관계 속 문제와 고통

대학생 시기는 청년기의 발달 과업인 친밀감을 획득해 가는 과정에서 고군분투를 경험하는 시기이다. 다양해진 대인관계에 적응하며 친밀감을 형성하는 과정에서 심리적인 고통을 경험할 수 있다. 과거의 대인관계가 현재의 대인관계에 영향을 주기도 하고 지속할수록 아픈 관계에 의존하기도 한다. 대인관계를 배우는 최초의 사회인 가족에서 형성된 대인관계 방식이 다른 대인관계에서도 재현되어서 반복되는 어려움을 경험하기도 한다. 대인관계에는 부적응, 관계 중독, 관계 상실, 관계 외상까지 관계에서의 다양한 어려움이 존재한다. 이 장에서는 이렇게 대인관계에서 경험할 수 있는 고통과 관계 양식에 대해 살펴보며, 대인관계의 문제들을 알아본다.

학습 목표

★ 다양한 대인관계에서 발생할 수 있는 심리적 고통을 이해한다.
★ 대인관계 부적응, 관계 중독, 관계 상실 등 관계에서 경험하는 다양한 어려움과 원인을 알아본다.

민수는 지방에서 서울로 올라와 대학교에 입학한 신입생이다. 처음으로 부모님 곁을 떠나 기숙사 생활을 시작하면서 새로운 환경에 적응하는 것이 쉽지 않았다. 고등학교 때는 늘 가까운 친구들이 있어서 편했지만, 이제는 전혀 모르는 사람들과 지내야 했다. 처음에는 설레기도 했지만, 시간이 지나면서 점점 혼자라는 느낌이 강해졌다. 기숙사로 돌아오면 말할 사람도 없고, 낯선 사람들 속에서 외로움이 커져만 갔다. 학교에서는 선배나 친구들한테 잘 보이고 싶다는 생각이 자꾸 들었다. 그래서 사람들에게 더 가까이 다가가려고 노력했지만, 마음이 불안정하다 보니 사소한 말 한마디나 반응에 너무 신경을 쓰게 되었다. 누군가가 칭찬해 주거나 자신을 인정해 주는 말을 해 주면 기분이 좋아졌고, 그런 말들이 필요하다고 느끼기 시작했다. 그렇게 사람들에게 의지하려는 마음이 커지다 보니, 친구나 선배들이 나를 어떻게 생각하는지에 대한 불안감이 점점 커졌다. 하지만 주변 사람들은 민수가 자신들에게 너무 많이 의지하는 것 같다고 느끼기 시작했다. 그렇게 지내다 보니, 친구들이 서서히 거리를 두는 것처럼 느껴졌고, 민수는 그럴 때마다 더 외롭고 속상해졌다. '왜 나를 멀리하는 걸까?' 하는 생각에 자꾸만 혼자 있는 시간이 늘어갔고, 그럴수록 더 외로워졌다. 누군가와 친해지고 싶은 마음은 간절했지만, 너무 신경을 쓰다 보니 오히려 사람들과의 관계가 힘들어졌다. 결국 민수는 학교 상담센터를 찾아가 자신의 마음을 털어놓았고, 점차 자신의 감정을 이해하고 관계에서 느끼는 부담을 조금씩 덜어내기 시작했다.

1 대인관계 문제와 심리적 고통

민수의 이야기는 대학에서 대인관계 문제와 심리적 고통의 관계를 잘 보여 주는 사례이다. 대학에 진학한 후 익숙한 친구들과의 관계에서 벗어나 부모님과 떨어져 생활하며 외로움과 낯선 환경에 적응해야 하는 대학생활은 큰 도전이다. 대학생활을 잘 해내고자 하는 마음이 커질수록 주변 사람들에게 인정을 받고 싶어하는 욕구도 커지고, 이로 인해 대인관계가 더 어려워지기도 한다. 결국 민수는 학교 상담센터에서 도움을 받으며 관계에서 느끼는 부담을 조금씩 덜어내기 시작했다. 이처럼 대학에서의 인간관계는 단순히 적응하는 과정을 넘어서 개인의 정신건강에도 중요한 영향을 미치며, 주위의 도움을 통해 관계를 개선할 수 있음을 알 수 있다. 대인관계가 어려워져서 심리적 영향을 받기도 하고, 심리적 어려움으로 대인관계를 유지하기 어려운 상황이 발생할 수도 있다. 이런 현상을 보면, '심리적인 어려움이 대인관계를 어렵게 만드는 것일까? 아니면 대인관계에서의 어려움이 심리적 고통을 초래하는 것일까?'라는 질문을 하게 된다. 대인관계와 심리적 어려움은 서로 밀접하게 얽혀 있으며, 상호작용을 통해 서로에게 영향을 미친다. 여기서는 그중에서도 가장 대표적인 심리적 어려움인 대인관계와 우울에 대해 살펴보고자 한다.

대인관계와 우울의 관계를 분석한 연구들을 보면 우울한 사람들이 대인관계에서 고립감을 느끼거나 타인과의 관계에서 친밀감을 형성하는 데 어려움을 겪는 경향이 있다고 보고된다(권정혜, 2002). 우울증이 있을 때 자존감이 낮고, 타인의 평가에 민감하게 반응하며, 부정적인 대인관계 경험이 우울증을 심화시키는 악순환에 빠지기 쉽다. 자신의 속마음을 털어놓기 어려워하며 부정적인 상호작용이 많고 관계에서 안전감은 낮으며, 역기능적으로 성취 지향적인 모습과 타인에게 의존하는 태도가 높은 것으로 나타났다. 이러한 모습은 타인과의 관계에서 갈등을 피하려는 경향과 함께 살펴볼 수 있다. 관계에서 갈등을 피하면서 회피적인 대인관계 패턴이 나타나는 게 사회적 고립을 강화하는 것으로 볼 수 있다(권정혜, 2002).

그렇다면 대인관계에서 취약성이 있는 사람들에게서 우울증이 생기는 것일까? 우울증의 증상으로 대인관계에서 문제가 발생하는 것일까? 권호인 등(2010)은 우울증을 겪고 있는 환자, 회복된 환자, 그리고 정상 통제군으로 나누어 이들의 대인관계 특성을 비교한 결과를 분석하며 이 질문에 대해 탐구하였다. 연구에서는 우울증 환자들이 대인관계에서 의존성과 위안 추구 행동을 더 많이 보이는 것으로 분석하며, 의존성은 우울 증상과 함께 나타나는 일시적인 현상임을 발견하였다. 즉, 대인관계에서 의존성과 위안 추구 행동이 우울증 증상이며, 우울증이 회복되면 이러한 대인관계 문제도 정상 수준으로 돌아오는 것으로 분석하였다. 이러한 결과는 우울증이 대인관계적인 결과를 초래할 뿐 아니라 우울증의 기본 속성이 대인관계적이라고 보고한 (Joiner & Coyne, 1999) 선행 연구들과 일치한다. 우울한 사람들에게서 사회 기술 결함이 보이며, 우울하지 않은 사람과 비교해 볼 때 대인관계에서 회피와 거부의 패턴이 보일 수 있다는 것이다. 코인(Coyne, 1976)의 대인관계 모형에서도 우울한 사람이 그 주변 사람들에게 부정적 기분을 유발하고, 주변 사람들이 거리를 두게 하는 대인관계 행동인 지나친 의존성과 위안 추구 행동을 보이게 되며, 이로 인해 우울한 사람들에 대한 회피와 거부가 생긴다고 보고하였다. 이처럼 대인관계 문제는 우울증 증상으로 나타날 수 있으며, 우울을 회복하는 과정에서 사회적 기술 향상과 대인관계 스트레스 관리가 중요한 역할을 한다는 점을 고려할 수 있다.

우울증과 같은 심리적인 어려움으로 대인관계 문제가 발생하기도 하지만, 대인관계 문제로 인해 심리적인 고통이 생기기도 한다. 수줍음이 많아서 대인관계를 시작하기 어려운 사람들도 있고, 관계를 유지하는 과정에서 생기는 갈등을 다루기 어려워하거나, 개개인의 심리적 경계에 침범이 일어나 상처를 받을 수도 있고, 오래 지속한 관계의 이별이나 사별을 통한 관계의 상실로 인해 우울감이 생길 수도 있다. 임선영(2014)은 관계 상실을 겪은 사람들이 강한 심리적 고통을 경험하며, 이러한 고통을 줄이기 위해 '의미 재구성' 과정이 중요하다고 설명한다. 이는 상실을 새로운 의미로 받아들이는 과정을 통해 고통이 완화되는 것을 보여 준다. 관계 상실을 경험한 사람들을 대상으로 외상 후 성장 프로그램을 개발해서 실시한 결과, 관계에서 외상을 경험한 이후에도 성장이 일어날 수 있으며 행복이 증가되고 우울이 감소될 수 있음을 확인하였다.

여러 스트레스 상황에서 마음이 힘들어져서 자신을 돌보는 것에도 힘이 부족하여 대인관계를 살피지 못해 문제가 발생하기도 하고, 대인관계 문제로 심리적인 고통이 유발되기도 한다. 대인관계로 인한 상처와 스트레스를 관리하고 사회성 기술을 향상하여 건강한 대인관계를 형성할 수 있도록 해야 한다. 이러한 대인관계 능력의 효율성을 높이는 것은 대인관계 문제 개선뿐만 아니라 정신건강을 잘 관리하는 측면에서도 매우 중요하다고 할 수 있다.

2 인간관계 부적응

대학에서 맺는 새로운 인간관계는 낯설게 느껴질 수 있으며, 이를 이해하고 적응하는 과정이 필요하다. 대인관계는 서로 다른 사람들이 만나 함께하는 과정에서 자신이 아닌 타인, 즉 환경에 적응하는 과정으로 볼 수 있다. 주위 사람뿐만 아니라 동시대 문화, 거주지, 일터 모두가 환경으로 작용한다. 대학에서의 새로운 인간관계는 이러한 새로운 환경으로 자리하며, 적응이 요구된다. 새로운 사람들과 환경에 적응하는 과정은 앞서 6장에서 설명한 ABC-DE 모델의 단계를 따른다. 새로운 사람이나 환경에 호감을 느끼고 관계를 형성하며 유지하려는 과정에서 의사소통이 원활하지 않거나 갈등이 발생할 수 있다. 이러한 상황에서 관계에 대한 불편감을 느끼며 관계를 마무리할 것인지, 아니면 문제를 해결하고 관계를 유지할 것인지 고민하게 된다.

이런 적응의 과정은 환경을 변화시키는 '동화(assimilation)'와 자신이 바뀌는 '순응(accomodation)'으로 구분해 볼 수 있다(권석만, 2023). 적응을 위해 환경을 바꾸거나 자신을 바꾸는 과정에서 적응적 기능의 저하와 손상이 일어나게 되면 고통이 유발되고 대인관계에서 부적응을 가져온다. 부적응이 지속되어 역기능적 패턴이 반복되기도 한다. 대인관계 양상에 따라 유발되는 감정의 편차와 심리적 고통의 차원은 매우 다양하고 크다. 불편함과 어려움이 지속되다가 커지는 관계는 고통스럽고 아픈 관계가 되기도 한다. 대인관계에서 불편감과 고통이 커져서 부적절한 행동을 하거나 이상 행동을 하게 되는 경우가 발생할 수 있다. 인간관계에서 느끼는 불편함으로 인해 사회불안을 경험하거나, 이별로 인한 슬픔과 상실감이 길어져 우울해지거나, 뜻대로 되지 않은 관계 때문에 분노하기도 하고, 힘든 관계들과 거리를 두며 외로움이나 고립감을 경험하기도 한다. 이러한 주관적인 불편감이 커지면 인간관계를 회피하거나 경시하는 태도를 보이기도 하고, 반대로 지나치게 집착하는 모습을 보이기도 한다. 각각의 다양한 대인관계에서 적절한 대인관계 행동 양식은 상황과 맥락에 따라 다른데, 부적절한 대인관계 방식은 도움이 되기보다는 손해나 역기능을 초래하기도 한다. 또한 사회문화적 규범에서 벗어나서 행동하는 경우 이상 행동으로 보여서 대인관계에서 문제가 지속될 수도 있다.

권석만(2018)은 인간관계에서 주관적 불편감, 역기능, 사회문화적 규범의 일탈을 기준으로 부적응적 인간관계를 우선 '회피형, 피상형, 미숙형, 탐닉형' 등 네 가지로 분류하고, 각 유형을 다시 두 개의 하위 유형으로 세분하여 인간관계 부적응을 여덟 가지 유형으로 설명하고 있다. 이 분류는 인간관계

표 7.1 부적응적 인간관계 유형

인간관계 회피형	경시형	관계를 중요하게 생각하지 않아 스스로 고립됨
	불안형	거절에 대한 불안과 두려움으로 관계를 회피함
인간관계 피상형	실리형	현실적인 이득을 위한 거래로 관계를 생각함
	유희형	관계에서 즐거움과 재미를 추구하며 구속과 규제를 싫어함
인간관계 미숙형	소외형	사회적 기술이 부족하여 친밀한 관계를 맺기 어려워 사람을 멀리함
	반목형	관계에서 자신의 기준으로 상대에 대한 불만과 분노 표현으로 대립을 반복함
인간관계 탐닉형	의존형	혼자는 괴로워서 의존 대상을 찾아서 불안정감을 해소하려 함
	지배형	혼자일 때 허전함과 불안함으로 관계에서 주도적인 역할을 하며 지휘함

출처: 권석만(2018).

부적응 유형에 대해서 살펴볼 때 가장 많이 인용되는 분류이다.

(1) 인간관계 경시형

인간관계 경시형은 인간관계를 중요하게 여기지 않고, 주로 학업이나 일, 개인적인 목표에 몰두하는 경향이 있다. 이들은 인간관계에 시간과 에너지를 투자하는 것을 비효율적이라고 판단한다. 관계에서 깊은 유대보다는 표면적인 상호작용에 만족하며, 외로움도 크게 느끼지 않는다. 그러나 장기적으로 고립감을 느끼거나 사회적 관계에서 소외될 가능성이 있다. 이들은 자신의 성취와 개인적 발전을 우선시하는 특징이 있다.

(2) 인간관계 불안형

인간관계 불안형은 대인관계에서 거절이나 부정적인 평가를 두려워하며, 항상 불안과 긴장을 느낀다. 타인의 평가에 민감하며, 이를 과도하게 걱정해 관계를 회피하거나 소극적으로 행동한다. 이러한 불안감은 대인관계를 유지하는 데 큰 장애가 된다. 결과적으로, 이들은 인간관계에서 자주 고립되고, 사회적 상호작용에서 자신감을 잃는다. 불안감이 지속되면 관계에 대한 두려움이 점점 더 커질 수 있다.

(3) 인간관계 실리형

인간관계 실리형은 인간관계를 실리적이고 교환적인 목적을 위해 맺는다. 이들은 주고받는 것을 명확하게 계산하며, 감정적 유대보다는 실용적인 이익을 중시한다. 관계에서 효율성과 실리를 우선시하며, 개인적인 이익이 없으면 관계를 쉽게 끊는다. 이로 인해 깊이 있는 인간관계를 형성하는 데 어려움을 겪을 수 있다. 지나치게 실리적인 태도는 진정한 감정적 교류를 방해할 수 있다.

(4) 인간관계 유희형

인간관계 유희형은 인간관계를 오락이나 놀이처럼 가볍게 생각하며, 깊은 유대보다는 순간적인 즐거움을 추구한다. 이들은 심각한 주제를 피하고, 감정적 부담을 줄이기 위해 관계의 깊이를 제한한다. 주로 가벼운 상호작용과 재미에만 집중하며, 진지한 대화를 회피한다. 이러한 태도는 장기적인 관계 형성에 방해가 된다. 관계에서 책임감이나 깊이 있는 상호작용을 원치 않는다.

(5) 인간관계 소외형

인간관계 소외형은 타인과의 관계에서 자신이 소외되거나 받아들여지지 않을 것이라는 두려움을 느낀다. 이들은 거절에 대한 두려움 때문에 대인관계에서 자신을 드러내지 않고, 관계를 피하려는 경향이 있다. 종종 타인과의 상호작용에서 소극적으로 행동하며, 고립감을 자주 경험한다. 인간관계에서 깊은 유대를 형성하기 어려워하고, 결국 사회적 고립이 강화될 수 있다. 이러한 경향은 사회적 상호작용에서의 자신감을 저하시키기도 한다.

(6) 인간관계 반목형

인간관계 반목형은 대인관계에서 자주 갈등을 일으키고, 자신의 의견을 강하게 주장하는 경향이 있다. 이들은 상대방의 의견을 충분히 고려하지 않고, 자신의 주장을 관철시키려고 한다. 그 결과, 인간관계에서 자주 충돌이 발생하며, 상대방과의 관계가 악화될 수 있다. 자신의 옳음을 확신하며 타인과의 관계에서 조화를 이루기 어려워한다. 이러한 태도는 관계의 지속을 어렵게 만들고, 관계가 단절될 위험이 있다.

(7) 인간관계 의존형

인간관계 의존형은 타인에게 과도하게 의존하며, 스스로 결정을 내리기 어려워한다. 이들은 타인의 인정과 지지를 강하게 필요로 하며, 관계에서 자율성을 유지하지 못한다. 자신만의 결정을 내리는 데 자신감이 부족하며, 타인의 의견에 지나치게 의존하는 경향이 있다. 관계에서 지나치게 상대방에게 의존하면 관계의 균형이 깨질 수 있다. 또한 타인이 떠날 것에 대한 두려움으로 인해 관계에서 불안을 자주 느끼게 된다.

(8) 인간관계 지배형

인간관계 지배형은 대인관계에서 자신이 주도권을 가지려고 하며, 타인을 통제하려는 경향이 있다. 이들은 타인의 감정이나 의견을 존중하기보다는 자신의 의견을 강하게 주장하며, 상대방을 지배하려고 한다. 관계에서 자신의 우위를 지키기 위해 상대방의 자율성을 침해하기도 한다. 이로 인해 갈등이 자주 발생하며, 상대방은 관계에서 불편함을 느낀다. 결국, 지배형은 대인관계에서 자주 충돌을 일으키며, 관계가 파괴될 위험이 크다.

3 성격장애로 인한 대인관계 문제

대인관계 부적응으로 지속적인 문제를 경험하는 경우는 성격의 어려움에 기인한 문제일 수 있다. 성격장애로 인한 대인관계 어려움은 성격장애 유형에 따라 대인관계 행동과 특성이 다르게 나타난다. 성격장애는 크게 다음의 세 가지 군으로 분류된다.

첫째, A군 성격장애인 편집성, 조현성, 조현형 성격장애는 주로 타인에 대한 불신과 의심, 고립된 대인관계를 특징으로 한다. '편집성 성격장애'를 가진 사람들은 타인을 쉽게 신뢰하지 못하고, 타인의 행동을 부정적으로 해석하며 갈등을 자주 겪는다. '조현성 성격장애'는 타인과의 관계에 무관심하며 감정적 유대감을 느끼지 못해 고립된 생활을 선호한다. '조현형 성격장애'는 기이한 사고와 행동으로 인해 타인과의 관계에서 불안감을 느끼며, 사회적 상호작용에서 어려움을 겪는다.

둘째, B군 성격장애인 경계선, 자기애성, 반사회성, 연극성 성격장애는 감정적 불안정성과 극단적인 관계 패턴을 보이는 경향이 있다. 먼저, '경계선 성격장애'는 대인관계에서 강렬한 애착과 분노를 반복하며, 버림받는 것에 대한 두려움으로 인해 관계가 불안정해지는 경우가 많다. '자기애성 성격장애'는 타인의 감정을 무시하고, 자신의 중요성을 과장하며 타인을 도구적으로 대하는 경향이 있다. '반사회성 성격장애'는 타인의 권리나 사회적 규범을 무시하며 충동적이고 무책임한 행동을 보이는데, 이는 대인관계에서 잦은 갈등과 문제를 초래한다. '연극성 성격장애'는 과장된 감정 표현을 통해 타인의 주목을 받으려 하며, 이러한 행동은 대인관계를 피상적이고 불안정하게 만든다.

셋째, C군 성격장애인 회피성, 강박성, 의존성 성격장애는 주로 불안과 두려움으로 인해 대인관계에서 어려움 경험한다. '회피성 성격장애'를 가진 사람들은 거절이나 비난을 두려워해 타인과의 관계를 회피하며, 자신을 과소평가하여 관계 형성에 어려움을 겪는다. '강박성 성격장애'는 완벽주의와 과도한 통제 욕구로 인해 대인관계에서 융통성이 부족하고, 타인의 의견을 받아들이는 데 어려움을 느낀다. '의존성 성격장애'는 타인에게 지나치게 의존하며 스스로 결정을 내리지 못하고, 버림받는 것에 대한 두려움으로 인해 상대방에게 과도하게 집착하는 경향이 있다.

성격과 대인관계에 관한 연구들을 살펴보면, 김예슬과 장재홍(2024)은 경계선 성격을 가진 사람들은 타인에게 공격적이거나 자신이 무시당한다고 느끼는 인식이 많아, 이로 인해 자해 행동을 보이는 집단에서도 성격 유형에 따라 대인관계에서 서로 다른 패턴이 나타난다고 하였다. 이처럼 성격 성향이 대인관계에서 문제를 유지하게 하기도 하지만, 반대로 대인관계에서 받은 상처나 폭력으로 인해 경계선 성격 성향이 강화되기도 한다. 이기은 등(2020)은 데이트폭력이 경계선 성격 경향성에 미치는 영향을 분석한 결과, 데이트폭력 피해는 복합 외상 후 스트레스를 통해 경계선 성격 경향성을 높이는 것으로 나타났다. 특히, 정서적 폭력이 이러한 경향에 큰 영향을 미친다고 했다. 연구는 회복 탄력성과 사회적 지지가 심리적 후유증을 줄이고 경계선 성격의 부정적 경향을 완화하는 데 도움을 줄 수 있음을 제안하였다.

이 연구들은 성격이 관계에 미치는 영향을 이해하고 자신과 타인의 성격을 잘 이해하는 것이 건강한 관계 형성에 얼마나 중요한지를 보여 준다. 특히 대학생 시기에 회복 탄력성과 사회적 지지의 도움을 받아 자신의 성격을 살펴보고 이해하는 시간을 가지는 것은 앞으로의 인간관계에 큰 도움이 될 수 있다. 대인관계에서 어려움을 느낄 때는 상담을 통해 성격을 더 잘 이해하고 발전시킬 수 있고, 이를 통해 자신과 타인을 이해하며 건강한 관계를 만들어 나갈 수 있다. 성격장애와 관련된 대인관계 문제를 해결하기 위해 인지행동치료가 효과적인 접근으로 평가되며, 특히 경계선 성격장애에는 변증법적 행동치료(dialectical behavior therapy: DBT)와 심리도식치료(schema therapy)가 긍정적인 효과를 보이는 것으로 나타났다. 변증법적 행동치료(DBT)는 감정 조절과 대인관계 기술을 향상시키고자 하며, 심리도식치료는 과거 경험에 뿌리내린 부정적인 사고와 행동 패턴을 변화시키는 데 중점을 둔다. 이를 통해 성격장애가 대인관계에 미치는 부정적 영향을 줄이고, 더 건강하고 안정적인 관계를 형성할 수 있도록 지원한다.

4 고통스러운 대인관계 문제

누구나 살면서 대인관계에서 어려움을 경험한다. 마음이 아파서 자신을 돌보기도 어려워 주위를 잘 살피지 못해 관계에서 기능이 저하될 수도 있고, 대인관계에서 거절과 상실을 경험하고 우울하거나 불안해져서 심리적인 어려움이 커지기도 한다. 개인의 성격 특성으로 인해 대인관계에서 문제와 심리적인 어려움이 반복되고 유지되다 보면 강한 심리적 고통을 가져올 수 있다. 주관적인 불편감이 커져서 심리적으로 강한 고통을 가져오는 경우도 발생한다. 고통스러운 대인관계 문제로는 사회불안과 은둔형 외톨이, 관계 외상, 관계 중독과 공동 의존, 강압적 통제인 가스라이팅과 스토킹을 살펴볼 수 있다.

(1) 사회불안

대학생 시기는 새로운 환경에 적응하고 다양한 대인관계를 맺으며 성장해 나가는 중요한 시기다. 하지만 이러한 과정에서 사회적 상황에 대한 불안을 느끼는 경우가 많다.

사회불안(social anxiety)은 사람들이 지켜보는 사회적 상황에서 강한 불안을 느끼며, 타인의 부정적인 평가를 두려워하는 심리적 상태이다. 연구에 따르면, 사회불안은 청소년기(14~19세)에 가장 높게 발병하며, 이는 자의식과 자기중심성이 증가하면서 타인의 시선과 평가에 민감해지는 시기와 맞물린다(최명희, 김진숙, 2019). 특히 대학생들은 새로운 대인관계를 맺고 수업 발표, 그룹 활동, 사회적 상호작용에서 부정적인 평가를 받는 데 대한 두려움으로 인해 심리적, 정서적, 행동적, 신체적 반응을 경험하기 쉽다. 이러한 사회불안은 대학생활에서 겪는 다양한 도전 속에서 심리적 부담으로 작용할 수 있다.

코로나19 팬데믹은 이러한 사회불안을 더욱 심화시켰다. 팬데믹 동안 청년층은 사회적 거리 두기와 비대면 생활에 적응해야 했으며, 이로 인해 대면 상호작용의 기회가 크게 줄어들었다. 이 과정에서 고립감과 단절이 증가했고, 스트레스와 불안, 외로움, 우울 증상이 심화되었다. 보건복지부는 2019년과 2022년을 비교한 결과, 20대에서 우울과 불안장애가 가장 빠르게 증가했다고 보고하였다(동아일보, 2023.10.03.). 엔데믹 이후 대면 수업이 재개되면서 대학생들은 변화된 환경에 적응하느라 피로감을 느끼고, 사회적 상호작용에 더 많이 노출되면서 상호작용 불안이 증가했다고 한다.

사회불안을 예방하고 관리하기 위해서는 전문적인 심리교육과 상담뿐 아니라 가족, 친구, 대학, 사회적 지지 체계를 강화하는 것도 필요하다. 또한 팬데믹 동안 경험한 사회적 단절의 영향을 줄이고 성공적인 사회 진출과 활동을 돕기 위해 심리사회적 지원 프로그램과 사회성 향상 프로그램을 적극적으로 활용해야 한다. 스스로를 돌보고 준비하는 과정은 심리적 고통을 완화하고 건강한 대인관계를 형성하는 데 큰 도움이 된다.

최명희와 김진숙(2019)은 대학생의 사회불안을 측정하기 위해 수행 상황과 일반적 사회 상황에 따른 사회불안 척도를 개발하였다. 이 척도는 발표나 수행 상황에서 실수를 두려워하거나, 타인이 자신을 어떻게 평가할지 걱정하는 경우, 낯선 사람과 대화할 때 긴장하거나 불편함을 느끼는 상황, 사람들이 모인 곳에서 행동이 위축되는 경험, 그룹 활동에서 자신의 의견이 부정적으로 받아들여질까 걱정하는 등의 구체적인 경험을 통해 사회불안을 점검할 수 있도록 구성되었다. 이 척도는 한국 대학생들이 권위자와의 상호작용에서 불안을 느끼는 경향과 신체화 반응(홍조, 심박수 증가), 그리고 문화적 맥락에서 나타나는 가해 염려형 사회공포증과 같은 특성을 반영한다.

이러한 척도를 활용해 자신의 사회불안을 점검하고 조기에 관리하려는 노력은 대인관계에서의 어려움을 극복하는 중요한 단계가 된다. 대학생으로서, 자신의 상태를 주기적으로 점검하고 필요에 따라 전문가의 도움을 받으

표 7.2 대학생 사회불안 척도

번호	문항	점수			
1	발표나 공연을 할 때 몸이 얼어붙는 것 같다.	0	1	2	3
2	발표나 공연을 할 때 긴장되어 머릿속이 하얘진다.	0	1	2	3
3	발표나 공연을 할 때 몸이 몹시 떨린다.	0	1	2	3
4	발표나 공연할 생각을 하며 미리부터 걱정된다.	0	1	2	3
5	발표할 때 긴장되어 입이 마른다.	0	1	2	3
6	나는 되도록 발표하는 상황을 피한다.	0	1	2	3
7	발표나 공연을 할 때 사람들의 시선에 압도당하는 느낌이다.	0	1	2	3
8	발표나 공연을 할 때 얼굴이 붉어지거나 심장이 빨리 뛰는 등의 이상 증상이 있다.	0	1	2	3
9	발표나 공연을 할 때 사람들의 눈을 쳐다보기 어렵다.	0	1	2	3
10	토의(토론) 중에 내 의견을 말하려면 몹시 떨린다.	0	1	2	3
11	수업 시간에 교수님께서 이름만 부르셔도 얼어붙는다.	0	1	2	3
12	나의 눈빛이나 외모는 남들의 기분을 상하게 할 것이다.	0	1	2	3
13	친구와 이야기할 때 내 생각을 말하면 나를 안 좋아할 것이다.	0	1	2	3
14	평상시 만나는 사람들이 나를 인정해 주지 않을 것 같아 걱정된다.	0	1	2	3
15	물건교환이나 반품을 요청하면 담당자가 나를 나쁘게 볼 것 같다.	0	1	2	3
16	사람들이 모인 곳에서는 남들이 나를 지켜볼 것 같아 두렵다.	0	1	2	3
17	학교 동기생과 관계가 틀어지면 나의 학교생활은 끝장이다.	0	1	2	3
18	누구든 내가 말실수하면 나를 부정적으로 평가할 것이다.	0	1	2	3
19	나보다 지식이 많은 사람 앞에서는 되도록 말하지 않는다.	0	1	2	3
20	어른의 눈을 마주 보면 버릇없다고 생각할 것이다.	0	1	2	3
21	복잡한 엘리베이터에서 남에게 피해를 줄까 봐 몸을 움츠린다.	0	1	2	3
22	만나서 대화하는 것보다 온라인상으로 소통하는 것이 편하다.	0	1	2	3

* 0점: 전혀 그렇지 않다. ~ 3점: 늘 그렇다.

출처: 최명희, 김진숙(2019).

며, 스스로를 돌보고 성장하려는 노력을 통해 건강한 대인관계를 형성할 수 있음을 기억하자.

(2) 은둔형 외톨이

사회적 관계를 넓히고 다양한 경험을 통해 성장을 추구해야 할 대학생 시기에, 일부 청년들은 대인관계의 어려움과 심리적 부담으로 인해 사회적 활동을 점차 줄이는 경우가 있다.

은둔형 외톨이는 최소 6개월 이상 집이나 방에서 생활하며 가족 외의 사회적 관계를 거의 맺지 않는 상태를 말한다. 주로 20대 청년들 사이에서 나타나는 이 현상은 대인관계의 단절과 심리적 고립으로 이어진다. 이들의 주요 특징으로는 우울, 강박증, 대인관계 민감성, 낮은 자존감, 내향적 성격 등이 있으며, 학교 적응 실패, 진로 실패, 대인관계에서의 어려움 등이 은둔으로 이어지는 주요 원인으로 지적된다. 특히 잦은 이사와 전학과 같은 불안정한 성장 환경은 관계 형성을 어렵게 만들며, 자신에 대한 부정적 인식과 외부 환경에 대한 두려움으로 인해 은둔 생활을 선택하는 경우가 많다. 이러한 생활은 부모에 대한 경제적 의존과 불규칙한 생활 습관, 인터넷과 스마트폰 사용에 대한 과도한 몰두로 이어지며, 사회적 고립을 더욱 심화시키는 악순환을 초래한다.

은둔형 외톨이 청년들은 사회적 관계를 피하면서 주로 가족과 함께 생활하고, 외부와의 접촉을 최소화하며 익명성이 보장된 온라인 커뮤니티에서만 소통하는 경향이 강하다. 2022년 5월 청년의 삶 실태조사 및 통계청 사회조사 결과에 따르면, 약 54만 명의 청년들이 고립 및 은둔 상태에 있는 것으로 추정되며, 이들은 주로 대인관계 문제, 학업 및 취업 과정에서의 어려움으로 인해 은둔을 경험하고 있는 것으로 나타났다. 특히 코로나19 팬데믹 이후 이러한 현상이 증가했으며, 많은 시간이 온라인 활동에 집중되면서 외출 시에도 모자와 마스크로 타인과의 접촉을 최소화하려는 경향이 나타났다. 이들은 외부 도움을 요청하는 것조차 어려워하며, 걸려오는 전화에도 두려움을 느끼는 경우가 많다.

김혜원(2022)의 연구에 따르면, 은둔형 외톨이 청년들은 대인관계에서 심각한 어려움을 보고하며, 주로 사람들과의 직접적인 상호작용을 피하고 익명성이 보장된 온라인 환경에서만 소통하는 경향이 강한 것으로 분석되었다. 익명성은 이들에게 관계에서 느끼는 부담을 줄여 주지만, 현실 세계에서의 대인관계 형성에는 큰 도움이 되지 않는다. 이들은 타인과의 상호작용에서 심리적 불안을 많이 느끼고, 관계를 지속적으로 유지하기 어려워 스스로를 고립시키는 경향을 보인다. 외로움을 느끼면서도 대인관계에 대한 두려움으로 인해 적극적으로 관계를 맺지 못하는 이중적인 모습을 보이며, 이러한 대인관계의 특성은 은둔 생활을 지속하게 만든다. 은둔에서 벗어나고자 하는 시도가 있더라도 현실에서의 관계 맺기는 여전히 큰 부담으로 작용한다. 과거에는 은둔형 외톨이 청년들은 상담과 심리치료에 대해 회의적인 태도를 보였지만, 주변 사람들과 가족의 신뢰와 지지, 기다려 줌이 이들에게 가장 필요한 자원으로 분석되었다.

따라서 이러한 문제를 해결하기 위해 가족, 사회, 정책적 개입이 필요하다. 가족은 정서적 지지와 신뢰를 기반으로 한 기다림과 소통을 통해 은둔형 외톨이의 자발적 변화를 도와야 하며, 과잉보호나 조급한 태도를 지양해야 한다. 사회적으로는 이들을 위한 전문적인 상담과 멘토링 프로그램, 직업 교육과 같은 지원 체계가 강화되어야 한다. 은둔형 외톨이 현상은 인간관계가 개인의 심리적, 사회적 삶에 얼마나 큰 영향을 미치는지를 보여 주는 현상이기에, 이를 통해 건강한 대인관계의 중요성을 다시 한번 생각해 볼 필요가 있다. 자신의 대인관계를 점검하고, 개선이 필요한 부분을 찾아가며, 신뢰와 소통을 바탕으로 관계를 구축하려는 노력은 건강한 인간관계 형성과 삶의 질 향상에 핵심적인 역할을 한다.

은둔형 외톨이 청년들이 사회와의 단절을 극복하기 위해서는 자책하지 않고, 사회 복귀를 위한 자신감을 가질 수 있도록 지원하는 것이 중요하다. 2024년부터 인천, 울산, 충북, 전북을 시작으로 은둔형 외톨이 청년들을 위한 국가 차원의 지원 체계가 마련되어, 이들이 사회로 복귀할 수 있도록 돕는 다양한 사업이 시행되고 있다(www.mohw2030.co.kr). 이 체계는 중앙 차원의 상시 발굴 시스템을 통해 청년들이 온라인 자가진단 시스템을 활용하여 자신의 고립 상태를 점검할 수 있도록 지원한다. 또한 가족이나 주변인들이 청년의 고립 징후를 발견했을 때 도움을 요청할 수 있는 경로를 제공하고, 이를 적극적으로 활용할 수 있도록 사회적 관심과 지지를 보내는 것이 중요하다.

표 7.3 한국어판 25-item Hikikomori Questionnaire (HQ-25)

※ 최근 6개월 동안 아래의 문장들 중에 당신의 상태는 어느 정도에 해당됩니까?
당신의 상태를 가장 잘 나타낸 번호를 하나 골라서 ○표를 하십시오.

번호	문항	점수
1	사람과 거리를 둔다.	0 1 2 3 4
2	하루 종일 거의 집에서 보낸다.	0 1 2 3 4
3	중요한 일에 대해 의논할 사람이 정말로 아무도 없다.	0 1 2 3 4
4	모르는 사람과 만나는 것을 아주 좋아한다.	0 1 2 3 4
5	나의 방에 틀어박혀 있다.	0 1 2 3 4
6	사람이 귀찮다.	0 1 2 3 4
7	나의 생활에 있어서 나를 이해해 주려고 하는 사람들이 있다.	0 1 2 3 4
8	누군가와 함께 있는 것이 불편하게 느껴진다.	0 1 2 3 4
9	하루 종일 거의 혼자서 지낸다.	0 1 2 3 4
10	몇몇 사람들에게 개인적인 생각을 털어놓을 수 있다.	0 1 2 3 4
11	사람들에게 보여지는 것이 싫다.	0 1 2 3 4
12	사람과 직접 만나는 것이 거의 없다.	0 1 2 3 4

번호	문항	점수
13	집단에 들어가는 것이 서투르다.	0 1 2 3 4
14	중요한 문제에 대해서 의논할 사람이 별로 없다.	0 1 2 3 4
15	사람과의 교류는 즐겁다.	0 1 2 3 4
16	사회의 규칙과 가치관에 맞춰서 살고 있지 않다.	0 1 2 3 4
17	자신의 인생에 있어서 소중한 사람이 정말로 아무도 없다.	0 1 2 3 4
18	사람과 이야기하는 것을 피한다.	0 1 2 3 4
19	누군가와 연락을 하는 일은 별로 없다. (말하기, 글쓰기 등)	0 1 2 3 4
20	누군가와 함께 있는 것보다 혼자 있는 것이 훨씬 좋다.	0 1 2 3 4
21	자신이 안고 있는 문제에 대해서 안심하고 상담할 수 있는 사람이 있다.	0 1 2 3 4
22	혼자서 시간을 보내는 것은 거의 없다.	0 1 2 3 4
23	사람을 사귀는 것은 즐겁지 않다.	0 1 2 3 4
24	사람과 교류하는 것이 거의 없다.	0 1 2 3 4
25	혼자 있는 것보다도 누군가와 함께 있는 편이 훨씬 좋다.	0 1 2 3 4
26	인생에 있어서 목적이 있다.	0 1 2 3 4
27	살아 있다는 것에 설렌다.	0 1 2 3 4
28	세상일에 대해서 무관심하다.	0 1 2 3 4
29	나의 인생에는 의욕이 생기는 것이 많이 있다.	0 1 2 3 4

0점: 해당되지 않는다, 1점: 별로 해당되지 않는다, 2점: 어느 쪽도 아니다,
3점: 조금 해당된다, 4점: 해당된다

출처: 제세령 등(2022).

(3) 대인관계 외상

대인관계에서 상처로 인해 정서적 고통을 경험한 후 삶이 어려워진다면, 이는 대인관계 외상(interpersonal trauma)을 경험한 것으로 볼 수 있다. 테데스키와 칼훈(Tedeschi & Calhoun, 2004)은 '외상'을 주관적으로 지각한 삶의

위기로 인해 정서적 고통 조절이 어려워지고 부정적인 결과를 초래하는 스트레스 사건으로 정의하였으며, 앨런(Allen, 2005)은 대인관계 관여도에 따라 대인관계 외상과 비대인관계 외상으로 나누었다. 대인관계 외상은 사람과의 관계에서 발생하는 외상 경험으로, 주로 가까운 관계에서 발생하는 정서적 고통을 의미한다.

아동기에 중요한 대상으로부터 반복적으로 경험한 대인관계 형태의 외상은 애착 외상(attachment trauma)과 발달 외상(developmental trauma)으로 연구되어 왔다(van der Kolk, 2005). 애착 외상은 주 양육자와의 정서적이고 의존적인 관계에서 발생하며, 이는 개인의 자기 체계 발달에 부정적인 영향을 미친다. 주로 아동기에 반복적으로 경험하는 대인관계적 외상 사건에서 비롯되며, 감정적으로 중요한 관계에서 불안정한 애착으로 인해 심리적 상처가 발생한다. 애착 외상을 겪은 사람은 낮은 자아가치감과 왜곡된 대인관계 표상을 형성하게 되며, 이는 성인이 된 이후에도 불안정한 대인관계와 감정 조절의 어려움을 초래한다(Allen, 2005). 애착 외상은 자신에 대한 부정적인 평가와 타인에 대한 불신으로 이어지며, 관계 유지에서 반복적인 어려움을 야기한다.

관계 외상은 가깝고 중요한 대상으로부터 신체적, 정서적, 성적 학대와 같이 지속적인 고통을 받는 경험에서 비롯된다. 학대가 아니더라도, 신뢰했던 사람에게 배신당하는 상황에서도 발생할 수 있다. 이러한 경험은 개인의 심리적 안정감을 무너뜨리는 결과를 낳는다. 유기로 인한 외상은 관계 속에서 중요한 타인에게 버림받거나 소외되는 경험에서 발생하며, 이는 정서적으로 깊은 상처를 남기고 타인과의 관계에서 지속적인 불안을 초래할 수 있다.

청소년과 청년기의 대인관계 외상 경험으로 흔하게 보고되는 외상 사건은 따돌림, 학교폭력, 사이버 괴롭힘과 같은 또래 괴롭힘(bullying)이 대표적이다(윤혜영 등, 2023). 또래 괴롭힘은 또래관계에서 개인과 집단이 힘이 약한 대상을 오랜 시간에 걸쳐 괴롭히는 것으로 반복적으로 발생하는 경향이 있고, 사이버 공간으로 이어져서 확산되고 연장되기도 한다. 이러한 또래 괴롭힘으로 인해 큰 후유증이 남으면 심각한 우울, 불안을 느끼거나 보복성 폭력, 학업 포기, 자살 시도 같은 행동을 보이는 등 심리사회적 발달에 부정적 영향이 생길 뿐만 아니라 정신건강과 삶에 큰 영향을 미친다(윤혜영 등, 2023). 또래 괴롭힘을 경험한 사람은 타인과 세상에 대해 부정적인 신념을 형성하고, 사회적 상호작용에서 과도한 경계심과 심리적 불안을 보인다. 이는 타인의 행동을 적대적 또는 위협적인 것으로 해석하게 만들며, 회피적이거나 과민한 반응을 유발한다. 이러한 특성은 관계 안정성과 친밀감을 저해하며, 지속적인 갈등과 사회적 고립을 초래할 수 있다.

대인관계 외상은 외상후 스트레스 장애(PTSD)를 유발할 수 있으며, 정서 조절에 어려움을 초래해 일상적인 스트레스에도 과민하게 반응하게 된다. 대인관계에서 불안과 위협에 대한 과각성은 적절한 상호작용을 어렵게 만들며, 대인관계 문제가 지속되거나 악화되는 결과를 초래할 수 있다. 이와 같은 외상을 극복하기 위해 자신의 대인관계 외상을 살펴보고, 이를 돌보며 치유하려는 노력이 필요하다. 이는 건강한 관계를 형성하고, 정서적 안정을 회복하는 중요한 첫걸음이 될 것이다.

(4) 관계 중독과 공동 의존

친밀감을 제대로 형성하지 못할 경우, 대인관계에 강박적으로 집착하는 관계 중독으로 이어질 수 있다(김진희, 2017). 애착 외상을 경험하여 주 양육자와 정서적 유대감을 형성하는 데 어려움을 겪은 사람은 자기 표상이 부정적이고 타인 표상이 긍정적일 경우, 자신이 삶을 통제할 힘이 없다고 느껴 타인에게 정서적으로 밀착하고 관계에 집착하는 관계 중독에 취약해진다(Flores, 2004/2010). 관계 중독은 대인관계 자체에 중독이 되는 과정으로, 상대방과의 관계가 자신에게 해를 끼침에도 불구하고 그 관계를 강박적으로 지속하려는 통제되지 않는 행동을 말한다. 관계 중독을 겪는 사람들은 내적 공허감을 채우기 위해 타인에게 과도한 사랑과 지지를 요구하며, 관계가 단절될 것에 대한 극심한 두려움을 느낀다.

이들은 불안정한 자아 정체감과 낮은 자존감으로 인해 병리적인 방식으로 관계를 유지하려는 경향을 보이며, 심지어 해로운 관계라도 관계가 유지되는 것 자체에서 안정감을 찾으려 한다. 관계 중독은 친밀한 관계에 대한 갈망을 통제하지 못하고 더 많이 추구하게 되며, 관계에서 부정적인 결과가 예상되더라도 멈추지 못할 정도로 관계에 의존하는 내성을 형성하게 된다(이인재, 양난미, 2020).

김미림 등(2019)은 관계 중독을 "특정 타인과의 관계에서 지나친 욕구와 갈망을 가지며, 원하는 바가 관계를 통해 충족될 수 없고 오히려 해를 끼치는 부정적인 결과를 초래함에도 불구하고 그 관계에서 벗어나지 못하며 자신의 인지, 정서, 행동을 조절하지 못하는 상태"로 정의하였다. 이는 병리적 사랑과 유사한 측면을 떠올리게 하지만, 관계 중독은 연인관계뿐 아니라 가족, 친구, 직장 동료와 같은 다양한 관계에서도 나타날 수 있다(김미림 등, 2019).

이인재와 양난미(2020)는 한국 성인 남녀를 대상으로 관계 중독을 측정하는 척도를 개발하였으며, 관계 중독이 '갈망', '금단', '통제 결여', '손상'의 네 가지 요인으로 구성된다는 점을 확인하였다. 이러한 연구는 관계 중독의 복합적인 특성과 그로 인한 심리적, 정서적 어려움을 이해하고 적절히 대처하기 위한 기초를 제공한다. 관계 중독은 단순한 애정 결핍의 문제가 아니라, 자존감의 회복과 건강한 대인관계를 위해 자기 탐색과 치유가 필요한 상태이다. 자신의 관계 중독을 살펴보고 이를 돌보는 과정은 관계의 질을 높이고, 심리적 안정과 성장을 이루는 중요한 출발점이 될 것이다.

관계 중독은 관계 자체에 중독되는 상태를 의미하며, 중독자의 가정에서 발생하는 경우가 있다. 이는 중독자 가정에서 나타나는 공동 의존과 유사한 면을 보인다(Lance, 2012/2023). '공동 의존'은 중독자와 친밀한 관계에 있

표 7.4 관계 중독 척도

요인	문항	
통제결여	1. 관계 경험에서 오는 감정 기복을 조절하고자 노력했지만 번번이 실패한다.	1 2 3 4 5
	2. 관계를 맺거나 유지하기 위한 행동을 바꾸고자 노력했지만 번번이 실패한다.	1 2 3 4 5
	3. 관계를 맺거나 유지하는 데 소모하는 시간을 줄이거나 그만두고자 노력했지만 번번이 실패한다.	1 2 3 4 5
	4. 관계보다 나 자신에게 집중해야 할 때도 통제되지 않는다.	1 2 3 4 5
금단	5. 관계가 없으면 내 자신이 온전하지 못한 것 같은 기분이 든다.	1 2 3 4 5
	6. 관계 속에 있지 않을 때면 공허하다.	1 2 3 4 5
	7. 나를 원하는 사람이 없으면 무가치하게 느껴진다.	1 2 3 4 5
	8. 혼자 있는 듯한 기분을 피하기 위해 관계를 맺거나 유지하고자 한다.	1 2 3 4 5
갈망	9. 관계를 맺거나 유지하기 위해 과도한 노력(돈, 선물, 도움 등)을 쏟는다.	1 2 3 4 5
	10. 하루 종일 관계에 대해 생각한다.	1 2 3 4 5
	11. 비어 있는 모든 시간을 관계를 맺거나 유지하는 경험으로 채우고자 한다.	1 2 3 4 5
	12. 지나치게 빠르고 쉽게 관계에 빠진다.	1 2 3 4 5
손상	13. 친밀한 관계에 지나치게 몰두해서 또 다른 의미 있는 관계(가족 관계, 직업적 관계 등)가 소홀해지거나 악화된다.	1 2 3 4 5
	14. 관계를 맺거나 유지하는 데 지나치게 많은 시간을 쏟아부어 다른 여가 활동을 줄이거나 포기한다.	1 2 3 4 5
	15. 관계를 맺거나 유지하는 것으로 인해 경제적으로 어려움을 겪는다.	1 2 3 4 5
	16. 관계를 맺거나 유지하기 위해 직업적/학업적 활동을 줄이거나 역할 수행의 어려움을 겪는다.	1 2 3 4 5

1점: 전혀 그렇지 않다. ~ 5점: 매우 그렇다.

출처: 이인재, 양난미(2020).

는 사람들이 중독자의 요구와 행동에 과도하게 초점을 맞추면서 생기는 고통이나 부작용을 뜻한다. 공동 의존 상태에서는 자신이 아닌 타인의 반응에 지나치게 몰두하며, 타인의 욕구에 지속적으로 맞춰주고 과도한 희생과 도움을 제공하는 경향이 나타난다. 이러한 과정에서 자신은 인정받지 못하거나 무시당하며, 부적절하거나 무능력하다고 느끼게 되고, 자신의 감정과 욕구를 인지하거나 돌보지 못하는 상태에 빠지기도 한다.

관계 중독으로 인해 심리적 고통이 극심한 경우, 자신을 돌보기 위한 적절한 경계를 설정하고, 관계를 유지할 것인지, 개선할 것인지, 또는 종료할 것인지에 대해 결정을 내릴 필요가 있다. 특히 가족관계에서 발생하는 공동 의존은 관계의 종결이 쉽지 않기 때문에, 관계를 변화시켜야 한다는 인식을 해도 지속되는 경우가 많다. 이러한 경우 관계를 유지하고자 한다면, 문제 해결을 위해 의사소통 및 문제 해결 전략을 배우고, 동기강화상담(motivational interviewing), 심리적 경계 설정에 대한 상담이 필요할 수 있다.

또한 가족 세우기와 같은 가족상담 기법은 중독 문제를 해결하고 건강한 관계로 나아가는 데 유용한 개입 방법이 될 수 있다. 관계 중독과 공동 의존으로 인해 발생하는 심리적 고통을 줄이고, 건강한 관계를 형성하기 위해서는 자신의 상태를 인식하고 필요한 도움을 요청하며 관계를 재구성하는 노력이 중요하다.

(5) 가스라이팅과 스토킹

대학생으로서 새로운 인간관계를 맺고 다양한 사람들과 상호작용하는 과정에서, 때로는 건강하지 않은 관계로 인해 심리적 고통을 겪게 될 수도 있다. 대표적인 예로 '가스라이팅'과 '스토킹'이 있다.

가스라이팅은 연극 〈가스등(Gas Light)〉에서 유래한 용어로, 가해자가 타인의 심리적 상황을 조작하여 피해자가 스스로를 의심하게 만들고 이를 통해 지배력을 행사하는 병리적 심리 현상을 의미한다. 이는 가족, 친구, 직장 등 다양한 관계에서 발생할 수 있으며, 영미권에서는 강압적 통제(coercive control)로 정의되어 법적 처벌의 근거가 마련되어 있다(이수정, 2022).

가스라이팅은 가해자인 가스라이터와 피해자 사이에 기억 왜곡, 혼란을 유발하는 환경적 요인이 작용하면서 성립된다. 피해자가 자신을 의심하며 가해자를 신뢰하는 순간 심리적 통제가 완성된다(Roberts & Andrews, 2013; 이수정, 2022에서 재인용). 주로 부부나 연인 관계에서 발생하며, 피해자는 거부나 반박을 시도하지만 정서적 혼란과 현실 왜곡을 경험하게 된다. 지속적인 가스라이팅은 피해자의 자존감과 판단력을 손상시키며 심리적 고통을 초래한다. 가스라이팅의 하위 유형으로는 매력적인 가스라이터가 상대를 특별히 대하며 통제력을 행사하거나, 자기애가 강한 가스라이터가 긍정적인 이미지를 유지하며 상대를 교묘히 조작하는 경우, 그리고 난폭한 가스라이터가 직접적인 공격성을 통해 상대를 무력하게 만드는 경우가 있다.

가스라이팅 피해자는 자신을 보호하기 위해 심리적 경계를 명확히 설정하고, 상대방의 행동을 인지하며 적절히 대응하는 방법을 배워야 한다. '내가 잘못 생각하고 있는 걸까?'라는 의심이 들 때는 자신의 감정을 존중하며 확신을 가지고 의사소통하는 태도가 중요하다. 일관성 있는 경계 설정과 정중한 의사소통은 가스라이팅으로부터 자신을 보호하기 위한 중요한 방어선이 된다.

스토킹은 특정 대상을 지속적으로 따라다니며 괴롭히는 행위를 의미하며, 낯선 사람뿐 아니라 친밀한 관계에서도 발생할 수 있다. 협박, 주거 감시, 재산 침해, 살해 위협 등 다양한 형태로 나타나며, 심리적 고통을 초래하는 대표적인 관계 문제 중 하나로 간주된다(Miller, 2012; 이수정, 2022에서 재인용). 최근에는 사이버 스토킹이 증가하고 있으며, 이는 온라인에서 피해자의 생명, 안전, 자유를 침해하는 행위로 간주된다. 스토킹의 동기는 거절형 스토커, 친밀감 추구형, 무능한 구애형, 분노형 스토커, 약탈형 스토커 등으로 나

넌다. 스토킹 피해자는 외상후 스트레스 장애와 과민성을 보이는 경우가 많아, 적절한 대처가 필요하다.

스토킹으로부터 자신을 보호하기 위해서는 개인 정보 보호와 같은 예방 조치를 강화해야 하며, 자신을 집요하게 추적하거나 위협하는 행동이 발생할 경우 신뢰할 수 있는 사람에게 도움을 요청하거나 법적 조치를 고려해야 한다. 특히, 사이버 스토킹의 경우 강력한 프라이버시 설정과 보안 강화를 통해 자신의 안전을 지켜야 한다.

가스라이팅과 스토킹은 모두 심리적 지배와 통제를 기반으로 하지만, 동기와 피해 양상에서 차이가 있다. 가스라이팅 가해자는 사이코패스 성향이나 자기애적 성향을 보이는 경우가 많고, 스토커는 망상적 사고와 경계선 성격 장애를 가진 경우가 많다(이수정, 2022). 피해 유형에서도 차이가 나타나는데, 스토킹 피해자는 외상후 스트레스 장애와 과민성을 보이는 반면, 가스라이팅 피해자는 판단력 손상과 우울감을 경험하는 경향이 있다.

이와 같은 심리적 지배와 통제로부터 자신을 보호하려면 심리적 경계 설정이 필수적이다. 개인 정보를 지나치게 공개하지 않고, 낯선 사람과의 소통에서 신중함을 유지하며, 위협적인 상황에서는 신뢰할 수 있는 사람에게 도움을 요청하거나 전문가의 조언을 받는 것이 중요하다. 이러한 노력을 통해 자신의 감정과 생각을 존중하고, 상대방과의 관계에서 명확한 경계를 설정하며 건강한 인간관계를 유지하려는 태도가 심리적 안정과 삶의 질을 높이는 데 중요한 역할을 한다.

1   자신의 대인관계를 돌아보며, 관계에서 겪는 어려움, 거리감, 그리고 경계 설
    정 방식을 살펴보고, 건강한 관계를 만들기 위해 무엇을 바꿀 수 있을지 생각
    해 보자.

2   연애와 결혼이 꼭 필요한지 스스로 생각해 보고, 그것이 내 삶에서 어떤 의미를
    가지는지 고민해 보자. 그런 뒤, 소그룹에서 사회적 기대와 개인의 가치관이 관
    계에 미치는 영향을 이야기하고, 앞으로의 관계에 대한 생각을 정리해 보자.

08 친밀한 관계

인간은 사회적 존재로서 다양한 관계를 맺으며 살아간다. 그중에서도 친구관계, 연인관계, 가족관계는 가장 중요하고 친밀한 관계로, 각각 독특한 특성과 역할을 지닌다. 친구관계는 공통된 관심사와 가치를 바탕으로 형성되며, 이를 통해 심리적 유대감이 깊어지고, 관계를 유지하기 위한 노력이 중요하다. 연인관계는 정서적, 육체적 친밀감을 바탕으로 한 낭만적 사랑의 관계로, 사랑이 시작되고 발전하며, 때로는 마무리되는 과정을 거친다. 또한 이별은 자연스러운 연애 과정의 일부로, 이를 건강하게 받아들이고 극복하는 것이 중요하다. 마지막으로 가족관계는 개인에게 가장 기본적인 사회적 지원을 제공하며, 부모와 자녀 간의 관계는 개인의 심리적, 정서적 성장에 영향을 미친다. 이 장에서는 이러한 친밀한 관계들의 형성과 유지, 그리고 그 중요성에 대하여 살펴본다.

학습 목표

★ 친구관계의 형성 요소와 관계 유지 전략을 이해한다.
★ 연인관계에서 사랑의 시작과 발전, 이별 과정을 학습한다.
★ 부모와 자녀 간의 관계가 자율성과 독립성 발달에 미치는 역할을 탐구한다.

함석헌(2009)의 시 「그 사람을 가졌는가」에서, 시인은 독자에게 단순한 지인을 넘어, 생사를 함께할 수 있을 만큼 깊이 신뢰할 수 있는 사람이 주변에 있는지 묻는다. 시인의 물음은 고대 중국의 사자성어 문경지교(刎頸之交), 즉 목숨을 내어줄 수 있을 정도로 강한 신뢰와 의를 바탕으로 한 우정을 생각하게 한다. 현대사회에서는 이런 우정이 다소 낯설게 느껴질 수 있지만, 진정한 친구가 주는 의미는 여전히 변하지 않는다. 대학에 와서 만나는 친구들은 그 깊이와 관계가 다양하다. 학과에서 함께 공부하거나 동아리 활동을 하면서 형성되는 친구관계는 때로는 단순한 지인의 관계이기도 하고, 서로의 미래와 성장을 돕는 소중한 관계로 발전할 수도 있다. 이런 대학 시절의 친구들은 어린 시절 같이 놀던 친구와는 다른 방식으로 인생에서 의미 있는 존재가 될 수 있다. 여기에서는 이러한 친구관계에 대한 의미와 형성 과정을 살펴보고 그 관계를 유지하기 위한 전략에 대해 논의해 보자.

1 친구관계

대학생활에서는 학업 및 진로와 관련된 과업을 수행하는 것뿐만 아니라, 다양한 대인관계를 잘 형성하는 것이 전체적인 생활 적응에 매우 중요한 요소로 작용한다. 연구에 따르면, 대학 입학 후 첫 1년, 즉 신입생 시기의 대학생활 적응 여부가 이후 대학생활의 성패에 큰 영향을 미친다(박영순, 2018). 특히 대학생활 적응에 영향을 미치는 중요한 요인 중 하나는 대인관계이다. 청소년기를 거치며 자신이 누구인지, 어떤 전공과 직업을 선택할지 고민하는 정체감 형성의 시기를 지나 성인 초기에 접어든 대학생에게는 친밀감 형성이 중요한 발달 과제가 된다.

친구관계는 대학생 시기에 갑자기 중요해진 것이 아니다. 유아기부터 시작되어 청소년기까지 이어지며 정체감 형성, 사회적 발달, 정신건강에 이르기까지 중요한 역할을 해 왔다. 친구관계의 발달 단계를 살펴보면, 유아 시기에는 친구를 단순한 놀이 동료로 인식하지만, 시간이 지나면서 점차 더 복잡하고 깊은 관계로 발전한다. 코스텔닉(Kostelnik)과 동료들은 이러한 친구관계를 0~4수준으로 나누어 설명한다. 먼저 3~6세 때는 일시적인 놀이 동료로 친구를 인식하며, 5~9세가 되면 일방적으로 도움을 주는 관계로 발전한다(1수준). 이후 초등학생 시기의 친구관계(2수준)는 쌍방적이고 공정한 협력관계로 발전하며, 8~15세까지는 친밀하게 공유하는 관계(3수준)를 형성한다. 성숙한 친구관계(4수준)는 12세 이후에 형성되기 시작하며, 이러한 관계를 완전히 이해하고 유지하는 데는 더 많은 시간과 경험이 필요하다(김희태, 김경희, 2016에서 재인용). 이는 나이가 들어가면서 점차 가능해지는 것으로, 성숙한 친구관계를 형성하고 유지하기 위해서는 성숙한 의사소통과 갈등 해결 능력이 중요하다. 친구관계를 형성하는 중요한 요인으로는 유사성, 근접성, 신체적 조건, 사회적 지위 등이 있는데 이를 물리적 요인, 개인적 요인, 관계적 요인, 심리적 요인, 사회적 요인으로 구분해 볼 수 있다.

친구관계는 이렇게 다양한 요소들의 상호작용으로 형성된다. 우선, 가까

표 8.1 친구관계 형성 요소

요인	설명	속성
물리적 요인	친구와 가까운 물리적 거리에 위치해 만날 수 있는 환경적 조건	학교, 직장, 동네 등에서의 근접성
개인적 요인	친구관계 형성에 영향을 미치는 개인의 특성	신체적 매력, 사회적 기술, 반응성, 성격
관계적 요인	친구 간의 유사성 및 가치관, 취미 등의 공유	나이, 성별, 종교, 유사한 관심사 또는 삶의 목표
심리적 요인	감정적 교류나 심리적 연결을 통해 형성되는 관계	사회적 지위나 집단 내 위치에 의해 형성되는 관계
사회적 요인	사회적 지위나 집단 내 위치에 의해 형성되는 관계	공동체 내 역할, 친구 집단 내 영향력

운 거리에서 자주 만날 수 있는 물리적 요인으로 인해 접촉이 시작된다. 이러한 환경에서 상대방에게 개인적으로 호감이 가는 특성을 발견하게 되면, 서로 간의 유사성이나 공유할 수 있는 가치를 바탕으로 친구관계가 형성된다. 이러한 유사성과 공유할 수 있는 가치는 긍정적인 관계를 유지하는 데 중요한 역할을 한다. 친구관계에서 발생하는 갈등은 심리적 연결을 통해 협상하고 해결할 수 있으며, 이를 통해 관계는 지속된다. 만약 갈등이 해결되지 않으면, 친구관계는 끝나게 된다. 또 다른 경우로, 동아리나 학과와 같은 집단 내 활동을 하며 자연스럽게 친구관계가 형성되기도 한다. 즉, 활동을 공유하거나 같은 일을 하다가 친구가 되는 경우도 있다. 이러한 관계는 이후 직장에서 우정 형성으로도 이어질 수 있다. 이처럼 친구관계는 다양한 환경적, 개인적, 사회적 요인들이 상호작용하며 형성되고 유지된다.

친구관계가 유지된다는 것은 어떤 의미일까? 권현진(2006)은 친구관계가 유지되는 것을 선행 연구를 바탕으로 하여 다음 네 가지로 분류하였다. 첫 번째는 관계의 존재 그 자체를 유지하는 것으로, 관계의 질이나 특성에 관계없이 관계가 종결되지 않는 한 유지된 것으로 본다. 두 번째는 관계의 본질, 즉 신뢰, 친밀함, 헌신, 호감과 같은 관계의 중요한 속성들이 유지되는 것을 의미한다. 세 번째는 관계의 만족도를 유지하는 것으로, 관계가 양쪽 모두에게 만족스러운 상태로 지속되는 것을 뜻한다. 이는 만족스러운 상태가 아니면 관계 유지에 실패했다고 보는 관점이다. 마지막으로, 관계에서 갈등이 발생한 후에도 회복 가능한 상태를 유지하는 것으로, 갈등을 예방하거나 발생 후에도 회복할 수 있는 상태로 관계를 개선해 나가는 과정을 포함한다.

이러한 친구관계를 유지하는 전략에 대해서 연구자들이 제시한 전략을 비교해 보면 표 8.2와 같다. 각 전략은 관계를 유지하기 위해 강조되는 주요 행동들로, 관계의 성격과 상황에 따라 다양한 방식으로 적용될 수 있다.

친구관계 형성과 유지 전략은 초등학생부터 대학생에 이르기까지 발달 단계에 따라 공통점과 차이점을 보인다. 장희순(2019)은 초·중·고·대학생

표 8.2 친구관계 유지 전략

연구자	전략	설명
Fehr (1996)	자기개방/자기노출	자신의 생각과 감정을 솔직하게 드러내는 것. 친구와 비밀 공유, 고민 나누기 등
	지지와 확신 제공	친구에게 조언하고 힘든 시기를 함께하며 지지와 확신을 제공하는 행동
	보상 수준 유지	관계에서 보상과 만족을 유지하는 행동
	함께 시간 보내기	친구와 함께 시간을 보내며 활동을 공유하는 것
Oswald et al. (2004)	긍정성	친구에게 긍정적인 행동을 하고 기분 좋게 해 주는 행동
	지지	친구에게 정서적, 사회적 지지를 제공하는 것
	개방성	친구와의 솔직한 대화 및 자기노출을 통해 친밀감을 유지하는 것
	상호작용	지속적인 상호작용을 통해 친구관계를 유지하는 것
권현진(2006)	개방하기	자신의 감정과 생각을 솔직하게 드러내고, 비밀을 공유하는 것
	지지하기	친구에게 도움과 지지를 제공하고, 함께 어려움을 나누며 관계에 확신을 제공하는 것
	활동 공유하기	친구와 함께 활동하거나 시간을 보내는 것
	긍정적 행동하기	친구관계에서 보상이나 즐거움을 주는 긍정적인 행동과 경험을 제공하는 것

의 친구관계 발달 특성을 성별에 따른 관계 유지 전략, 갈등 해결 전략, 우정 만족도를 중심으로 분석하였다. 연구에 따르면, 모든 연령 집단에서 '긍정적 행동하기'가 가장 많이 사용되는 친구관계 유지 전략으로 나타났다. 초등학생은 친구에게 선물이나 물질적 보상을 제공하거나 놀이를 함께하는 '활동 공유' 전략을 선호하며, 중학생은 친구와 비밀이나 고민을 나누는 '개방성 전략'과 긍정적인 행동을 더욱 중시한다. 고등학생은 중학생과 유사하게 개방성 전략을 활용하면서도 친구의 감정을 이해하고 공감하는 '정서적 지지'를 중요하게 여긴다. 대학생은 주로 정서적 지지와 긍정적 행동 전략을 활용하며, 갈등 상황에서는 '절충 협력'을 통해 문제를 해결하려는 경향을 보인다.

표 8.3 연령에 따른 친구관계 유지 전략 비교

연령대	주요 전략	세부 내용
초등학생	긍정적 행동, 활동 공유	물질적 보상, 선물, 놀이를 통한 시간 보내기
중학생	개방성, 긍정적 행동	비밀 공유, 고민 나누기, 기분 좋은 행동
고등학생	개방성, 정서적 지지	생각과 감정 표현, 친구의 감정 상태 이해 및 공감
대학생	지지, 긍정적 행동, 절충 협력 전략	지지 제공, 기분 좋은 행동, 갈등 해결을 위한 협력

이처럼 연령에 따라 친구관계 유지 전략이 달라지며, 나이가 들수록 정서적 지지와 갈등 해결 전략의 중요성이 커지는 것을 확인할 수 있다.

성별에 따른 차이도 눈에 띄는데, 여학생은 '개방하기', '지지', '활동 공유하기'와 같은 전략을 남학생보다 더 자주 사용하며, 갈등 상황에서는 '절충 협력' 전략을 선호하는 반면, 남학생은 '회피'와 '지배' 전략을 더 자주 사용하는 경향이 있다. 우정 만족도는 여학생이 남학생보다 높게 나타났으며, 특히 '긍정적 행동하기'와 '지지' 전략이 만족도 증진에 중요한 역할을 하는 것으로 나타났다. 또한 연령에 따라 친구관계 유지 전략의 초점이 달라져서, 초·중학생은 물질적 도움과 구체적 행동에서, 고등학생과 대학생은 정서적 지지와 공감에서 더 큰 만족을 느끼는 경향이 있는 것으로 나타났다.

대학생 시기의 이러한 친구관계 유지 전략은 복잡한 대인관계를 성공적으로 관리하고, 갈등을 효과적으로 해결하며, 건강하고 지속 가능한 우정을 형성하는 데 중요한 역할을 할 수 있다. 나이가 들수록 정서적 지지와 협력적 갈등 해결이 중요해지므로, 대학생들은 이를 활용하여 대인관계를 효과적으로 관리해야 한다.

2 연인관계

(1) 낭만적 사랑의 시작

연인관계는 다른 대인관계보다 더 친밀하고 감정적으로 가까운 관계로, 상호작용이 깊고 강렬하게 이루어진다. 이러한 연인관계에서 시작되는 낭만적 사랑은 어떻게 형성될까? 사랑에 관한 여러 이론 중, 가장 널리 언급되는 것으로는 스턴버그(Sternberg)의 사랑의 삼각형 이론과, 뇌 과학적 접근을 기반으로 한 헬렌 피셔(Helen Fisher)의 이론이 있다.

① 사랑의 삼각형 이론

스턴버그(Sternberg, 1986)는 사랑을 열정, 친밀감, 헌신이라는 세 가지 요소로 설명한다. 열정은 신체적 매력과 낭만적 감정 그리고 성적 흥분과 관련된 강렬한 감정을 포함한다. 이는 사랑의 초기 단계에서 주로 두드러지며, 두 사람 간의 강한 신체적 매력과 정서적 흥분을 이끌어 낸다. 친밀감은 서로 간의 정서적 유대감과 깊은 이해를 뜻하며, 상대방과 공유하는 경험과 신뢰를 통해 형성된다. 이는 정서적 연결을 강화하여, 서로에 대한 애정을 바탕으로 관계를 더욱 안정적으로 만들어 준다. 헌신은 관계를 유지하고자 하는 의지와 책임감을 의미하며, 장기적인 관계에서 중요한 요소로 작용한다. 이 세 가지 요소가 어떻게 결합되느냐에 따라 사랑의 유형이 결정된다.

그림 8.1은 열정, 친밀감, 결심/헌신의 세 가지 요소를 중심으로 실제 사랑과 이상적 사랑 간의 차이를 네 가지 유형으로 나타낸 것이다.

그림 8.2는 스턴버그의 사랑의 삼각형 이론에서 두 사람의 사랑이 서로 얼마나 잘 일치하는지를 보여 주는 관계 유형을 설명한다.

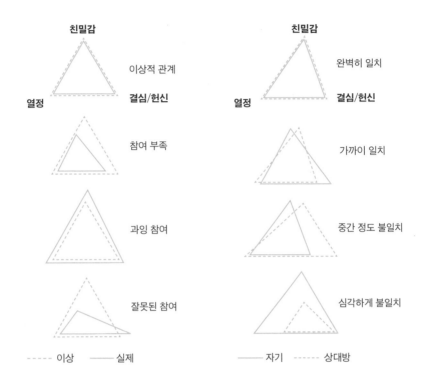

그림 8.1 실제 사랑과 이상적 사랑의 관계
출처: Sternberg(1986).

그림 8.2 관계에서 두 사람 간의 참여 관계

표 8.4 실제 사랑과 이상적 사랑의 관계

유형	실제(현실적) 사랑과 이상적 사랑의 관계
이상적 관계	이상적 사랑과 실제 사랑이 조화를 이루며, 친밀감, 열정, 헌신이 균형 잡힌 상태를 보여 줌
참여 부족	실제 사랑이 이상적인 사랑보다 부족한 상태로, 세 요소가 모두 충분히 충족되지 않아 관계가 약해지는 상황을 나타냄
과잉 참여	실제 사랑에서 특정 요소가 이상적인 수준을 초과하여 과도하게 강조되는 상태. 예를 들어, 열정이 지나치게 높아 다른 요소와 불균형을 이루는 상황
잘못된 참여	실제 사랑과 이상적 사랑이 조화를 이루지 못하고 왜곡되거나 부적절한 상태. 세 요소 간의 관계가 불균형하거나 잘못된 방식으로 나타남

표 8.5 관계에서 두 사람 간의 참여 관계

유형	관계에서 두 사람 간의 참여
완벽히 일치	두 사람이 친밀감, 열정, 헌신의 세 요소에서 완벽하게 일치하는 이상적인 상태
가까이 일치	두 사람의 사랑이 세 요소에서 대체로 비슷하지만, 일부에서 약간의 차이가 있는 상태
중간 정도 불일치	두 사람의 친밀감, 열정, 헌신 수준이 뚜렷하게 다르며, 관계에서 균형이 부족한 상태
심각하게 불일치	두 사람의 사랑이 세 요소에서 크게 불일치하며, 관계의 안정성과 만족도가 낮은 상태

예를 들어, 열정과 친밀감이 결합된 관계는 낭만적 사랑이며, 열정과 헌신이 결합된 관계는 어리석은 사랑(fatuous love)으로 불린다. 반면, 세 가지 요소가 모두 결합된 완전한 사랑(완벽한 사랑)은 가장 이상적인 형태로 여겨진다. 시간이 지나면서 열정은 줄어들 수 있지만, 친밀감과 헌신은 더욱 깊어질 수 있어 성숙한 관계에서 중요한 역할을 한다. 스턴버그의 이론은 대학생들이 자신들의 연애 관계를 평가하고, 그 안에서 열정, 친밀감, 헌신의 균형을 맞추는 방법을 이해하는 데 중요한 통찰을 제공한다. 연애 초기에는 열정에 의존할 수 있지만, 시간이 지나면서 친밀감과 헌신을 강화하는 것이 성숙하고 안정적인 관계로 나아가는 과정임을 보여 준다.

② 사랑의 뇌과학 이론

사랑의 시작을 설명하는 또 다른 이론으로는 피셔(Fisher, 1998, 2006)의 뇌과학 이론이 있다. 피셔는 인간의 사랑이 세 가지 주요 신경 시스템, 즉 성적 욕망, 낭만적 사랑, 그리고 장기적인 애착에 의해 조절된다고 설명한다. 성적 욕망은 생리적 본능에 의해 주도되며, 성 호르몬인 안드로겐과 에스트로겐이 중심 역할을 한다. 이 단계에서는 본능적으로 이성에게 성적으로 끌리게 되며, 짝짓기를 통해 생존과 번식을 가능하게 한다. 성적 욕망은 주로 신체적 매력을 기반으로 하여 특정 파트너를 찾는 동기를 부여한다는 점에서 사랑의 초기 단계로 작용한다.

낭만적 사랑은 특정 파트너에게 강렬하게 끌리는 단계로, 뇌의 보상 회로가 도파민과 같은 신경전달물질의 영향을 받아 강한 집중력과 에너지를 유발한다. 이 단계에서는 특정 대상에게 집착하거나 상대를 이상화하는 경향이 나타나며, 사랑의 초기 단계는 강렬한 감정을 특징으로 한다. 강렬한 정서적 경험은 두 사람 간의 유대를 강화하는 역할을 한다. 그러나 시간이 지남에 따라 이러한 낭만적 사랑은 안정적이고 지속 가능한 관계로 발전할 수 있다.

장기적인 애착은 옥시토신과 바소프레신 같은 호르몬이 작용하여 안정감과 신뢰를 기반으로 한 관계를 형성한다. 이는 주로 안정적인 관계를 유지하고 보호하는 역할을 하며, 가족과 같은 깊은 유대를 형성하는 데 중요하다. 피셔는 이 세 가지 신경 시스템이 독립적으로 작동하면서도 상호작용하여 사랑의 복잡한 과정을 형성한다고 보았다. 대학생 시기는 사랑의 다양한 단계를 경험하며 성장하는 시기인 만큼, 이 이론은 사랑을 단순한 감정적 변화로 이해하는 데에 그치지 않고 뇌의 생리적 과정으로 이해하도록 돕는다. 이를 통해 대학생들은 초기 열정적 사랑과 장기적 관계의 차이를 인식하고, 성숙하고 건강한 관계를 형성하기 위한 정서적 기술을 개발할 수 있다. 일부 연구에서는 낭만적 사랑이 장기적인 관계에서도 유지될 수 있음을 발견했으며, 이는 장기적인 관계에서 발생하는 문제나 외부 유혹을 극복하는 데 중요한 역할을 한다고 설명한다. 피셔의 이론은 대학생들이 사랑이 단순한 감정적 변화가 아니라 뇌의 생리적 반응에 의해 결정되는 복잡한 과정임을 이해하는 데 도움을 준다.

대학생 시기는 새로운 사람들과의 만남을 통해 낭만적 사랑이 시작되는 중요한 시기이다. 이때 스턴버그의 사랑의 삼각형 이론에서 제시한 열정, 친밀감, 헌신의 균형을 이해하는 것이 중요하다. 초기에는 열정이 두드러지기 쉽지만, 관계가 성숙해지려면 친밀감과 헌신을 동시에 발전시켜야 한다. 피셔의 뇌과학 이론에 따르면 낭만적 사랑은 뇌의 화학적 반응에 의해 강렬한 감정을 유발하지만, 시간이 지나면서 애착으로 전환될 수 있다. 이를 위해서는 감정에만 의존하지 않고, 관계를 발전시키기 위한 의식적인 노력이 필요하다. 대학생들은 이러한 사랑의 과정을 통해 자신과 상대방을 더 깊이 이해하게 되며, 이를 바탕으로 성숙하고 건강한 연인관계를 형성할 수 있다.

(2) 사랑의 지속

스턴버그의 사랑의 삼각형 이론에 따르면, 시간이 지나면서 열정은 자연스럽게 줄어들 수 있지만, 친밀감과 헌신은 더욱 깊어질 수 있다. 이는 성숙한 관계를 유지하는 데 중요한 요소로 작용한다. 연애 초기의 강렬한 열정만으로는 관계를 오래 지속하기 어려우며, 시간이 흐르면서 정서적 유대감, 상호 신뢰 그리고 장기적인 관계를 유지하려는 의지가 필요하다. 피셔의 뇌과학 이론은 사랑의 초기 단계에서 뇌의 보상 회로가 활성화되면서 도파민과 같은 신경전달물질이 강렬한 감정을 유발하지만, 시간이 지나면서 옥시토신과 바소프레신 같은 호르몬이 관계의 안정성과 애착을 유지하는 데 중요한 역할을 한다고 설명한다. 이는 초기의 열정이 줄어들더라도, 깊이 있는 정서적 연결과 안정감이 지속될 수 있음을 시사한다.

아세베도와 아론(Acevedo & Aron, 2009)은 낭만적 사랑이 장기적인 관계에서도 유지될 수 있는지를 검토하며, 이를 뒷받침하는 연구와 메타분석 결과를 제시했다. 연구에 따르면, 장기적인 관계에서도 집착적 요소 없이 낭만적 사랑이 유지될 수 있으며, 이는 결혼 만족도, 웰빙 그리고 높은 자존감과 관련이 있다. 연구는 낭만적 사랑과 집착이 독립적인 역할을 한다고 강조하며, 낭만적 사랑은 장기적인 관계에서 긍정적인 영향을 미치지만, 집착은 부정적인 영향을 미친다고 주장한다. 집착적 사랑은 단기 관계에서는 긍정적 영향을 미치지만, 장기 관계에서는 관계 만족도를 낮춰서, 장기 관계에서는 집착이 배제된 낭만적 사랑이 관계의 질을 더욱 향상시킨다고 분석했다. 또한 초기 단계의 강렬한 낭만적 사랑이 반드시 사라지거나 단순한 우정으로 변하지 않는다는 점도 연구 결과를 통해 확인되었다. 이 연구는 낭만적 사랑이 장기적으로도 지속 가능하며, 관계 만족도와 강하게 연관되어 있음을 보여 준다.

이처럼, 낭만적 사랑은 시간이 지나면서 자연스럽게 변화하지만, 의식적인 노력과 상호 이해를 통해 지속될 수 있다. 관계가 발전하면서 친밀감과 헌신을 강화하고, 새로운 경험을 함께하며 관계의 신선함을 유지하는 것이 낭만적 사랑을 장기적으로 지속하는 데 중요한 역할을 한다.

사랑의 지속을 위해 노력할 때 헌신과 친밀감을 강화하는 것 이외에 고려하게 되는 점은 무엇일까? 사랑의 지속은 단순한 감정적 연결을 넘어, 관계 안에서 서로가 얼마나 많은 노력을 기울이고 어떻게 상호작용하는지에 따라 결정된다. 이를 이해하기 위해 투자 모델과 상호 의존 이론은 사랑을 유지하는 데 중요한 두 가지 관점을 제공한다. 투자 모델은 관계에서 시간, 에너지, 정서적 자원과 같은 투자 요소들이 얼마나 중요한지를 보여 주며, 상호 의존 이론은 관계 만족도, 대안의 매력도, 상호 의존 수준이 관계의 안정성과 지속 가능성을 어떻게 형성하는지 설명한다. 이제 두 이론을 배우며, 사랑의 지속을 위해 어떤 노력들이 효과적인지 구체적으로 살펴보고, 이를 통해 관계를 더욱 건강하고 안정적으로 유지하는 방법에 대해 생각해 보자.

① 투자 모델 이론

사랑의 지속에 관한 설명 중 러스볼트(Rusbult)의 투자 모델 이론(invest-ment model theory)은 관계의 지속성과 헌신을 설명하는 이론으로, 대학생들이 연인관계나 인간관계에서 장기적으로 관계를 유지하는 방식을 이해하는 데 중요한 틀을 제공한다. 이 이론(Rusbult, 1983)은 세 가지 주요 요소로 관계의 헌신을 설명한다. 첫째, 관계 만족도(relationship satisfaction)는 관계에서 얻는 보상과 비용을 비교한 결과로, 상대방과의 관계에서 얼마나 행복한지에 따라 결정된다. 개인이 관계에서 느끼는 만족감이 낮아질 때, 이별의 가능성이 커진다. 만약 감정적 보상이 줄어들거나 갈등이 증가한다면, 만족도가 떨어지며 이별을 고민하게 된다. 둘째, 대안의 질(quality of alternatives)은 현재 관계 외에 다른 대안이 얼마나 나은지를 평가하는 요소이다. 대안이 적고 매력적이지 않을수록 현재 관계를 유지하려는 동기가 높아진다. 현재의 관계보다 더 나은 대안이 있다고 느낄 때, 이별을 선택할 가능성이 높아진다. 예를 들어, 다른 사람과 관계를 맺는 게 더 낫다거나 현재 혼자 있는 것이 더 나을 것 같다고 느낄 때 관계를 끝내고 싶어질 수 있다. 셋째, 관계에 대한 투자(investment)는 관계를 유지하는 데 들인 시간, 에너지, 정서적 자원 등을 포함한다. 투자가 많을수록 그 관계를 떠나는 것이 더 어렵고, 헌신도가 높아지게 된다. 그러나 투자가 적거나 이미 투입된 자원보다 이별 후 얻을 이익이 더 크다고 느낄 때, 관계를 끝낼 가능성이 커진다.

러스불트(Rusbult, 1983)는 이러한 세 가지 요소가 상호작용하여 사람들이 관계를 유지하거나 끝내는 결정을 내리는 데 중요한 역할을 한다고 주장한다. 즉, 관계에서 만족도가 높고, 대안이 부족하며, 많은 자원을 투자했다면, 관계는 더 오래 지속될 가능성이 크다. 이 이론은 대학생들이 자신이 연인관계에서 얼마나 투자했는지, 그리고 관계를 유지하기 위한 헌신이 어떻게 형성되는지 이해하는 데 중요한 지침이 된다. 특히 대학 시절은 감정적인 연애뿐만 아니라 미래의 삶에 큰 영향을 미치는 중요한 관계들이 형성되는 시기이기 때문에, 이 이론은 관계에서의 헌신을 이해하고 더 나은 결정을 내리는 데 유용하다.

② 상호 의존 이론

낭만적 사랑의 지속을 설명하는 중요한 이론 중 상호 의존 이론(interdependence theory; Kelley & Thibaut, 1978)이 있다. 상호 의존 이론은 두 사람 간의 상호 의존성이 관계의 안정성과 지속성에 미치는 영향을 강조하며, 인간관계를 일종의 사회적 거래(social exchange)로 본다. 각 개인이 관계에서 얻는 보상과 비용을 평가하면서 관계를 유지할 것인지 결정한다고 설명한다.

　　보상과 비용은 낭만적 사랑의 지속을 결정하는 매우 중요한 요소로 작용한다. 보상은 관계를 통해 개인이 얻는 긍정적인 결과나 혜택을 의미한다. 이는 정서적 지지, 신뢰, 즐거운 경험, 상대방과의 깊은 유대감 등 긍정적인 감정이나 성취를 포함한다. 예를 들어, 연인과 함께 시간을 보내며 행복감을 느끼거나, 어려운 시기에 상대방으로부터 받는 지지가 관계에서의 보상이 될 수 있다. 이러한 보상이 클수록 관계에 대한 만족도가 높아지고, 관계를 유지하려는 의지가 강화된다. 반면에 비용은 관계에서 발생하는 부정적인 측면이나 희생을 의미한다. 이는 갈등, 오해, 관계 유지에 필요한 시간과 에너지, 또는 상대방으로 인해 겪는 스트레스 등을 포함한다. 비용이 클수록 관계에 대한 불만족이 증가할 수 있으며, 이러한 상황에서는 관계가 지속될 가능성이 낮아진다. 상호 의존성이 높을수록 두 사람은 서로에게 더 많은 보상을 주고받으며, 그 결과 관계를 더 안정적으로 유지하려는 경향이 커진다. 관계를 안정적으로 유지하려고 할 때 중요한 또 하나의 요소는 관계의 대안(alternatives)이다. 관계의 대안은 현재 관계를 대체할 수 있는 더 나은 대안이 존재하는지에 대한 평가를 말한다. 만약 대안이 더 나아 보인다면, 관계를 지속하려는 동기는 약해질 수 있다. 그러나 대안이 부족하거나 현재 관계에서 얻는 보상이 크면, 사랑은 지속될 가능성이 높다. 이 이론에 따르면, 낭만적 사랑이 지속되기 위해서는 보상이 비용보다 크고, 관계 외의 대안이 부족해야 한다. 이는 두 사람 모두가 관계에서 얻는 긍정적인 경험을 지속적으로 제공해야 하며, 갈등을 효과적으로 관리하는 노력이 필요함을 의미한다. 또한 관계에서 중요한 의사결정을 함께 하고, 서로의 필요와 기대를 충족시키는 상호 의존적인 관계를 유지할수록 사랑이 오래 지속될 가능성이 높다. 즉, 관계는 상호 의존성이 높고, 대안이 부족할수록 더 안정적으로 유지된다.

대학생들의 연애나 친밀한 인간관계에서는 이러한 상호 의존성이 특히 중요하다. 정서적 지지와 목표를 공유하는 과정을 통해 상호 의존성을 강화하고, 상대방과의 관계에서 얻는 보상과 대안을 지속적으로 평가하는 것이 관계 유지에 중요한 역할을 한다. 상호 의존 이론은 대학생들이 이러한 요소들을 바탕으로 안정적이고 지속 가능한 관계를 구축하는 데 참고해 볼 수 있다.

(3) 사랑의 지속은 애착

연인관계에서 사랑이 지속되는 과정을 설명하는 데 빼놓을 수 없는 이론이 애착 이론(attachment theory)이다. 이 이론은 특히 어린 시절의 애착 경험이 성인기의 연애 관계에 미치는 영향을 강조하며, 존 볼비(Bowlby, 1988; Mary Ainsworth, 1978)의 연구를 기반으로 한다. 애착 이론은 안정 애착(secure attachment), 불안 애착(anxious attachment), 회피 애착(avoidant attachment)이라는 세 가지 주요 애착 유형을 제시하며, 각각의 애착 유형이 성인기의 연애 관계에서 감정적으로 반응하고 상호작용하는 방식에 큰 영향을 미친다. 안정 애착을 가진 사람들은 정서적으로 안정된 관계를 유지하며, 갈등이 발생해도 이를 건강하게 해결하는 경향이 있다(Bowlby, 1988). 이들은 파트너와의 신뢰를 바탕으로 강한 유대감을 형성하며, 서로에게 의지하면서도 독립적인 공간을 허용한다. 이들은 감정을 잘 조절하고, 상대방과의 갈등을 효과적으로 해결하는 능력이 있으며, 장기적인 사랑을 지속할 가능성이 크다. 불안 애착을 가진 사람들은 파트너에게 지나치게 의존하며, 지속적인 불안을 느끼고 상대방의 애정과 관심을 확인하려는 경향이 있다. 이러한 불안감은 관계에 부정적인 영향을 미칠 수 있으나, 올바른 의사소통과 상호 이해를 통해 해결될 수 있다. 회피 애착을 가진 사람들은 감정적 거리를 두려는 경향이 있으며, 지나치게 가까워지는 것을 피하고 독립성을 중요하게 생각한다. 이들은 연애 관계에서 감정적으로 차갑거나 거리를 두며, 친밀한 유대 형성에 어려움을 겪을 수 있다. 애착 이론은 낭만적 사랑의 지속성에서 감정적 유대와 의사소통의 중요성을 강조한다. 안정 애착을 가진 사람들은 신뢰와 애정을 바탕으로 장기적인 관계를 성공적으로 유지할 가능성이 크며(Bowlby, 1988), 불안 애착이나 회피 애착을 가진 사람들도 성숙한 의사소통과 상호 이해를 통해 자신의 애착 유형이 관계에 미치는 부정적인 영향을 조절할 수 있다(Ainsworth et al., 1978). 따라서 이 이론은 연인관계에서 각자의 애착 유형을 이해하고, 그에 맞는 방식을 통해 관계를 발전시키는 데 중요한 지침을 제공한다. 이러한 애착 유형을 바탕으로, 대학생들은 자신과 상대방의 애착 패턴을 이해하고 이를 기반으로 관계에서 나타나는 감정적 반응이나 갈등을 해결하는 방법을 배울 수 있다. 더 나아가, 안정적인 애착을 형성하는 것이 장기적으로 만족스러운 관계를 유지하는 핵심 요소임을 알 수 있다.

최근 한국 대학생의 이성관계 만족도에 관한 연구분석을 살펴보면, 자아 분화와 성인 애착이 이성관계에서 특히 중요한 역할을 하는 것으로 나타났다 (고다경, 이지민, 2023). 자아 분화는 개인이 자신과 타인의 경계를 명확히 하고, 자신의 감정과 생각을 독립적으로 유지하는 능력을 의미한다. 이 능력이 발달할수록, 연인관계에서도 서로의 차이를 존중하며 안정된 관계를 유지할 가능성이 높아진다. 성인 애착 또한 중요한 변수로, 안정적인 애착을 형성한 사람들은 연인과의 관계에서 더 높은 만족도를 경험하게 된다. 대학생들이 건강한 연인관계를 유지하기 위해 자아 분화 수준을 높이고, 안정적인 성인 애착을 형성하는 것이 중요하다는 것을 알 수 있다. 자아 분화는 개인의 정체성과 독립성을 강화하는 데 기여하며, 성인 애착은 관계에서 정서적 안정성을 증진시키는 중요한 역할을 한다. 이를 바탕으로 자아 분화와 애착을 점검하고, 보다 성숙하고 건강한 연인관계를 형성하려는 노력을 기울이는 것이 필요하다.

(4) 낭만적 사랑의 마무리, 이별 그 이후

낭만적 사랑의 끝은 대부분 이별이라는 감정적으로 어려운 과정을 수반한다. 이별은 한순간에 이루어지는 것이 아니라, 여러 심리적, 사회적 단계를 거쳐 점진적으로 진행된다. 대학생들이 연애 관계에서 이별을 경험할 때, 그 과정이 어떻게 이루어지는지를 이해하는 것은 매우 중요하다.

관계가 종결되는 것을 상대가 떠나는 순간 발생하는 사건으로 보는 것과 다르게, 스티브 덕(Steve Duck)은 관계의 해체가 여러 단계를 거쳐 진행되는 과정이라고 보았다. 스티브 덕의 관계 해체 모델은 이별이 단계적으로 발생하는 과정을 설명하며 관계의 마무리를 이해하고 이를 더 건강하게 받아들일 수 있도록 돕는다(Duck, 1982).

관계 해체 모델(model of relationship dissolution)은 이별을 다섯 가지 주요 단계로 나눈다. 첫 번째는 내적 단계(intrapsychic phase)로, 관계에서 느끼는 불만을 내면화하는 시기다. 이때 상대방에게 불만을 표출하지 않고, 스스로 관계의 문제를 고민하며 해결할 수 있을지 여부를 숙고한다. 이 시기에 연애 관계에서 불만족스러운 부분에 대해 깊이 고민하며, 관계를 계속 유지할지, 이별을 선택할지를 생각하게 된다. 두 번째는 상호작용 단계(dyadic phase)로, 이 단계에서는 두 사람이 갈등을 직접적으로 논의하고 문제를 해결하려 시도한다. 이 시도는 때때로 성공하기도 하지만, 실패한다면 다음 단계로 넘어간다. 세 번째는 사회적 단계(social phase)로, 이별 결정을 가족이나 친구들과 논의하는 단계이다. 즉, 관계 문제가 공론화되어서 자신의 사회적 지지망에서 조언을 구하며, 이별 후의 삶을 준비하기 시작한다. 이 단계에서는 이별 결정이 구체화되고, 주변 사람들에게 공개된다. 네 번째는 관계 종결 단계(grave-dressing phase)로, 관계를 공식적으로 끝내고 그 이유를 정리하는 시기이다. 관계를 종결하며 자존감을 보호하기 위해 자신만의 내러티브를 구축한다. 이별 후 자신을 정리하고, 관계의 끝을 타인에게 설명하며, 자신을 심리적으로 정돈하는 과정을 겪는다.

스티브 덕과 롤리(Stephanie Rollie)는 관계 해체 모델에 마지막 단계로 재정립 단계(resurrection phase)를 추가하며, 관계가 끝난 후 사람들이 겪는 고통과 스트레스를 넘어 개인적으로 성장할 수 있음을 강조했다(Rollie & Duck, 2006). 이 단계는 이별 후 얻은 교훈을 바탕으로 자신의 자아를 회복하고 새로운 시작을 준비하는 시기로, 이전 관계에서 배운 점들을 통해 더 나은 미래를 계획하고 자신을 성장시키는 기회로 작용한다. 이전의 덕의 모델은 선형적이고 순차적으로 진행된다고 설명하였지만, 추후 관계의 해체 과정은 순차적이지 않고 이전 단계를 되돌아가거나 특정 단계를 생략하며 비선형적으로 진행된다고 보았다. 또한 관계의 해체 과정이 개인의 문화나 경험에 따라 차이가 나며, 해체 과정에서 효과적인 의사소통을 하며 마무리하는 것이 정서적 결과에 영향을 미친다고 보아 관계의 마무리에서 소통이 중요함을 이야기했다.

낭만적 사랑의 마무리로서 이별은 상실감과 슬픔을 동반하지만, 스티브 덕의 관계 해체 모델은 이별 과정을 각 단계별로 이해하도록 돕는다. 이를 통해 이별을 단순히 고통으로만 보지 않고, 자신을 돌아보고 정서적으로 성숙해질 수 있는 중요한 경험으로 받아들이는 관점을 가질 수 있다.

(5) 자신이 선택한 배우자와 가족관계 형성하기

악화되거나 이별하지 않고 지속적으로 유지되는 연인관계는 결혼으로 이어져 더 깊은 유대와 새로운 가족관계를 형성하게 된다. 결혼은 자신이 선택한 배우자와 함께 새로운 가족을 이루는 과정이라고 볼 수 있다. 이러한 과정에서 배우자는 어떻게 선택하게 되는 것일까? 리처드 우드리(Richard Udry)의 배우자 선택 여과망 이론은 결혼에 이르는 과정이 여섯 개의 여과망으로 이루어져 있다고 설명한다(Udry, 1971). 배우자 선택 여과망 이론(filter theory)은 개인이 배우자를 선택할 때 여러 기준을 사용하여 후보를 걸러내는 과정을 설명한다. 이 이론에 따르면, 사람들은 물리적 매력, 성격, 가치관 등의 초기 필터를 통해 가능성 있는 파트너를 좁혀 나간다. 이후, 더 깊은 수준의 친밀감이나 상호작용을 통해 관계를 평가하며, 최종적으로 최적의 배우자를 선택하게 된다. 이 이론은 관계의 질을 높이기 위해 개인의 기준과 필터링 과정을 강조한다. 이 여과망들은 표 8.6과 같다.

표 8.6 배우자 선택의 여과망

단계		설명
1단계	근접성 여과망	상대방과 현실적으로 쉽게 만날 수 있는지를 첫 번째 기준으로 삼는다.
2단계	매력 여과망	서로의 인성, 외모, 능력 등에 매력을 느끼는지를 두 번째 기준으로 삼는다.
3단계	사회적 배경 여과망	나이, 종교, 직업, 교육 수준 등이 비슷한지를 세 번째 기준으로 삼는다.
4단계	의견 일치 여과망	정치적, 경제적, 사회적 관점과 가치관, 태도가 유사한지를 네 번째 기준으로 삼는다.
5단계	상호 보완 여과망	각자의 욕구와 필요를 서로 충족시킬 수 있는지를 다섯 번째 기준으로 삼는다.
6단계	결혼 준비 상태 여과망	결혼에 필요한 경제적, 사회적, 정서적 준비가 되어 있는지를 마지막 기준으로 삼는다.

배우자 선택의 여과망 이론은 새로운 관계를 맺고 발전시키는 데 유용하게 적용될 수 있다. 예를 들어, 근접성 여과망은 대학교 캠퍼스에서 자주 마주치는 사람에게 호감을 느끼는 경우에 나타난다. "같은 동아리를 하는데 도서관에서 자주 마주치다 보니 자연스럽게 친해졌어"라는 경험이 해당될 수 있다. 매력 여과망에서는 동아리 활동이나 학내 행사에서 만난 친구의 외모나 성격 또는 유머 감각이 매력적으로 느껴질 때 이루어진다. "그 친구가 활발하

게 참여하고 적극적으로 발표하는 모습이 너무 멋져 보였어"와 같은 상황이 이를 설명한다. 다음으로, 사회적 배경 여과망은 같은 전공, 비슷한 연령대, 같은 고향 출신 등의 공통점에서 비롯된다. "우리 둘 다 지방에서 올라왔고, 전공도 비슷해서 금방 친해졌어"인 상황이 해당된다. 의견 일치 여과망에서는 정치적, 경제적, 사회적 관점에서 서로의 생각이 잘 맞을 때 연결이 깊어진다. "우리가 환경 문제에 대해 이야기할 때 생각이 너무 잘 맞아서 대화가 끊기질 않았어"라는 경우일 수 있다. 상호 보완 여과망은 서로 다른 성격이나 강점이 보완적인 역할을 할 때 나타난다. "나는 사람들 앞에서 말하는 게 어렵지만, 그 친구는 발표를 잘해서 팀 활동에서 정말 큰 도움이 됐어"라는 경험을 통해 이를 알 수 있다. 마지막으로, 결혼 준비 상태 여과망은 예시로 졸업 후 취업해 스스로 미래를 준비하고 경제적 독립 의지를 보여 주는 경우에 적용된다. "그 친구는 회사에서도 성실하게 일하고, 앞으로 어떤 목표를 이루고 싶은지 계획을 명확히 세워 두었더라고"와 같은 인상이 여기에 해당한다.

이와 같이, 여과망 이론은 대학생들이 새로운 인간관계를 형성하고 발전시키는 데 중요한 기준과 단계를 이해할 때 도움을 준다. 이러한 과정은 단순한 연애를 넘어 건강한 관계를 맺고, 장기적으로 삶의 질을 높이는 데 긍정적인 역할을 한다. 여과망 이론은 이 모든 과정이 자유 의지에 따른 능동적인 과정임을 강조하며, 배우자 선택은 서로의 여과망을 통과해야 성립되는 상호적인 과정임을 설명한다. 여과망 이론 외에도 다양한 배우자 선택 이론들이 존재한다.

3 가족관계

대학생 시기는 자율성과 독립성이 크게 발달하는 중요한 시기로, 이 과정에서 부모와의 관계를 재평가하고 이해하는 것이 필수적이다. 부모-자녀 관계는 성인이 되어가는 과정에서 정서적, 심리적 발달에 큰 영향을 미치며, 이 시기 동안 부모와의 관계에서 겪는 경험은 이후의 대인관계 형성에도 중요한 역할을 한다. 따라서 대학생들은 부모와의 관계에서 자신이 겪는 감정적·심리적 갈등을 인식하고, 이를 해결하는 방법을 배우는 것이 필요하다. 이러한 부모-자녀 관계를 이해하기 위해 보웬(Bowen)의 가족 체계 이론과 심리적 통제 이론은 매우 유용한 틀을 제공한다.

(1) 가족 체계 이론

보웬의 가족 체계 이론은 가족을 하나의 감정적 시스템으로 보고, 그 안에서 각 구성원들이 서로에게 영향을 주고받는다고 설명한다. 이 이론은 가족의 상호 의존성과 감정적 역동성을 이해하는 데 중점을 두며, 특히 부모-자녀 관계에서 자녀의 심리적 독립성과 감정적 성장 과정을 강조한다(Bowen, 1978). 분화(differentiation of self)는 자녀가 성장하면서 부모로부터 심리적·정서적으로 독립해 나가는 과정을 말한다. 대학생 시기는 자녀가 부모로부터 독립적인 사고와 감정을 형성해 나가는 중요한 단계이다. 분화가 잘 이루어지면, 자녀는 부모의 영향에서 벗어나 자신만의 가치관과 결정을 내릴 수 있게 된다. 예를 들어, 대학생이 학업 선택, 직업 진로, 인간관계에서 스스로 판단하고 선택하는 것은 분화가 이루어진 결과이다. 자녀가 부모의 감정적 의존에서 벗어나 자율적인 사고를 하는 상태는 높은 분화의 상태이다. 자녀가 자신과 부모의 감정을 구분할 수 있으며, 갈등 상황에서도 감정에 과도하게 휘둘리지 않는다. 이러한 자녀는 부모와 긍정적인 관계를 유지하면서도 자신의 삶을 독립적으로 운영할 수 있다. 이와 반대로 낮은 분화의 상태는 자녀가 부모의 기대나 감정에 지나치게 의존하여 자율성을 발휘하지 못하는 상태이다. 이런 경우 자녀는 자신의 결정보다 부모의 기대나 의견을 더 중요하게 여기며, 부모와의 갈등이 자주 발생할 수 있다. 예를 들어, 부모의 의견에 반하는 학과를 선택하는 것에 대해 큰 불안을 느끼는 경우가 해당된다. 이런 가족관계에서 갈등이 발생했을 때 삼각관계(triangulation)가 형성될 수 있다. 삼각관계란 두 사람 사이의 갈등이 제3자를 통해 해소되거나 더 복잡해지는 과정을 의미한다. 예를 들어, 부모와 자녀 사이에 갈등이 있을 때 자녀가 다른 가족 구성원(형제자매나 조부모)을 통해 갈등을 해소하려는 경향이 있다. 이는 갈등을 직접 해결하지 않고 제3자의 개입을 통해 문제를 해결하려고 하는 방식인데, 가족 내 긴장을 완화할 수 있지만, 장기적으로는 갈등을 근본적으로 해결하지 못할 수 있다.

대학생이 되면 자녀는 자신의 삶을 주도적으로 이끌기 위해 부모와의 감정적 거리를 조정하는 과정을 가지려고 한다. 이 시기에 자녀는 부모의 권위와 기대에서 벗어나 스스로 선택하는 경험을 통해 독립성을 형성하게 된다. 예를 들어, 부모가 자녀의 직업 선택에 과도하게 개입하려고 할 때, 높은 분화인 자녀는 자신의 결정을 존중해 줄 것을 요구할 수 있다. 이때 부모의 의견을 수용하되, 자신의 의견과 감정을 명확하게 표현할 수 있도록, 감정적으로 독립하고 자율성을 유지하면서도 부모와의 관계에서 감정적으로 건강한 균형을 이루는 것이 중요하다. 이 과정에서 갈등이 생길 수 있지만, 자녀는 성숙한 의사소통을 통해 부모와의 관계를 조정할 수 있다. 보웬의 가족 체계 이론은 대학생들이 부모와의 관계에서 자율성을 확립하고, 감정적 독립성을 추구하는 과정에서 겪는 어려움을 이해하는 데 중요한 틀을 제공한다.

(2) 심리적 통제 이론

심리적 통제 이론은 부모가 자녀의 행동뿐만 아니라 감정과 생각까지 통제하려는 방식이 자녀에게 미치는 부정적인 영향을 설명하는 이론이다. 이 이론은 바버(Barber, 1996)에 의해 제안되었으며, 부모의 과도한 통제가 자녀의 자아 정체성과 자율성 발달에 악영향을 미친다고 본다.

심리적 통제(psychological control)는 부모가 자녀의 감정과 생각을 조종하거나 죄책감을 느끼게 하려는 방식으로, 이를 통해 자녀에게 영향을 미치려는 행동을 말한다. 부모는 자녀에게 심리적 압박을 가해 자신의 기대에 맞추도록 강요하며, 이는 자녀의 심리적 발달에 부정적인 영향을 미칠 수 있다. 예를 들어, 부모가 자녀에게 지나친 기대를 걸고, 자녀가 그 기대를 충족하지 못할 때 "너는 항상 나를 실망시킨다" 또는 "너 때문에 내가 힘들다"와 같은 말을 하여 자녀에게 감정적인 부담을 주는 경우를 생각할 수 있다. 이러한 방식은 자녀에게 죄책감을 심어주며, 심리적 불안정성을 초래할 수 있다. 또한 부모가 자녀의 독립적인 결정을 존중하지 않고 자신의 의도대로 자녀의 선택을 강요하려 할 때, 자녀는 자율성 억압을 경험할 수 있다. 이때 자녀는 자신의 선택권이 박탈되었다고 느끼고, 심리적으로 억압감을 경험하게 된다. 이러한 심리적 통제는 자녀의 자존감과 자율성 발달을 저해하며, 장기적으로는 대인관계에서 지속적인 어려움을 겪게 할 수 있다.

　이처럼 부모의 심리적 통제는 자녀의 자존감, 독립성, 그리고 대인관계 형성에 부정적인 영향을 미칠 수 있다. 자녀는 부모의 과도한 감정적 요구나 압박으로 인해 자신의 감정을 자유롭게 표현하지 못하고, 부모의 기대에 부응하기 위해 스스로를 억누르게 된다. 이는 자녀가 성인이 되어서도 타인과의 관계에서 유사한 패턴을 반복하게 될 가능성을 높인다. 부모가 자녀의 대학 진로, 직업 선택, 또는 연애 관계에 지나치게 개입하고 통제하려 할 때, 자녀의 자율성 발달은 저해되고 억압될 수 있다. 예를 들어, 부모가 특정 전공을 강요하거나, 자녀의 사회적 관계나 결정을 비판하면서 자신의 방식대로 행동하도록 요구할 경우, 자녀는 심리적 통제를 경험하게 된다. 이러한 상황에서 자녀는 부모에게 감정적 부담을 느끼며, 자신의 자율성을 지키기 위해 부모로부터 정서적으로 멀어지거나 반발할 수 있다. 이는 부모-자녀 관계에 긴장을 초래할 수 있으며, 자녀가 자신의 독립성을 주장하려는 시도로 이어질 수 있다. 따라서 심리적 통제 이론은 부모-자녀 관계에서 자율성을 존중하는 것이 얼마나 중요한지를 강조한다. 부모가 자녀의 감정과 선택을 존중하고, 자녀가 스스로 결정을 내릴 수 있도록 지원하는 것이 자녀의 심리적 발달에 긍정적인 영향을 미친다. 이는 대학생 자녀가 부모의 기대에서 벗어나 자신만의 길을 찾는 데 매우 중요한 요소이다(Barber, 1996). 이러한 이론을 통해 부모와의 관계에서 겪는 갈등이나 심리적 어려움을 더 깊이 이해할 수 있다. 보웬의 가족 체계 이론은 자아 분화를 통해 부모로부터 정서적 독립을 이루는 과정의 중요성을 강조하며, 심리적 통제 이론은 부모의 과도한 통제가 자아 정체성과 자율성을 위협할 수 있음을 설명한다. 이를 바탕으로 자신의 경험을 객관적으로 돌아보고, 부모와의 관계에서 자율성을 발달시키는 동시에 더 건강하고 균형 잡힌 부모-자녀 관계를 형성하는 방법을 모색할 수 있다.

1 자신의 친구관계 형성 과정에서 어떤 요소들이 중요한지 돌아보고, 친구관계에서 자신이 가진 강점과 개선할 점을 구체적으로 살펴보자.

2 친구관계를 지속하기 위한 다양한 유지 전략을 생각해 보고, 자신에게 적합한 전략을 개발해 보자.

3 사랑의 시작과 지속 과정을 이해하며, 다양한 유형의 사랑에 대해 탐구하고 자신의 사랑의 형태를 분석해 보자. 한국가이던스의 무료 '사랑유형 검사' 결과를 활용하여, 서로의 결과를 비교하고 함께 논의하며 사랑의 유형을 탐구하고 자신의 사랑의 성향을 깊이 이해해 보자.

출처: 한국가이던스(www.guidance.co.kr)

4부

좋은 관계
맺기의 실제

09 인간관계의 기술

이 장에서는 관계를 맺기 위한 인간관계의 기술에 대해 다룬다. 관계를 맺는데 필요한 기본적인 자세와 인사하기, 자기소개하기, 공통점 찾기, 칭찬해 주기, 열린 질문 사용하기 등 구체적인 기술들에 대해서 살펴보고자 한다. 또한 효과적인 의사소통을 위한 경청, 공감 반응, 질문하기, 자기개방, 조언하기, 나 전달법(I-message) 등의 기술을 검토하고 사례를 통해 이를 적용해 보는 기회를 가진다. 마지막으로 비대면으로 이루어지는 소통의 특성을 이해하고, 이러한 온택트 환경에서 원활한 대인관계를 형성하고 유지하는 방법에 대해 알아본다.

학습 목표

★ 원만한 인간관계를 맺기 위한 다양한 기술에 대해 알 수 있다.
★ 원만한 인간관계를 맺기 위한 다양한 기술을 적용해 볼 수 있다.
★ 온택트 시대의 대인관계의 특징과 대인관계 기술에 대해 알 수 있다.

'인간관계 심리학' 수업의 조별 발표 모임은 이미 중반에 이르렀다. 유진은 여전히 그 모임이 편하지만은 않다. 처음에는 '처음 만나는 팀원들이라 낯설어서 그렇겠지'라는 마음으로 초반만 견뎌 보자고 다짐했지만, 시간이 지나도 불편하고 낯선 마음이 해소되지 않았다.

'나만 빼고 벌써 다 친해진 것 같아.'

팀플을 할 때마다 유진의 마음에 주로 드는 생각이다. 다른 친구들은 그 짧은 시간에 이미 다 친해진 것 같고, 편하게 이야기하고 웃고 떠드는 것 같은데 자신만 그러지 못한 것 같아서 마음이 불편하다.

특히 그녀, 지원. 처음에는 단톡방에 저녁에 영화를 보자는 번개글을 올리더니, 어느새 팀 내의 분위기를 주도하는 인싸가 되어 있었다. 팀플을 할 때도 오프라인, 온라인 가리지 않고 거침없이 자신의 의견을 이야기하고 팀원들도 곧잘 그 의견에 수긍한다. 유진의 마음에는 '나도 저렇게 당당하게 말할 수 있으면 좋겠다'라는 생각이 들다가 시간이 지날수록 '나는 왜 저렇지 못할까?'라는 자기 비난의 목소리가 슬슬 올라온다. 그러다 보면 가만히 있는 나를 힘들게 만드는 지원을 어느새 미워하고 있는 자신이 한심해 보이기도 했다.

지원에 대해 정리되지 않은 생각들이 유진의 마음에 찝찝하게 남아 있다 보니 자연스레 유진은 자주 지원을 떠올리고 있었다. 언제는 부럽다가 다시 생각하면 질투가 나기도 하고, 그러다 갑자기 지원의 웃음소리가 들리는 것 같더니 나도 모르게 흐뭇한 미소를 띠고 있는 자신을 발견한다. '엇, 이건 뭐지?' 이러한 마음을 인정하기 어렵다. '내가 걔를? 나랑은 너무 다른데 도대체 내가 왜?' 유진은 지원에 대한 마음의 끌림을 인정하기가 어렵다. 하지만 자꾸만 떠오르는 지원의 얼굴을 지워 버리기가 더 어렵다. 막상 지원에 대한 특별한 관심을 인정한다 한들, 연애 경험 한번 없는 내가 뭘 어떻게 해야 할지도 모르겠다. 일단 인간적으로라도 가까워질 수 있어야 할 텐데, 그게 가능하기는 할까? 인간관계에서 편안함을 얻고자 수강한 인간관계 심리학이 왜 이렇게 나를 힘들게 하는 걸까?

1 인간관계 맺기 기술

인간의 근원적인 욕구를 설명하는 이론 중 '대상 관계 이론'에서는 관계를 맺는 것은 인간이 가진 본연의 욕구라 주장한다. 인간은 태어난 후부터 상당히 오랜 기간 누군가의 도움 없이는 살아남을 수 없는 존재이며, 또한 생존에 도움이 될 수 있는 신체적 조건(예: 날카로운 이빨이나 발톱, 빠른 발 등)을 가지고 있지도 않기에 집단을 형성하여 살아남을 수 있는 확률을 높였다는 것이다. 굳이 이러한 설명을 더하지 않아도 인간으로 살아감에 있어서 관계의 중요성은 앞 장의 내용을 통해 충분히 공감했으리라 믿는다.

앞서 등장한 유진의 사례에서 유진의 고민은 결국 실제적 관계 맺기의 고민으로까지 이어질 수 있다. 관계 맺기와 관계에서 발생하는 문제들을 해결하기 위해서는 '어떻게(how)'에 대한 전략이 필요하다. 우리는 어떻게 관계를 맺어야 할까? 관계를 원만하게 맺기 위해서는 어떠한 방법이나 기술들이 있을까? 그리고 갈등이 발생했을 때 어떻게 이를 해결할 수 있을까? 온라인에서 좋은 관계를 맺으려면 어떻게 해야 할까? 이와 같은 질문에 답을 하기 위해서 심리학에서는 좋은 관계를 맺고 유지하는 데 도움이 되는 전략들을 탐구해 왔다. 따라서 이 장에서는 관계를 형성해 가는 데 효과적인 의사소통 기술들을 살펴보고, 중요도가 높아진 온라인 관계에서 필요한 소통 기술 역시 함께 살펴보고자 한다. 1부와 2부에서 관계 맺기와 관련된 이론적인 부분을 다루었으므로, 여기에서는 실제적인 부분에 초점을 두어 설명하고자 한다.

(1) 관계 맺기의 기본적 자세

이건(Gerard Egan)은 상대방에게 관심이 있다는 메시지를 전달하는 방법을 'SOLER'라는 용어로 소개하였다(Egan, 1994). 화자를 바라보기(squarely), 개방적 자세 취하기(open), 상대쪽으로 몸을 기울이기(lean), 시선 접촉하기(eye contact), 편안한 자세 취하기(relaxed)의 다섯 가지 기술의 첫 글자를 딴 SOLER를 구체적으로 알아보자.

① 화자를 바라보기(S)

말하는 사람에게 똑바로 정면으로(squarely) 향하는 자세를 의미한다. 듣는 사람이 몸, 머리, 시선의 방향을 말하는 사람의 정면으로 향하고, 상대를 똑바로 바라보면서 이야기를 듣는 것이다. 별것 아닌 것처럼 들릴 수 있지만, 듣는 사람의 이러한 자세는 상대방에게 많은 메시지를 전달한다. 예를 들어, 누군가 뒤를 돌아보고 있거나 거실에서 텔레비전을 응시한 채로 나의 이야기를 듣는다면 상대방이 내 말에 집중하고 있다고 느낄 수 있을까? 너무 기본적이라 크게 신경 쓰지 않았을 수도 있지만 매우 강력한 관심 보이기의 수단이 될 수 있다.

② 개방적 자세 취하기(O)

상대방을 향해 열린 자세(open)를 취하는 것을 의미한다. 손은 자연스럽게 내린 채 허벅지에 올려두거나, 대화 상대와 자기 사이에 테이블이 있다면 테이블에 자연스럽게 올려두는 것도 좋다. 반대로 닫힌 자세는 팔짱을 끼고 있거나 다리를 꼬고 앉아 있는 자세를 말한다. 닫힌 자세를 취하고 이야기를 듣는다면 상대방은 '저 사람은 내 이야기를 받아들일 용의가 없다'거나 '나를 평가하려는 태도를 가지고 있다'로 받아들일 가능성이 있다. 대화 상대로서 상대방의 이야기에 관심이 있고 상대방의 의견을 수용할 열린 마음이 되어 있음을 보여 주는 것이 중요하다.

③ 상대쪽으로 몸을 기울이기(L)

몸을 상대방을 향해 앞으로 기울이는 것(lean)을 의미한다. 관심이 있고 매력을 느끼는 무언가가 생기면 자연스럽게 관심 대상을 향해 우리의 몸이 쏠리게 된다. 대화할 때 상대방을 향해 몸을 기울여 이야기를 듣는다면 상대방은 '저 사람이 지금 내 이야기에 관심을 가지고 들어주고 있구나'라는 메시지로 받아들이게 된다. 몸을 너무 기울여 듣는 사람의 얼굴에 바짝 붙어 있기보다는 10~15도 정도로 자연스럽게 기울이는 것이 바람직하다. 반대로 상체를 의자 등받이에 기댄 채 멀찌감치 뒤로 빠져서 이야기를 듣는다면, 지금 내 말에 관심이 없다는 의미로 해석될 소지가 있다. 거기다가 팔짱을 끼고, 다리를 꼰 채 듣는다고 상상해 보라. 상대방이 이러한 자세로 일관되게 이야기를 듣는다면 이야기를 그만하고 싶은 마음이 생기는 것은 매우 자연스러운 일이다.

④ 시선 접촉하기(E)

대화 상대에게 자연스럽게 눈을 맞추며(eye contact) 이야기를 듣는 것을 의미한다. 관심을 보이는 태도의 화룡점정은 눈 맞춤이다. 예를 들어, 내가 진지한 이야기를 하는 중에 상대방이 나를 정면으로 향하고(squarely), 닫힌 자세가 아닌 열린 자세(open)를 취하면서, 몸을 기울여(lean) 있다고 해도 시선이 내가 아닌 스마트폰을 향하고 있거나 창밖에 지나가는 사람을 보고 있다면 나의 이야기에 집중하고 있다고 느낄 수 있을까? 그만큼 시선의 방향이 중요하다. 자연스럽게 상대방을 응시하면 상대방에 대해 관심이 있다는 메시지를 전달할 수 있다. 상대방과 눈을 맞추는 것이 부담스럽다면, 눈과 눈 사이의 미간이나 인중을 바라보는 것도 좋은 방법이다.

⑤ 편안한 자세 취하기(R)

편안하고(relaxed) 자연스러운 자세를 취한다. 편안한 자세란 긴장되지 않고 풀어져 이완된 자세를 의미한다. 긴장되고 뻣뻣한 자세로 있다면 상대방 역시 긴장감을 느끼게 되며, 이는 말하는 사람이 하고 싶은 이야기를 충분히 하기 어렵게 만든다. 이러한 자세는 상대방에게 관심이 없다는 인상을 줄 가능성이 크다. 따라서 관심을 표현하기 위해서는 몸에 긴장을 풀고 편안한 마음 상태를 유지한 채 상대방의 이야기를 듣는 것이 중요하다.

(2) '관계 형성'에 도움이 되는 기술

누구에게나 첫 만남은 낯설다. 상대방에 대한 정보가 제한적이기 때문에 상대방이 무엇을 좋아할지, 어떤 대화 소재에 어떤 반응을 보일지 알기가 어렵다. 상대방의 눈치를 보면서 무슨 이야기를 해야 하는지, 어떤 표정을 지어야 하는지, 그리고 언제 어떻게 대화를 시작할 기회를 잡아야 하는지 등 여러 생각들이 머리에 스친다. 상담에서는 라포 형성의 중요성을 강조하는데, 라포(Rapport)란 프랑스어로 '다리를 놓다'라는 의미로 상대방과 친밀하고 편안한, 그리고 신뢰할 수 있는 관계를 맺는다는 뜻이다. 라포 형성을 위해 우선적으로 가져야 하는 자세는 상대방에게 관심이 있다는 것을 보여 주는 것이다. 대부분의 사람은 자신에게 긍정적인 관심이 있고, 나를 받아들인다는 느낌을 주는 대상에게 마음을 열기 마련이다. 관계 형성을 원하는 사람이 타인에게 이러한 인상을 심어줄 수 있다면 관계 형성에 좋은 출발점이 될 것이다. 이렇게 타인에 대한 관심을 표현하는 방법에는 직접적인 말로 표현을 하는 방법도 있지만, 언어적 소통이 아닌 비언어적인 소통을 활용해서 전달할 수도 있다. 비언어적인 소통은 말이나 글과 같은 언어적 매개체가 아닌 몸동작, 표정, 말의 속도, 목소리의 톤이나 크기 등 언어의 영역 밖에 존재하면서 대인 간 소통에 영향을 주는 것들을 의미한다(김종운, 2017).

① 인사하기

누군가를 마주할 때 우리는 인사를 건넨다. 미소와 함께 건네는 "안녕하세요", "반갑습니다"와 같은 인사말은 서로에 대한 관심의 표현임과 동시에 어색함이나 긴장감을 깨고 긍정적 관계를 맺는 유용한 방법이다. 또한 처음 만나는 관계에서는 무의미한 사이에서 의미 있는 사이로 나아갈 수 있는 출발점이기도 하다.

② 자기소개하기

처음 보는 상대에게 간단한 인사를 건넨 후에는 자신을 간단히 소개하는 것도 좋다. 자기소개에 꼭 포함되어야 하는 정보나 규칙 등이 정해져 있지는 않다. 일반적으로 이름, 나이, 사는 곳, 소속 등과 같은 개인적인 정보가 포함될 수 있는데 새로운 사람을 만나는 상황과 장소에 따라 포함되는 내용은 달라질 수 있다. 예를 들면, 여러 학과가 섞여 있는 교양 수업에서는 자신이 속한 학과를 소개할 필요가 있지만, 학과 신입생 환영회 때는 학과가 같으므로 굳이 소개할 필요가 없다. 다른 예로, 동아리와 같이 자율성이 강한 모임에서는 해당 모임에 참석하게 된 동기를 설명해 주는 것도 좋은 소개 방법이다. 또한 여러 사람이 한꺼번에 자기소개를 하게 될 때는 자신을 쉽게 기억할 수 있는 나만의 특징을 한 가지 추가하여 설명하는 것도 방법이다. 나만의 특징은 자신의 취미, 특기, 재미있는 개인적 에피소드, 이름을 연상할 수 있는 방식 등 다양하다. 예를 들어, "저의 이름은 정무늬입니다. 줄무늬, 체크무늬 옷을 입을 때마다 저 무늬를 기억해 주세요"와 같이하여 사람들이 잘 기억하도록 소개할 수 있다.

③ 공통점 찾기

우리나라 속담에 '유유상종(類類相從)'이라는 말이 있다. 비슷한 특성이나 배경을 가진 사람들과의 사귐을 의미하는 단어이다. 요즘에는 다소 부정적인 장면에서 쓰이기도 하지만, 나와 비슷한 사람과 어울리고자 하는 것은 인간의 보편적인 특성이기도 하다. 공통점을 가지고 있으면 상대방에 대해 잘 이해할 수 있으며, 상대가 자신에게 긍정적 기대를 할 것이라고 여기게 된다(권석만, 2007). 따라서 상대방과 유사한 관심사(예: 좋아하는 영화 장르, 스포

츠팀, 연예인 등), 취미(예: 운동, 독서, 만들기 등), 혹은 주로 생활하는 환경(예: 대학 전공, 일자리, 거주지 등)에 대해 탐색하여 공통점으로 이야기를 시작하는 것이 좋다.

④ 칭찬해 주기

칭찬은 상대방에 대한 인정의 행위로서, 마음을 열게 하며 긍정적 행동 촉진에 도움을 준다(서현, 서경희, 2015). 칭찬을 한다는 것은 상대방에 대한 관심을 바탕으로 긍정적인 측면을 주의 깊게 탐색했다는 것을 의미한다. 이러한 태도는 상대로 하여금 스스로의 가치를 긍정적인 방향으로 재평가할 수 있도록 하며, 이는 자신감 및 긍정적 정서 형성에 도움을 준다. 만남 초기에 상대방에 대한 깊이 있는 정보까지 파악하기는 어렵기 때문에 관찰 가능한 수준에서 가벼운 칭찬으로 시작하는 것이 도움이 된다. "말투가 친절하신 것 같아요", "인상이 너무 좋으십니다", "옷 색깔이 잘 어울리네요" 등이 있을 수 있다. 혹시 과거에 상대방에 대한 인상적인 기억이 있다면, 기억해 뒀다가 칭찬해 주는 것도 방법이다. 예를 들어, 같은 수업에서 이전 시간에 발표했던 기억을 되살려 "이전 발표 때 자신감 있게 말하는 모습이 인상적이었습니다", "발표 자료가 체계적으로 정리되어 있어 이해가 잘 되었습니다" 등의 피드백을 전달할 수 있다.

⑤ 열린 질문 사용하기

질문은 크게 '열린 질문'과 '닫힌 질문'으로 나눌 수 있다. 닫힌 질문은 "예/아니요" 또는 단답형의 짧은 정보를 얻는 데 주로 활용되는 질문인 반면, 열린 질문은 상대방의 관심이나 생각, 느낌 등을 탐색하고 개방하도록 하는 질문의 유형이다(Hill & O'Brien, 2001). 이러한 질문은 상대방으로 하여금 "당신에게 관심이 있습니다. 당신에 대해 더 말해 주세요"라는 메시지를 전달할 수 있다. 열린 질문의 예로는 "오늘 하루 어떠셨나요?", "읽으신 책 ○○의 어떤 부분이 가장 인상 깊게 느껴지셨나요?", "당신의 취미 활동에 대해 좀 더 이야기해 주실 수 있나요?" 등이 있다.

2 효과적인 의사소통

(1) 경청

경청은 화자의 언어적인 메시지와 비언어적인 메시지에 주의를 기울여 화자가 진짜로 이야기하고 싶은 것의 의미를 파악하는 활동이다(천성문 등, 2021). 경청은 화자의 이야기를 별다른 반응 없이 단순히 듣기만 하는 '소극적 경청'과 화자의 의도를 적극적으로 이해하고자 하며 듣는 '적극적 경청'으로 나눌 수 있다. 소극적 경청과는 달리 적극적 경청은 화자의 메시지를 이해하기 위한 능동적인 활동들이 포함된다. 명확하지 않은 내용을 확인하기 위한 질문을 하거나 추가적인 설명을 요청하는 것, 격려하고 지지하는 반응을 활용해 화자가 자신의 이야기를 자연스럽게 이어갈 수 있도록 돕는 활동 등이 수반될 수 있다. 또한 말(언어)로 전달되는 내용에 집중하는 것뿐만 아니라 비언어적인 메시지, 즉 표정, 음성, 말투, 몸의 반응까지 파악해야 조금 더 진짜 의도에 가까운 의미를 파악할 수 있다.

효과적인 경청을 위해서는 다음의 요소들에 신경을 써야 한다. 첫째, 상대방의 이야기를 집중하여 들어야 한다. 소통을 방해하는 주위 요소들을 제거하고, 마음에 떠오르는 다른 생각들을 멈추고 화자의 이야기에 집중하려는 노력이 필요하다. 또한 눈 맞춤, 고개 끄덕임, 몸 기울여 듣기와 같은 비언어적인 메시지를 활용해서 집중하여 듣고 있음을 보여 주는 것도 도움이 된다. 둘째, 상대방의 말을 이해하기 위해 노력해야 한다. 상대방의 말속에 담겨 있는 정서 또는 의도를 파악하기 위해 노력해야 한다. 더 깊이 있는 이해를 위해 추가적인 질문을 활용하는 것도 좋다. 셋째, 화자의 이야기 내용 중 중요한 부분을 기억해야 한다. 이야기 안에 반복적으로 등장하거나 화자가 강조하는 부분을 잘 기억하고, 이후 진행되는 이야기의 맥락을 잘 파악하고자 노력해야 한다. 마지막으로 적절한 피드백이나 추임새를 넣어준다. "정말 힘들었을 것 같아요"와 같이 공감하는 말을 하거나 "에고", "휴"와 같은 상대방을 수용해 주고 지지해 주는 추임새를 넣어 주면 좋다. 때로는 특별한 말을 해주는 것보다 침묵하면서 옆에 있어 주는 것이 상대방에게 더 큰 힘이 되기도 한다.

(2) 공감 반응

인간 중심 상담 이론의 창시자인 로저스(Carl Rogers)에 따르면 공감이란 '다른 사람의 내적 준거 체계를 마치 자신이 그 사람인 것처럼 정서적 요소 및 의미와 함께 정확하게 인식하는 것'이다. 다시 말하면, 청자가 화자의 입장이 되었다고 상상하고 그 입장에서 느끼고 인식하는 것이 공감이다. 공감은 청자가 화자의 이야기를 듣고 경험하는, 청자의 내적인 경험인 것이다. 그렇기 때문에 청자가 공감을 표현하지 않으면 화자는 청자가 어떤 마음으로 자신의 이야기를 듣고 있는지 알 수가 없다. 공감을 하는 것도 중요하지만 공감을 상대방에게 잘 표현해 주는 것 역시 매우 중요하며, 이를 공감 반응 혹은 감정 반영이라고 한다. 공감 반응이란, 이야기를 들으면서 청자가 경험하고 느끼는 공감적 정서와 의미를 화자에게 돌려주는 과정을 의미한다. 이는 단순한 동정이나 인정이라기보다 그 이상의 깊은 이해와 정서적 연결을 포함한다.

감정 반영에 대해 연구한 칼크허프(Carkhuff, 1969)는 감정 반영에 수준이 있다고 언급하면서 크게 재진술적 감정 반영과 해석적 감정 반영이 있다고 설명하였다(김계현, 2002에서 재인용). 재진술적 감정 반영은 화자가 표현하는 감정을 파악하고 공감적인 반응을 제공하는 것을 의미한다. 반면, 해석적 감정 반영은 화자가 미처 표현하지 못한 이면에 있는 깊은 수준의 감정을 읽어 주고 표현해 줌과 동시에 화자의 성장 동기를 읽어 줌으로써 자기성찰을 돕는다. 예를 들어, "친구와 싸워서 힘들어요. 그 친구를 볼 때마다 먼저 말을 걸고 싶은데 쉽지 않아요"라고 말하는 화자에 대해서 "친구와 싸워서 힘들고 말을 걸기조차 쉽지 않은가 보군요"라고 한다면 이는 화자가 표현하는 감정에 대해 표현하는 재진술적 감정 반영을 제공한 것이다. 반면, "친구와 싸워서 힘든 마음도 있지만, 또 그 친구와 다시 대화를 시작하며 친해지고 싶은 마음도 있나 보네요"라고 하며, 갈등을 겪은 친구와 다시 잘 지내보고 싶은 화자의 성장 동기를 읽어 주는 해석적 감정 반영을 해 줄 수도 있다. 그렇다면 좀 더 높은 수준의 공감이라고 볼 수 있는 해석적 감정 반영을 하는 것이 더 좋은 방법일까? 꼭 그렇지만은 않다. 신뢰 형성이 충분하게 이루어지지 않은 관계에서 상대방이 이야기하지 않은 이면의 감정을 읽어 준다든지 성장 동기를 지나치게 강조하게 되면, 되려 말하는 것이 조심스러워지거나 불편해질 수 있다. 따라서 초기 관계에서는 재진술적 감정 반영을 주로 사용하는 것이 좋으며, 어느 정도 신뢰가 형성된 관계일 때도 재진술적 감정 반영과 해석적 감정 반영을 적절히 혼합하여 사용하는 것이 좋다.

공감 반응을 할 때 주의할 점은 다음과 같다. 첫째, 평가하지 않는다. 사람은 누구나 어떤 정서를 느끼는 나름의 이유가 있다. 그러므로 공감의 상황에서 개인이 느끼고 경험하는 정서는 존중되어야 한다. 고정관념을 가지고 "그렇게 느껴서는 안 돼", "그 정도로 슬퍼할 일은 아니지 않아?"라고 판단하거나 무시하는 말은 피해야 한다. 둘째, 해결책에 너무 초점을 두지 않는다. 공감은 결과보다는 과정에 초점을 두는 대화 전략이다. 화자가 이야기하는 내적 경험에 초점을 두지 않고 해결책을 찾아 말해 주는 데에만 급급하면 상대방은 청자가 자신의 이야기를 그만 듣고 싶어 하는 것으로 지각할 수 있다. 따라서 상대방의 이야기를 충분히 듣고 상대방이 해결책을 원하는지 확인한 후에 해결책을 제시하는 것이 좋다. 셋째, 상대방의 속도에 맞추어 준다. 사람마다 감정을 인식하고 느끼는 속도에 차이가 있다. 성급하게 결론을 내리기보다는 상대방이 자신의 감정을 충분히 표현할 수 있도록 시간을 주고 기다리는 것이 좋다. 때때로 사람들은 자신의 힘든 이야기를 할 때 굳이 언어로 표현하지 않고 옆에 있어 주는 것만으로 위로를 받기도 한다. 마지막으로, 성급하게 자신의 이야기로 대화의 방향을 전환하지 않는다. 상대방의 이야기를 듣다 보면 내가 겪은 비슷한 경험이 떠올라 "나도 그런 적 있어"라고 하면서 자신의 이야기를 늘어놓게 되는 경우가 있다. 대화는 주고받는 것이기 때문에 이러한 모습이 꼭 나쁘다고는 볼 수 없지만, 너무 나에게 집중된 대화가 진행되고 있지는 않은지 살펴볼 필요는 있다. 특히, 공감 반응이 필요한 상황에서는 상대방이 이야기를 마음껏 하고, 이를 통해 감정을 재경험하고 지지를 받을 수 있도록 충분한 시간을 제공할 필요가 있다.

(3) 질문하기: 개방형 질문, 폐쇄형 질문

대화의 중요한 목적 중의 하나는 정보의 공유이다. 보다 정확하고 풍부한 정보를 서로 공유하기 위해서는 적절한 질문을 활용하는 것이 도움이 된다. 앞에서 살펴본 것처럼 질문은 크게 닫힌 질문과 열린 질문으로 나눌 수 있다. 닫힌 질문은 질문을 하는 사람이 듣고 싶은 답을 어느 정도 정해 두고 하는 질문이다. 이는 구체적인 상황에서 알고자 하는 명확한 정보를 얻는 데에 도움이 된다. 예를 들면, "지금 사는 곳이 어디입니까?", "오늘 아침 식사를 했나요?" 등과 같이 청자가 원하는 정보나, '예' 또는 '아니요'로 대답하기를 원할 때 닫힌 질문을 사용할 수 있다. 하지만 닫힌 질문만 주로 활용할 경우, 취조하는 것과 같은 인상을 줄 수 있기 때문에 주의해서 사용할 필요가 있다. 그에 반해, 열린 질문은 질문을 받은 사람의 대답에 제한을 두지 않고 자유롭게 대답할 수 있도록 묻는 것이다. 화자의 생각, 느낌 등을 명료화하거나, 자유로운 응답을 통해 더 많은 이야기를 듣고 싶다면 개방형 질문을 사용하는 것이 좋다. "그 상황에서 어떤 기분이 들었나요?", "그때 무슨 생각을 했었나요?", "우리나라 경제 상황에 대해 어떻게 생각하시나요?" 등과 같은 질문이 열린 질문에 속한다. 이를 통해 청자는 이야기의 흐름과 맥락을 더 구체적으로 이해할 수 있으며, 화자는 자신의 생각이나 느낌에 대해 더 깊이 있게 생각하고 정리해 볼 수 있는 기회를 갖게 된다.

질문을 활용했을 때의 효과는 다음과 같다. 첫째, 상호 간에 이해를 촉진할 수 있다. 질문의 목적은 상대방의 이야기에 대해 지금보다 더 잘 이해하기 위함이다. 상대방의 상황과 경험뿐만 아니라, 내적인 느낌이나 생각도 알 수 있다. 둘째, 대화를 통한 라포 형성에 도움을 준다. 적절한 질문은 상대방에 대한 관심의 표현으로 비칠 수 있다. 일반적으로 대화를 지속하는 데에는 열린 질문이 도움이 될 수 있다. 왜냐하면 질문에 따라 다양한 대답이 가능하고, 그 대답에서 새로운 이야깃거리가 나올 수 있기 때문이다. 셋째, 문제 해결을 촉진한다. 질문을 통해 문제의 근본 원인을 파악하거나 질문자의 관점으로 문제를 새롭게 바라볼 수 있게 되어 해결책을 찾는 데 도움이 될 수 있다.

(4) 자기개방

개인은 매우 다양한 측면으로 구성되어 있다. 외모, 인상, 옷차림 등과 같은 외적 부분부터 이름, 직업 등과 같은 표면적이고 사실적인 정보, 그리고 생각, 느낌, 가치관 등과 같은 내적인 특성까지 다양한 측면을 갖는다. 개인의 표면적이고 사실적인 정보뿐만 아니라 개인의 생각, 느낌, 가치관을 언어적인 방법으로 알려주는 과정이 자기개방(self-disclosure)이다(Jourard & Lasakow, 1958; Cozby, 1973). 우리는 타인과 가까워지는 과정에서 자신에 대한 좋은 정보만을 주지는 않는다. 때로는 부정적인 정보를 공유하는 것이 더 공감적이고 믿을 만한 사람이라는 인상을 주기도 한다(Hoffman-Graff, 1977). 누군가가 나에게 전에 겪었던 말 못 할 힘든 일을 털어놓는다면, 우리는 그 사람의 어려움을 공감하는 동시에 정서적인 친밀감을 느끼게 된다. 어린 시절, 가장 친한 친구와 서로의 비밀을 공유하면서 가깝게 지내는 것도 비슷한 원리라 볼 수 있다. 자기개방을 하고 나면 타인에 대한 경계와 두려움이 감소하고 신뢰가 증진된다. 이렇게 증진된 신뢰는 서로의 자기개방을 촉진하면서 깊은 관계로 나아가게 한다.

그렇다면 신뢰감을 높일 수 있는 자기개방은 어떻게 하는 것이 좋을까? 첫째, 진솔성을 유지하면서 해야 한다. 진솔성이란 자기에 대한 솔직한 마음가짐을 의미하는데, 이는 인간관계를 맺는 데 있어 매우 기초적인 부분이라고 볼 수 있다. 다른 사람에게 돋보이기 위해서 자신의 실제 모습이 아닌 거짓된 모습을 보인다든가, 반대로 타인의 동정심을 이끌어 내기 위하여 자신의 상태나 처한 상황을 더 안 좋게 묘사하여 이야기하는 경우가 있다. 이러한 모습은 의도가 어떻든지 간에 상대방에게 신뢰하기 어려운 모습으로 비칠 가능성이 있다. 따라서 자기개방을 할 때는 자신의 현실적이고 진솔한 모습을 있는 그대로 보여 주는 것이 중요하다. 둘째, 자기개방에도 적절한 시점과 대상이 있다. 처음 만나는 사람에게 하기 적절한 수준의 자기개방이 있고, 오랜 시간 동안 관계를 맺어온 친구에게 할 수 있는 자기개방이 있다. 처음 만나는 사람에게 며칠 전 애인과 심하게 다툰 이야기를 하면서 애인에 대해 비난을 하는 것은 타인에게 심적인 부담감을 줄 수 있다. 왜냐하면 타인은 내가 어떤 사람인지, 나의 애인이 어떤 사람인지, 그리고 둘 사이의 관계적 맥락이 어떤지 모르는 상태라서 어떻게 반응해야 할지 난감할 수 있기 때문이다. 셋째, 감정을 표현하는 것이 중요하다. 자기에 관한 이야기를 할 때, 나에 대한 정보(예: 내가 처한 환경, 객관적 나의 상태 등), 내 생각, 내 감정 등을 이야기할 수 있다. 그중 핵심은 나의 감정을 전달하는 것이다. 내가 처한 상황에서 어떻게 느꼈는지를 정확히 전달하는 것이 중요하다.

다음으로 자기개방을 할 때 주의할 점을 알아보자. 첫째, 자기개방의 수준을 정해야 한다. 처음부터 너무 깊은 수준의 자기개방을 한다면 상대방에게 부담을 줄 수 있다. 새 학기 첫 수업에서 자기소개를 새로운 사람들 앞에서 하게 되었을 때, 마음속 깊이 있던 이야기들, 예를 들어, 어린 시절 부모님으로부터 상처받았던 이야기, 학창 시절 왕따를 당했던 이야기, 내가 싫어하는 사람의 특징 등을 말하게 된다면 나를 잘 알지 못하는 타인은 나에 대해 '부정적인 사람', '까탈스러운 사람' 등으로 기억하게 될지도 모른다. 둘째, 상대방의 반응을 살피면서 자기개방을 하는 것이 필요하다. 자기개방 역시 의사소통의 하나이기에 대화하는 상대의 표정, 언어, 태도 등을 주의 깊게 살펴보는 것이 중요하다. 즉, 자기개방이 상대방에게 어떤 영향을 미치고 있는지 파악함으로써 대화 중에 자기개방의 내용이나 수준 등을 정할 수 있다. 이는 상대방에 대한 존중이기도 하다.

다음의 사례를 읽고, 자기개방에 관한 질문에 답해 보자.

사례

대학생 새내기인 지원은 예전부터 해 보고 싶었던 교내 자원봉사 동아리에 가입했다. 그러나 새로운 동아리에서 활동하는 것이 다소 떨리고 긴장된다. 특히, 오늘은 동아리에 들어간 후 첫 공식 모임이 있는 날이다. 모임에 도착하자마자 다른 동아리원들은 서로 이야기도 잘하고 빨리 친해지는 것 같은데, 지원은 무슨 말을 어떻게 시작해야 할지 모르겠다. 곧 자기소개 시간도 올 텐데, 자신을 어디까지 오픈하는 게 좋을지도 고민이다.

1. 자기개방을 위해 어떤 준비를 할 수 있을까?
2. 위의 상황에서 지원은 자신에 관한 정보를 어디까지 공유하면 좋을까?
3. 동아리 첫 모임에서 자신을 표현할 때 주의할 점에 대해 이야기해 보자.

(5) 조언하기

『표준국어대사전』에 따르면 조언이란, 말로 거들거나 깨우쳐 주어 타인을 돕는 행위 또는 그러한 말을 의미한다. 즉 조언의 목적은 상대방에게 도움을 주기 위한 것이다. 그러나 때때로 조언이 잔소리 혹은 핀잔, 참견으로 여겨지기도 한다. 도움을 주고자 하는 목적도 중요하지만, 조언을 어떻게 효과적으로 전달할 것인가를 고민할 필요가 있다.

효과적으로 조언하기 위해서는 먼저 타이밍을 잘 고려해야 한다. 아무리 도움이 되는 말이라도 상대방이 들을 준비가 되어 있지 않다면 효과가 없을 것이다. 특히 문제가 발생하고 얼마 지나지 않은 시점이라 감정이 격화된 상태라면, 일단 마음을 가라앉혀 누군가의 이야기를 들을 수 있는 상태가 되도록 돕는 것이 조언보다 선행되어야 한다. 둘째, 상황에 대한 명확한 이해를 바탕으로 조언해야 한다. 상대방이 제공한 제한된 정보만 가지고는 도움이 되는 조언을 해 주기 어렵다. 따라서 상대방의 상황과 사건의 맥락, 그리고 그 상황에서 들었던 생각, 감정 등을 충분히 고려한 후, 조언을 해 주는 것이 좋다. 셋째, 조언은 구체적이고 실행 가능해야 한다. 추상적이거나 실행이 불가능한 조언은 실제적인 도움이 되지 않고, 되려 혼란만 가중시킬 수 있다. 학업과 관련된 조언을 할 때, "잠을 하루에 4시간으로 줄이고 나머지 시간에 공부에 전념해 보세요"라고 한다면 스트레스와 혼란만 가중시킬 수 있다.

다른 의사소통 기술보다 직접적으로 관여하는 조언의 경우 사용할 때 더 많은 주의점이 있다. 첫째, 조언을 제공하기 전 상대방의 동의를 구해야 한다. 앞서 조언을 들을 준비가 되어 있지 않은 사람에게 제공되는 조언은 도움이 되지 않을 가능성이 크고, 오히려 적대적이고 반항적인 마음만 키울지도 모른다는 것을 언급하였다. 따라서 상대방이 조언을 들을 심적인 준비가 됐는지 확인을 해야 하며, 동의를 통해서 상대방의 마음 상태를 확인하는 작업이 필요하다. 둘째, 조언 듣기를 강요해서는 안 된다. 조언하는 사람은 조언이 여러 의견 중 하나일 뿐 유일무이한 정답이 아니라는 점을 유념해야 한다. 이러한 생각을 할 때라야 내 조언에 대한 상대방의 거절이 받아들여지고 이해될 수 있다. 특히, '인생을 더 오래 살아본 선배로서' 이야기를 하다 보면, "인생의 경험이 짧고 어린 너는 내 이야기를 잘 듣기나 해"라는 메시지가 전달될 수 있다. 인생의 길고 짧음의 여부와 상관없이 각 개인은 경험하는 상황이 다르고 가지고 있는 관점도 다르다. 조언을 하기 전 이 점을 명확히 인식하는 것이 중요하다.

(6) 나 전달법

'나 전달법(I-message)'은 자신의 감정과 생각을 불필요한 오해나 상대방에 대한 폄하 없이 전달하는 의사소통 기법이다. 일반적으로 갈등 상황에서 타인을 비난하지 않고 자신의 욕구나 느낌을 명확히 표현하는 기법으로 잘 알려져 있다. 기법의 이름에서도 알 수 있듯이 나 전달법은 '나'를 문장의 중심에 두는 방식이다. 즉, 전달하고자 하는 핵심이 '내'가 느끼는 것, 생각하는 것이다. 예를 들어 보자. 친구와 만나기로 약속했는데 친구가 15분이 지나도 도착하지 않는다. 기다리다 화가 나서 "너는 맨날 지각이나 하고 애가 왜 그 모양이냐"라고 쏘아붙일 수도 있지만, 나 전달법을 활용해서 말을 하면 "네가 오늘 늦어서 나는 정말 속이 상했어. 왜냐하면 나는 너와 더 많은 시간을 함께 보내고 싶었거든"이라고 이야기할 수도 있다.

나 전달법의 구성 요소를 면밀히 살펴보면 행동의 구체적인 설명, 나의 감정이나 생각의 표현, 영향 설명으로 구분할 수 있다. 첫째, 내 감정을 불러일으킨 행동에 대해 설명하는 부분이다. 이는 내가 화가 난 이유가 '상대방' 때문이 아니라 상대방의 '행동' 때문이라는 사실을 일깨워 준다. 이 부분이 중요한 이유는 내가 느끼는 감정의 원인에 대한 한계를 설정해 주기 때문이다. 쉽게 예로 설명하자면, '네가 지각한 행동' 때문에 화가 난 것이지, '너라는 존재' 때문에 화가 난 것이 아니라는 것이다. 둘째, 나의 감정이나 생각을 표현하는 부분이다. 나 전달법은 '나'를 문장의 중심에 둔다. 즉, 내가 어떤 감정 혹은 생각을 경험했는지를 상대방에게 알려주는 것이다. 우리말은 영어와는 달리 주어가 생략되는 경우가 잦다. 하지만 나 전달법에서는 주어를 강조해 이야기한다. "내가 속상했어", "나는 화가 났어", "나를 별로 좋아하지 않는다는 생각이 들었어" 등 감정 또는 생각의 주체가 '나'임을 명확히 알려주어야 한다. 셋째, 상대방의 행동이 나에게 미치는 영향을 설명해 준다. 예를 들어, 상대방의 지각에 대해 이야기한다면, 지각 때문에 함께 보낼 시간이 줄어들게 되며, 팀플에서 자신의 역할을 제대로 하지 않으면 전체 작업 스케줄이 흐트러질 수 있는 것을 이야기해 주는 것이다. 그리고 팀플을 등한시하면 나머지 구성원이 더 큰 부담감을 느끼게 될 수 있다. 이렇게 행동에 대한 영향을 상대방에게 이야기해 줌으로써 나 전달법으로 이야기하는 사람이 경험하는 감정과 생각의 이유를 전달할 수 있다.

3 온택트 대인관계 전략

(1) 온택트의 특성과 대인관계

온택트는 온라인(online)과 언택트(untact)를 결합한 합성어로, 직접 대면하여 만나는 것이 아닌 온라인에서 관계를 맺어 나가는 것을 의미한다(연합인포맥스, 2020.08.20.). 비대면 접촉 방식을 의미하는 온택트는 코로나19 팬데믹 이후 우리 사회에 급속도로 확산되었다. 바이러스 감염에 대한 우려로 인해 학교 및 직장에서 모일 수 없는 상황이 되자, 온라인 회의를 진행할 수 있는 플랫폼을 활용한 실시간 온라인 수업/회의를 진행하게 되었고, 이로 인해 학생들과 교수자가 상호작용할 수 있는 다양한 온라인 도구가 생겨났다.

이러한 온택트상에서 이루어지는 소통의 주요 특성은 다음과 같이 정리할 수 있다.

첫째, 디지털 기기를 매개로 한 소통이다. 직접 얼굴을 맞대고, 상대방의 태도와 분위기 등을 관찰하면서 대화를 나누는 것이 아니라 컴퓨터나 스마트폰 등 디지털 기기를 기반으로 하여 소통이 이루어진다. '나'와 '너' 사이에 전달 매체가 들어오면서 생기게 된 문제는 전달되는 정보의 생략이 일어난다는 것이다. 예를 들면, 전화를 통한 소통은 음성 언어 이외의 표정, 눈 맞춤, 몸짓, 자세 등과 같은 비언어적 메시지가 생략된다. 화상 회의는 언어적 메시지, 표정, 일부 손동작 등은 관찰이 가능하나, 자세, 다양한 몸짓, 눈 맞춤 여부 등은 정확하게 알기 어렵다. 이를 보완하기 위해 이모티콘, 이모지 등과 같은 정서를 표현할 수 있는 수단이 생겨났고, 또한 보다 다양한 정보를 담을 수 있는 플랫폼이 개발되었다. 그렇지만 여전히 대면 소통에서 전달되는 모든 정보를 전달하기에는 제한적이다.

둘째, 공간과 시간의 제약을 극복할 수 있다. SNS(social network service)는 인터넷 연결이 가능한 곳이라면 지역과 공간에 상관없이 국내외 어디서든 서로 소통할 수 있도록 해 주어 개인의 활동 영역을 국내를 넘어 국제적으로 확장시키는 데 도움을 준다. 개인뿐만 아니라 학교나 기업에서도 온라인 화상 회의를 통해 지역이 멀리 떨어져 있는 사람들과 소통을 할 수 있다. 이를 통해 시간적 제약 역시 극복할 수 있다. 예전처럼 대면 회의만 이루어지는 경우, 서울에서 만난다고 하면 지방에 사는 사람들은 서울에 사는 사람들보다 몇 배의 시간을 써야 했다. 하지만 지금은 개인의 생활권 내에서 온라인으로 간편하게 만날 수 있으므로 비교적 적은 시간을 투자하여 소통할 수 있다. 또한 대면으로 만날 때 대중교통 수단의 이용 가능 시간까지 고려하여 이른 아침이나 늦은 저녁에 만나는 것이 어려웠지만, 온라인에서는 보다 유연하게 시간을 활용할 수 있다. 하지만 너무나 접근이 쉬워진 SNS는 개인의 사적 시간을 침해한다는 문제를 유발하기 때문에, 사용에 있어서 신중할 필요가 있다.

셋째, 다양한 형태의 상호작용이 존재한다. 기술의 발달로 인해 온라인상에서 여러 형태로 상호작용할 수 있게 되었다. 팬데믹 이후 온라인상의 소통이 더욱 중요해지면서 이를 수행할 수 있는 다양한 플랫폼이 등장했다. 전통적으로 존재해 온 이메일, SNS와 같이 문자(text)를 기반으로 한 플랫폼이나 음성 언어를 기반으로 한 전화뿐만 아니라, 화상(video)을 기반으로 소통할 수 있는 플랫폼 역시 다양하게 생겨났다. 또한 온라인에 문서를 탑재해 여럿이 공동으로 작업할 수 있는 도구, 가상 현실(VR)과 증강 현실(AR)을 통해 소통할 수 있는 플랫폼, 가상의 아바타를 만들어 온라인상에서 게임처럼 소통이 가능한 메타버스(metaverse) 등이 개발되었다. 따라서 개인은 원하는 용도에 맞게 플랫폼을 선택하여 활용할 수 있다. 일례로 화상 회의가 가능한 플랫폼에서 내 얼굴을 화면에 보여 주고 싶지 않다면 나만의 아바타 얼굴을 선택하여 대화에 참여할 수도 있다. 그 아바타는 내 움직임을 모방하며 심지어 내 표정의 변화를 감지하여 나를 대신해 표정을 지어주기도 한다.

(2) 온택트 대인관계 전략

온택트 장면에서 대인관계는 직접적인 의사소통이 아닌 온라인 플랫폼을 사이에 두고 맺는 관계이기 때문에 일반 대인관계 기술과는 조금 다른 전략을 필요로 한다.

첫째, 명확하고 구체적인 의사소통을 하는 것이 필요하다. 조별 발표를 준비하는 단체 채팅방에서 대화를 나눈다고 가정해 보자. 리더가 "다음 모임 전까지 토론 준비를 해오세요"라고만 메시지를 전달했을 때와 "팀원들, 안녕하세요. 다음 주 모임(날짜/시간, 장소)에 진행될 토론 주제는 '온난화와 탄소 중립'입니다. 각자 1) 주요 논점 세 가지 정리, 2) 각 논점에 대한 근거자료 수집, 3) 해당 논점에 대한 자기 생각을 정리해 와 주세요"라고 말했을 때 어떤 메시지가 더 명확한지는 쉽게 알 수 있을 것이다. 필요한 정보들이 빠짐없이 제공될 때 효율적인 의사소통이 일어날 수 있다. 특히, 온라인상에서 자신의 이름이나 소속과 같은 기본 정보를 명시하는 것이 중요하다. 온라인에서 '상대방이 이미 알고 있을 것'이라고 단정하지 말고 기본적인 정보부터 명확히 제시해야 한다. 이는 불필요한 오해나 혼란을 줄여 주며, 온라인 대인관계에서 지켜야 할 기본적 예의이기도 하다.

둘째, 자신을 적극적으로 표현할 필요가 있다. 온택트상에서 이루어지는 의사소통은 대면 상황보다 전달되는 정보가 제한적이다. 특히, 표정, 제스처, 목소리 톤, 말의 속도 등의 비언어적인 메시지가 생략된 채 의사소통이 일어날 수 있는 상황에서 자신을 적극적으로 표현하지 않으면 불필요한 오해가 발생할 수 있다. 대면 상황에서의 모임과 비대면 상황에서의 모임을 비교해 보자. 각 상황에서 대화에 참여하지 않는 구성원이 있을 때, 대면 상황에서는 해당 구성원의 분위기와 표정 등에서 해당 구성원의 상태(모임에 집중하고 있는지, 아니면 다른 생각에 빠져 있는지 등)를 어느 정도 인지할 수 있지만, 비대면 상황에서는 제한되는 경우가 많다. 참가자가 비디오나 마이크를 꺼둔 채 모임에 있다면 어떤 상태로 모임에 참여하고 있는지 확인할 방법이 없다. 이러한 경우 역시 불필요한 오해가 발생할 수 있는데 이때 비대면 참가자는 자신의 상태를 다른 참가자들에게 적극적으로 알려줄 필요가 있다.

셋째, 이모티콘, 이모지 등을 활용하여 정서를 표현해 주는 것도 좋다. 온택트상에서 개인의 정서적 상태를 간결하면서도 쉽게 알릴 수 있는 것이 이모티콘이다. 스터디 모임이 취소되었다는 메시지에 대한 대답으로 '알겠어:)'와 '알겠어ㅠㅠ'는 전달하는 사람의 기분 상태를 다르게 나타낸다. 상대방의 기분이 파악되면 대화를 어떻게 이어나갈지 명확히 할 수 있다.

넷째, 네티켓(netiquette)을 지켜야 한다. 네티켓은 '네트워크(network)'와 예절과 매너를 뜻하는 '에티켓(etiquette)'의 합성어로 온라인상에서 지켜야 하는 예의를 의미한다. 익명성 뒤에 숨어 인터넷 기사나 영상에 타인을 심하게 비난하거나 모독하는 댓글을 올려 유명인이 극단적 선택을 하거나 명예

훼손 등의 법적 문제가 발생한 경우가 심심치 않게 존재해 왔다. 강력한 법적 장치를 만드는 것도 필요하지만, 이에 앞서 네티켓에 대한 개인의 인식이 향상될 필요가 있다. 타인을 존중하고 배려하는 언어를 사용하며, 동의 없이 개인 정보를 함부로 공유하거나 노출해서는 안 된다. 또한 과도하게 자극적인 콘텐츠나 선정적이고 폭력적인 내용을 공유하지 말아야 한다.

생각해 보기 다양한 온라인 환경들

◆ 파티장 같은 채팅 플랫폼

미국 실리콘밸리의 스타트업 '시엠프레 컬렉티브'에서는 온라인 채팅의 한계를 넘기 위한 온라인 플랫폼을 지난 4월 출시했다.

'온라인 타운' 플랫폼은 미국 센트럴파크, 아파트, 공원 등의 가상 '공간' 지도를 제공한다. 공간 내에서 아바타끼리 가까워질 때만 해당 이용자 간 오디오 및 비디오 채팅이 활성화돼 화상 채팅이나 회의를 할 수 있고, 멀어질 경우 비활성화된다.

기존 온라인 채팅의 경우 참여자들이 한 공간에서 동시다발적으로 대화에 참여하기 때문에 참여자 간 대화에 집중하기 어렵고 양질의 대화나 친목을 나누기도 어려운 경우가 많다. 이러한 문제는 참여자가 많아질수록 커진다. 온라인 타운은 온라인 채팅에 공간적 개념과 게임적 요소를 도입함으로써, 이러한 한계를 뛰어넘으려는 시도다. 마치 한 공간에 있는 것처럼 대화를 하고 싶은 사람에게 다가가 말을 걸 수 있고, 이내 멀어져 다른 참여자들과 모여 실시간으로 대화를 나눌 수 있다.

언택트 시대 물리적으로는 만남이 어려워졌지만, 온라인 타운에서의 '가상 만남'을 통해 실제 만남에 대한 목마름을 해소할 수 있다. 특정 시간, 특정 장소에서 만나기로 약속하고 온라인 타운 내에서 화살표 키보드로 각자의 아바타를 이동시켜 만나서 친목을 다지거나, 파티를 열어 다양한 사람들과 알아갈 수도 있다.

◆ 온라인으로 대학 캠퍼스도 구축

온라인으로 원격 수업은 계속되고 있지만 대학 교정이 그리운 학생들은 온라인에 대학 캠퍼스를 구축하고 친목을 다지려는 시도를 기울이고 있다.

미국 MIT 공대 학생들은 유명 게임인 마인크래프트 내에 캠퍼스를 똑같이 짓고, 함께 교정을 거니는 등의 이벤트를 벌이고 있다. 마인크래프트는 샌드박스 형식의 비디오 게임으로, 네모난 블럭으로 이루어진 세계에서 생존과 건축을 할 수 있다.

이어 버클리대, 펜실베이니아대, 오벌린대들이 뒤따라 캠퍼스 구축에 나섰다. 가상 캠퍼스들은 건물을 그대로 재현하는 것은 물론, 기숙사나 스타디움 등 내부 시설을 그대로 구현한 것으로 알려졌다.

가상 캠퍼스뿐만 아니라 마인크래프트 자체를 교육용 플랫폼으로 활용하는 사례도 있다. 최근 폴란드 정부는 집에서도 학생들이 어울릴 수 있고 게임 및 학습을 즐길 수 있는 마인크래프트 교육용 콘텐츠를 개발해 학생들에게 배포했다. 게임에 접속하면 학생들은 정부에서 제공하는 시나리오와 건축 재료들을 제공받아 건물을 지을 수 있으며, 이외에도 퍼즐 게임이나 폴란드 역사 퀴즈 등 다양한 정보를 제공한다.

마인크래프트 내에 학생들이 구현한 미국 버클리대 캠퍼스.

출처: 마인크래프트/Blockeley University

1   이 장에서 배운 인간관계 기술 중 내가 잘 활용하고 있는 것과 그렇지 않은 것
    들을 나눈 다음, 잘 활용하고 있지 않은 기술 중 어떤 기술을 보완하고 싶은지
    고민해 보자.

2   최근 누군가와 대화했을 때, 상대방의 비언어적 표현(표정, 몸짓, 말투 등)이 나
    에게 어떤 메시지로 전달됐는지 떠올려 보자. 그때 이를 어떻게 해석했는지, 상
    대의 의도를 정확히 이해했는지 생각해 보자.

3   상대방에게 서운했던 경험을 떠올린 후, 나 전달법을 사용하여 자신의 감정을
    효과적으로 표현하는 것을 연습해 보자.

10 관계 갈등과 회복

●

이 장에서는 인간관계에서 발생하는 갈등과 그 해결 방안을 다룬다. 갈등은 인간관계에서 피할 수 없는 요소이며, 이를 어떻게 관리하느냐에 따라 관계의 질이 달라진다. 갈등의 원인으로는 의견 차이, 의사소통 오류, 자원 부족 등이 있으며, 원만히 해결되지 않은 갈등은 관계를 악화시킬 수 있다. 갈등을 해결하기 위해서는 갈등을 자연스럽게 받아들이고 상호 존중하는 것과 문제의 핵심에 집중하는 것, 개방적이고 솔직한 의사소통이 강조된다. 또한 신뢰를 재구축하고 상대방을 이해하며, 필요시 사과와 용서를 통해 관계를 회복하는 것이 중요하다.

학습 목표

★ 인간관계에서 발생하는 갈등의 종류에 대해 알 수 있다.

★ 갈등 관리의 여러 유형에 대해 이해하고 자신의 유형을 알 수 있다.

★ 갈등 해결 방안을 알고, 악화된 관계를 회복하기 위한 노력을 실천할 수 있다.

지원과 유진은 대학교에서 같은 수업의 팀 프로젝트에서 처음 만났다. 프로젝트가 진행되며 두 사람은 자연스럽게 가까워졌다. 강의실에서 함께 머리를 맞대고 토론하고, 도서관에서 자료를 찾으며 카페에서 계획을 세우는 동안 점점 더 친밀해졌다. 프로젝트는 성공적으로 마무리되었고, 이후 팀은 뒤풀이 회식을 했다. 유진은 지원과 대화를 할 수 있는 회식을 내심 기다리고 있었다.

회식 날, 팀원들은 학교 근처 작은 치킨집에서 맥주를 마시며 축하의 말을 나눴다. 지원과 유진은 자연스럽게 서로의 옆자리에 앉았다. 처음에는 모든 것이 완벽해 보였다. 맛있는 음식, 따뜻한 분위기, 그리고 무엇보다도 웃음소리가 넘쳐났다. 하지만 시간이 지나면서, 술기운에 농담이 오가던 중 사소한 사건이 벌어졌다.

유진은 평소처럼 농담을 던졌다. "지원아, 너는 꼼꼼하게 확인하지 않아도 완벽하게 해내잖아. 그런데 이번에도 너는 내가 한 부분을 계속 점검하더라, 그게 너무 신경 쓰였어."

농담이었지만, 지원의 얼굴은 조금 굳어졌다. 그녀는 자신이 철저하게 일을 처리했기 때문에 프로젝트가 성공적으로 끝났다고 생각하고 있었다. 하지만 유진의 말은 마치 그녀의 노력을 과도한 꼼꼼함이라 폄하한 것처럼 느껴졌다. 그녀는 억지로 웃음을 지으며 대답했다. "그래, 다음에는 내가 그냥 대충할게. 그럼 네가 만족하려나?" 유진은 그녀의 반응을 예상하지 못했고, 분위기는 순간 어색해졌다. 다른 팀원들은 곧 대수롭지 않게 넘겼지만, 지원과 유진 사이에는 알 수 없는 불편함이 스며들었다.

프로젝트 식사 모임이 끝나고, 두 사람은 각자의 집으로 돌아가는 길에 함께 걷게 되었다. 조용한 밤거리를 걸으며, 지원은 그 농담이 불편했다고 솔직히 털어놓았다. "유진, 아까 너의 농담이 나를 무시하는 것처럼 들렸어. 내가 너무 예민한 걸까?"

유진은 당황해하며 대답했다. "아니야, 그런 의도가 아니었어. 그냥 웃자고 한 말이었는데… 미안해. 너의 기분을 나쁘게 하려던 건 아니었어."

그러나 지원은 속상한 마음을 완전히 떨쳐내지 못했고, 유진은 자신이 정말 그렇게 잘못했는지 혼란스러워졌다. 두 사람은 그날 이후로 서로에게 거리감을 느끼기 시작했다.

이후에도 두 사람은 몇 번 만나 갈등을 해결해 보고자 했지만, 갈등의 잔재는 쉽게 사라지지 않았다. 어색한 분위기에서 대화를 시도하며 서로의 마음을 깊이 들여다보려 했으나, 둘 사이에 쌓인 오해와 상처는 생각보다 깊었다. 지원은 유진이 자신을 진심으로 이해하지 못한다고 느꼈고, 유진은 지원이 너무 민감하게 반응한다고 생각했다.

이후에도 몇 차례 더 만나 관계를 회복하려고 했지만, 이미 벌어진 간극은 쉽게 메워지지 않았다. 대화를 하면 할수록 지원은 유진이 자신을 제대로 알아주지 않는다는 느낌을 지울 수 없었고, 유진은 지원이 과민 반응을 보인다고 생각하며 점점 더 답답함을 느꼈다.

결국, 두 사람은 자연스럽게 멀어지기 시작했다. 그들의 대화는 점점 줄어들었고, 만남도 이전처럼 자연스럽지 않았다. 서로를 향한 감정은 여전히 남아 있었지만, 그 작은 갈등이 점점 더 큰 장벽이 되어 두 사람을 갈라놓았다.

유진은 혼자서 그날 밤의 대화를 되새기며 후회했다. '그때 내가 더 신중하게 말했어야 했는데…' 그는 스스로에게 나지막이 읊조렸다. 하지만 이미 시간이 많이 흘렀고, 관계는 예전으로 돌아가기 어려워 보였다.

지원도 비슷한 생각을 하며 혼자 있는 시간에 그날의 일을 되짚어 보았다. '내가 너무 예민하게 반응했나? 아니면 정말 유진이 나를 그렇게 생각한 걸까?' 그녀의 마음속에서도 아직 해결되지 않은 의문과 미련이 남아 있었다.

두 사람은 서로에게 다가가고 싶었지만, 그날의 오해와 상처가 그들의 발목을 잡고 있었다. 그렇게 시간이 흐르면서, 그들은 점점 더 멀어져 갔다.

---

1 인간관계 갈등

인간은 사회적 동물이다. 즉, 태어나면서부터 죽을 때까지 가족, 친구, 동료, 연인 등 다양한 인물과 관계를 형성하며 살아간다. 관계에서는 필연적으로 갈등이 발생하게 되는데, 일반적으로 관계가 깊어지면 서로에 대한 기대도 함께 올라가기 때문이다. 인간관계의 갈등은 개인 간에서 발생하기도 하지만 개인과 집단, 혹은 집단과 집단 사이에서 발생하기도 한다. 여러 주체들 사이에서 이해관계, 목표, 가치관 등이 충돌하면 긴장 상태가 생기는데 이를 갈등이라고 한다. 발생한 갈등에는 부정적 정서가 수반되기 때문에 이를 적절히 다루지 않으면 관계가 위태로워질 수도 있는 반면에, 잘 관리되고 해결된다면 되려 관계를 더욱 견고하게 만들 수 있다.

2 갈등의 유형

갈등은 개인의 내면에서 발생하는 갈등과 개인 간 갈등, 그리고 집단 간 갈등으로 나누어 볼 수 있다.

(1) 개인 내 갈등

개인 내 갈등은 개인 내면에서 일어나는 갈등으로, 레윈(Lewin, 1931)은 개인의 요구나 목표가 상호 양립할 수 없는 상황을 중심으로 이를 설명하고자 하였다. 우리는 무언가가 우리에게 도움이 되거나 매력적이라 느낄 때 접근하고자 하고, 반대로 해가 되거나 도움이 되지 않을 거라고 느낄 때 회피하고자 한다. 이러한 접근과 회피로 인해 발생하는 갈등은 다음의 네 가지 유형으로 나누어 볼 수 있다.

① 접근-접근 갈등

개인이 선택할 수 있는 두 가지 목표가 모두 도움이 되거나 매력적이지만 궁극적으로 하나만을 선택해야 할 때 발생하는 갈등이다. 예를 들어, 고등학생이 자기가 가고 싶은 두 대학교로부터 모두 합격 통지를 받았다. 하나의 대학은 자신이 원하는 전공을 장학금을 받으며 공부할 수 있는 곳이고, 다른 하나의 대학은 명성이 뛰어난 대학이다. 이러한 상황에서 갈등을 해결하는 방법은 다음과 같다. 먼저, 추가적 정보를 수집한다. 온라인, 지인, 관련된 사람들을 통해 각 선택지에 대한 더 많은 정보를 얻는다. 그리고 멘토 등 믿을 수 있는 인생 선배의 조언을 구하는 것도 좋다. 그런 다음 앞서 수집된 정보를 토대로 두 목표의 장단점을 비교하여 우선순위를 정하고, 장기적인 관점에서 봤을 때 개인의 목표와 가치에 부합하는 선택을 한다.

② 회피-회피 갈등

앞서 접근-접근 갈등과는 정반대로 두 목표가 모두 도움이 되지 않아 피하고 싶은 상황에서 어쩔 수 없이 하나를 선택해야 하는 상황에 발생하는 갈등이다. 예를 들어, 졸업을 앞둔 어떤 학생이 졸업을 위해 이번 학기의 듣고 싶지 않았던 두 수업 중 하나를 반드시 수강해야 한다. 이런 상황에서 둘 중에 어떤 수업을 선택해야 할지에 대한 갈등이 바로 회피-회피 갈등이다. 이러한 상황에서 갈등을 해결하는 방법은 다음과 같다. 첫째, 제3의 대안이 있는지 확인한다. 위의 예시라면 꼭 해당 과목을 듣지 않고도 졸업할 방법이 있는지 정보를 수집해 본다. 둘째, 두 선택지의 장단점을 비교하여 장기적 관점에서 어떤 선택이 상대적으로 더 도움이 되는 선택인지 따져본다. 셋째, 선택에 따르게 될 결과를 수용하고 이를 잘 수행하기 위해 마음가짐을 새롭게 한다.

③ 접근-회피 갈등

하나의 목표에 대하여, 접근에 대한 경향과 회피에 대한 경향을 모두 느끼는 상황에서 발생하는 갈등이다. 예를 들어, 졸업과 동시에 취업하게 되었는데 취업한 일자리가 크게 맘에 들지 않는 경우이다. 취업이 어려운 상황에서 졸업하자마자 일을 하게 되었다는 사실은 기쁘지만, 본인이 원하는 일자리가 아닌 경우 접근-회피 갈등이 발생할 수 있다. 이러한 상황에서 갈등을 해결하는 방법은 다음과 같다. 첫째, 장기적인 목표를 설정한다. 위의 예시로 살펴보면, 개인의 장기적 경력 목표를 설정하고, 취업한 직장에 입사하는 것이 장기 목표에 부합하는지를 평가한다. 둘째, 비용-편익 분석을 해 본다. 입사할 때 발생하는 긍정적인 측면과 부정적인 측면을 나열해 보고, 반대로 입사를 하지 않을 때 발생하는 두 측면을 나열해 본다. 이 두 가지를 통해 어떤 측면이 더 중요한지 판단한다. 셋째, 긍정적인 대안을 강화할 수 있는 방안을 모색한다. 입사를 선택하든, 새로운 도전을 선택하든 발생할 수 있는 각각의 부정적인 측면을 보완하고 긍정적 측면을 강화할 수 있는 전략을 수립한다. 예를 들면, 입사를 하여 회사에서 제공하는 직무교육에 대한 기회를 잘 활용하거나 본인이 앞으로 전문성을 쌓고 싶은 부서로의 이동을 요청할 수 있다.

④ 이중 접근-회피 갈등

선택 가능한 두 가지의 목표가 모두 매력적인 측면과 비매력적인 측면을 가지고 있는 경우에 발생한다. 예를 들어, 어떤 학생이 두 곳의 직장에서 합격 통보를 받았다. 한 곳은 보수가 높지만, 현재의 생활권과는 멀리 떨어진 다른 지방에서 근무를 해야 한다. 다른 한 곳은 생활권과 근접한 곳에서 직장생활을 할 수 있지만, 보수가 높지 않고 업무 강도가 높다. 이렇게 두 가지 모두 장단점을 가지고 있어 선택이 어려울 때 이중 접근-회피 갈등이 발생한다. 이러한 상황에서 갈등을 해결하는 방법은 다음과 같다. 첫째, 자신의 우선순위를 점검한다. 개인이 가진 가치와 적성, 흥미 등을 토대로 어떤 가치가 더 중요한지 확인한 후에 의사결정을 한다. 둘째, 타인의 조언을 구할 수 있다. 나를 잘 아는 가족이나 친구 혹은 멘토에게 물어보거나 진로상담이나 코칭 등을 통해 전문가의 도움을 구하여 의사결정에 도움을 받는다.

(2) 개인 간 갈등

개인 간 갈등은 두 사람 사이의 불일치로 인해 발생하는 갈등으로, 가족이나 친구, 동료, 연인 등 다양한 관계에서 나타난다. 이는 다음과 같은 여러 원인에 의해 일어날 수 있다. 첫째, 의견이나 가치관의 차이이다. 예를 들면, 수업에서 함께 팀 프로젝트를 진행하는데 같은 팀 내의 두 사람의 의견이 다를 때, 혹은 지향하는 방향성이 다를 때 갈등이 생길 수 있다. 둘째, 서로 간의 기대 불일치이다. 어려운 일을 겪은 후 친구에게 위로받고 싶다는 기대로 자신의 이야기를 꺼냈는데, 되려 상대방은 친구가 자신을 감정의 쓰레기통으로 생각했다는 마음이 들어 갈등이 야기될 수 있다. 셋째, 의사소통에서 생기는 오해이다. 때로 우리는 내가 이야기하지 않아도 상대방이 알아서 나를 이해하리라 생각하고 행동하기도 한다. 그러나 이러한 소통의 부재는 오해를 낳아 갈등의 원인이 되기도 하므로 가까운 관계일지라도 자신의 이야기를 하는 것이 불필요한 갈등을 줄이는 방법이기도 하다. 넷째, 제한된 자원이다. 아이들이 양육자의 사랑과 관심을 두고 경쟁할 때와 같이 둘 중 한 명은 이기고 다른 한 명은 질 수밖에 없는 경쟁을 할 때 갈등이 생길 수 있다.

(3) 집단 간 갈등

집단 간에도 갈등이 발생할 수 있다. 집단 간에서 발생하는 갈등은 개인 간에서 발생하는 갈등에 비해 다양한 원인으로 나타날 수 있다. 제한된 자원 경쟁, 목표 불일치, 조직 내 역할의 모호성, 문화적 차이, 의사소통 문제 등이 원인일 수 있다.

이러한 집단 간 갈등은 갈등의 형태나 원인에 의해 구분될 수 있다. 먼저, 형태에 따라서는 수직적 갈등과 수평적 갈등으로 나눌 수 있다.

- 수직적 갈등: 조직 내에 존재하는 상위 집단과 하위 집단 사이에서 발생하는 갈등이다. 주로 권한이나 책임의 분배 문제, 자원의 배분, 의사결정 과정에서 문제가 발생할 수 있다. 예를 들면, 의사결정 과정에서 경영진이 실

무자 집단의 의사를 반영하지 않거나, 조직의 이윤을 직급에 따라 불공정하게 배분했을 때 갈등이 발생할 수 있다.

- 수평적 갈등: 조직 내에서 동일한 계층에 있는 집단들 간의 갈등을 의미한다. 주로 부서 간 갈등인데, 역할 분배, 자원 경쟁, 목표 충돌 등에 의해 유발될 수 있다. 예를 들면, 마케팅 부서에서는 3개월 안에 신제품이 출시되어야 한다고 주장하지만 생산 부서에서는 적어도 6개월은 필요하다고 하면서 충돌이 발생할 수 있다. 혹은 조직의 투자 방향에 대해 영업 부서는 인력 확충이 필요하다고 주장하는 반면, 연구개발(R&D) 부서에서는 제품 개발을 위한 장비 확충이 필요하다고 주장할 수 있다.

둘째, 발생 원인에 따라 역할 갈등, 기능적 갈등, 문화적 갈등 등이 있을 수 있다.

- 역할 갈등: 조직 내에는 여러 역할이 존재하는데, 이러한 역할이 특정인에게 중복되어 부과되거나 역할이 불명확할 경우 갈등이 발생할 수 있다. 예를 들어, 영업 부서와 고객지원 부서가 고객이 제기한 불만 사항에 대해 서로 책임을 전가하면서 생기는 갈등이 역할 갈등이라고 볼 수 있다.
- 기능적 갈등: 조직 내에 각기 다른 기능을 하는 집단이 동일한 상황에서 서로 다른 견해를 가지고 업무를 처리해 가는 과정에서 간섭이 발생하며 일어나는 갈등이다. 이러한 갈등은 역할에 따른 책임 소재, 자원 배분 등의 문제에서 발생할 수 있다. 예를 들어, 생산 담당 부서에서는 제품 생산의 속도를 높이기 위해 품질검사의 단계를 줄이고자 하지만, 품질관리 부서에서는 품질 저하를 우려해 이를 반대하는 경우가 이에 속한다.
- 문화적 갈등: 서로 다른 문화적 배경을 가진 집단 사이에 발생하는 갈등을 의미한다. 이러한 갈등은 주로 가치관, 신념, 의사소통 스타일 등의 차이로 인해 발생할 수 있으며, 다문화 환경이나 다국적 기업에서 많이 발생할 수

있다. 유교적 문화권에서 자란 한국인 남편과 개인의 자유가 중요한 문화권에서 자란 외국인 아내 사이의 갈등, 빠른 의사결정과 혁신을 중시하는 미국 본사와 신중하고 합의 중심의 기업 문화를 가진 일본 지사와의 갈등 등이 예가 될 수 있다.

3 갈등 관리와 인간관계

(1) 갈등 관리의 중요성

인간사에서 갈등은 필연적으로 나타나기 마련인데, 이때 중요한 것은 갈등을 어떻게 효과적이고 생산적으로 잘 다룰 것인가이다. 갈등 관리는 단순히 갈등을 억제하고 회피하는 것이 아니라 갈등의 원인, 성격, 수준 등을 분석하여 갈등을 다룰 수 있는 수준으로 유지하거나 해소하는 일련의 방식을 의미한다(천대윤, 2001).

갈등 관리의 중요성은 다음과 같다. 첫째, 인간관계 개선에 도움이 된다. 갈등은 이면에 잠재되어 있던 관계 문제를 수면 위로 떠오르게 하는데, 이를 효과적이고 건설적으로 해결하게 되면 관계가 개선되고 신뢰가 두터워질 수 있다. 둘째, 개인의 대인관계 역량 및 인격적 성장이 일어난다. 갈등을 해결하는 과정에서 문제 해결 능력, 의사소통 능력, 인내심, 상대방을 배려하는 태도 등을 배우고 실천하면서 체득할 수 있다. 셋째, 대인관계에서 창의적이고 혁신적인 아이디어를 적용하여 해결책을 모색할 수 있다.

갈등을 어떻게 관리할 것인가에 대해서는 학자마다 견해의 차이가 있다. 표 10.1은 학자별 갈등 관리 기법을 정리한 것이다.

표 10.1 학자별 갈등 관리 기법 주요 내용

학자	주요 내용
토머스, 킬만 (Thomas & Kilmann, 1974)	• 경쟁: 자신의 목표를 다른 사람의 목표보다 우선시하는 전략 • 협력: 서로의 목표를 모두 충족시키려는 전략 • 타협: 양쪽 모두 일부 양보하는 전략 • 회피: 갈등을 무시하거나 미루는 전략 • 수용: 상대방의 요구를 수용하는 전략
라힘 (Rahim, 1983)	• 통합: 양 당사자가 협력하여 갈등을 해결하는 전략 • 의무: 자신의 욕구를 희생하여 상대방의 요구를 수용하는 전략 • 지배: 자신의 목표를 달성하기 위해 상대방을 희생시키는 전략 • 회피: 갈등 상황을 피하는 전략 • 타협: 양쪽이 모두 만족할 수 있도록 절충하는 전략
프루잇, 루빈 (Pruitt & Rubin, 1986)	• 자신에 대한 관심과 타인에 대한 관심을 기준으로 네 가지 갈등 해결 전략을 제시 • 양보: 자신의 목표를 포기하고 타인의 요구를 수용하는 전략 • 문제 해결: 상호 이익이 되는 해결책을 찾기 위해 협력하는 전략 • 무활동: 갈등 상황을 회피하거나 무시하는 전략 • 투쟁: 자신의 목표를 달성하기 위해 타인의 목표를 무시하는 전략
초스볼드 (Tjosvold, 1991)	• 열린 의사소통과 공유된 목표를 장려 • 상호 신뢰와 협력을 통해 갈등을 해결하려는 접근법 • 협력적 갈등 관리는 조직 내에서 창의성을 촉진하고, 더 나은 문제 해결 방법을 찾을 수 있도록 도움
로빈스 (Robbins, 1992)	• 관리 기술을 통한 갈등 해결 • 관리자들은 갈등 상황을 분석하고 적절한 해결 방법을 선택하여 갈등을 관리함. 예를 들어, 협상 기술, 중재 기술 등을 활용할 수 있음
홀트 (Holt, 1993)	• 다양한 갈등 관리 기법을 통합하여 활용 • 상황에 맞는 적절한 방법을 선택하여 적용함으로써 갈등을 효과적으로 관리. 예를 들어, 협력, 타협, 경쟁, 회피 등의 기법을 상황에 따라 조합하여 사용
월, 칼리스터 (Wall & Callister, 1995)	• 과업 갈등과 관계 갈등을 구분하고 각각의 관리 전략을 제시 • 과업 갈등은 업무와 관련된 갈등으로, 이를 통해 창의적 문제 해결이 가능 • 관계 갈등은 개인 간의 갈등으로, 이를 관리하기 위해서는 신뢰 구축과 열린 의사소통이 필요

(2) 갈등 관리 이론

여러 학자의 갈등 관리에 관한 이론 중 가장 대표적인 이론은 토머스-킬만(Thomas-Kilmann)의 갈등 관리 유형(Thomas-Kilmann Conflict Mode Instrument: TKI)이다. 케네스, 토머스와 킬만은 개인이 갈등 상황에 처했을 때 취하는 대응 방식을 다섯 가지로 분류하였다(Thomas, 2008). 다섯 가지 방식은 두 가지 차원을 각각의 축으로 하여 차원의 수준에 따라 어떠한 대응 방식을 취하는지 설명하는데, 두 축은 '자기 주장성'과 '타인 수용성'이다. 자기 주장성이란 자신의 목표와 관심을 얼마나 추구하는지를 의미하며, 타인 수용성이란 다른 사람의 목표와 관심을 얼마나 추구하는지를 의미한다. 예를 들어, 자기 주장성이 높으면서 동시에 타인 수용성이 높다면 자신의 목표를 중시하면서도 타인의 목표 역시 중시하기에 자신과 타인 모두가 상생할 수 있는 해결책을 모색하고자 하는 특성이 있다. 반대로 자기 주장성이 낮으면서 타인 수용성도 낮다면, 자신과 타인의 목표 추구 정도가 낮아 갈등 발생 시 문제를 회피하거나 지연하는 태도를 보일 수 있다.

자기 주장성과 타인 수용성을 축으로 다섯 가지 유형이 각각 위치하게 되는데, 각 유형은 경쟁, 협력, 타협, 회피, 수용이다. 경쟁(competing, 높은 자기 주장성 & 낮은 타인 수용성)은 자신의 목표를 타인의 목표보다 우선시하여 자신의 입장을 강력하게 주장하는 유형이며, 협력(collaborating, 높은 자기 주장성과 높은 타인 수용성)은 자신과 타인을 모두 만족시킬 수 있는 해결책을 찾기 위해 노력하는 유형이다. 회피(avoiding, 낮은 자기 주장성과 낮은 타인 수용성)는 갈등 상황이 닥쳤을 때 자신의 의견을 피력하지도, 타인의 의견을 따르지도 않은 채, 상황으로부터 거리를 두거나 피하려고 하는 유형이고, 수용(accommodating, 낮은 자기 주장성과 높은 타인 수용성)은 갈등 상황에서 타인의 목표와 관심을 만족시키기 위해 자신의 목표나 욕구를 희생하는 유형이다. 마지막으로 타협(compromising, 중간 수준의 자기 주장성과 타인 수용성)

은 자기와 타인 모두가 만족스럽지 못한 부분도 있지만, 조금씩 양보하여 중간 수준의 만족을 느낄 수 있는 해결점을 찾는 유형으로 볼 수 있다(Thomas, 2008).

두 번째로 소개할 갈등 관리 유형은 라힘(Rahim, 1983)의 갈등 관리 유형(Rahim's Conflict Management Style)이다. 라힘은 다양한 조직 환경에서 갈등을 관리하기 위한 주요 전략을 다섯 가지 유형으로 구분하였다. 앞서 살펴본 TKI와 라힘의 이론 모두 갈등 상황을 해결하기 위한 여러 전략을 제시한다는 공통점이 있지만, TKI에서는 개인의 심리적 성향과 행동 패턴에 초점을 두고 갈등 유형을 분류한 반면, 라힘의 경우는 개인적 차원의 갈등보다는 집단적/조직적 차원의 갈등에 초점을 맞추었으며, 상호작용적인 측면 중심으로 갈등을 관리하는 유형을 분류하여 설명하고자 하였다. 라힘의 다섯 가지 갈등 관리 유형 역시 두 가지의 축을 활용하여 분류하는데, 하나는 '자신에 대한 관심'이고 나머지는 '타인에 대한 관심'이다. 이 두 가지 축에서 통합, 순응, 지배, 회피, 타협 유형이 배치된다. 각 유형에 대한 설명은 다음과 같다.

- 통합: 자신에 대한 높은 관심과 타인에 대한 높은 관심. 높은 수준의 협력과 소통을 통해서 문제 해결과 상호 이익을 추구하는 방식. 문제가 복잡할 때, 문제의 근원적인 부분을 분석하여 해결책을 함께 찾아가는 과정이 포함될 수 있다. 신뢰할 수 있는 관계를 만드는 데 유리하고, 지속 가능한 해결책을 찾는 데 도움이 될 수 있지만, 많은 시간과 노력이 필요하다.
- 순응: 자신에 대한 낮은 관심과 타인에 대한 높은 관심. 즉, 자신의 목표나 관심보다 타인의 요구에 순응하는 유형이며, 자기희생적인 방식으로 갈등을 피하거나 최소화하려는 경향을 보일 수 있다. 이는 타인과의 지속적인 관계를 유지하고 갈등을 신속하게 해결하는 데에는 도움이 될 수 있으나, 자신의 필요가 충족되지 않는 상황이 반복되어 불만이 쌓일 수 있다.
- 지배: 자신에 대한 높은 관심과 타인에 대한 낮은 관심. 순응과는 반대로

자신의 목표와 관심을 이루기 위해서 타인을 희생시키는 방식이다. 갈등 상황을 이기고 지는(win-lose) 상황으로 인식하여 자신의 입장을 강하게 밀어붙이면서 자신이 이기는 데에 집중한다. 신속한 의사결정이 필요한 상황이나 중요한 결정을 내릴 때는 도움이 될 수 있으나 상대방의 욕구를 무시하는 경향으로 인해 타인의 반발을 초래하거나 관계에 치명적인 손상이 발생할 수 있다.

- 회피: 자신에 대한 낮은 관심과 타인에 대한 낮은 관심. 갈등이 생길 만한 상황을 만들려고 하지 않거나, 그러한 상황이 발생했을 때 갈등을 해결하지 않고 방치 혹은 무시하는 방식이다. 사소한 갈등을 무시한다거나 해결하기 어려운 상황일 때 더 나은 해결책이 나오기를 기다린다는 점에서 유용할 수 있으나, 갈등을 적극적으로 해소하기보다는 상황을 무마하려는 태도를 보일 수 있다.

- 타협: 자신과 타인 모두에 대한 중간 정도의 관심. 양쪽의 욕구를 어느 정도 충족시키면서 동시에 양쪽 모두 일정 부분 양보하여 타협점을 찾는 방식이다. 지배보다는 자신의 목표에 대한 관심을 줄이는 경향이 있지만, 순

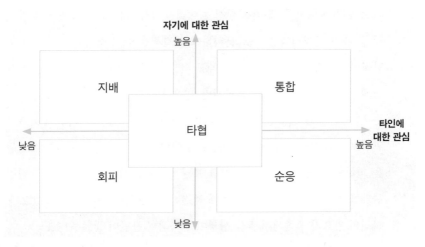

그림 10.1 라힘의 갈등 관리 유형 모델

응보다는 포기하는 경향이 적다. 회피보다는 더 직접적으로 갈등을 다루지만, 통합만큼 양자의 만족을 위해 노력하지는 않는다. 거래적 관점을 취함으로써 신속한 문제 해결에 도움이 될 수 있고 양쪽 모두 어느 정도 만족할 수 있지만, 양측이 완전히 만족하기는 어렵다.

라힘은 개인의 갈등 관리 유형을 확인하기 위한 측정 도구인 ROCI-II(Rahim Organizational Conflict Inventory-II)를 개발하였다. 이는 유형별로 5문항씩 구성되어 있으며, 리커트 5점 척도로 응답하게 되어 있다. 표 10.2는 ROCI-II 척도의 문항 예시이다.

표 10.2 라힘의 갈등 관리 스타일 척도(ROCI-II)

내용	1 매우 드물게	2 드물게	3 가끔씩	4 자주	5 매우 자주
통합형(Integrating)					
1	모두가 수용할 수 있는 해결책을 찾기 위해 문제를 조사한다.				
2	함께 어떤 결정에 이를 수 있도록 상대방 의견과 내 의견을 통합하려고 노력한다.				
3	해결책을 모색하기 위해 절충안을 제시한다.				
4	모두의 기대감을 충족시킬 수 있는 해결책을 찾기 위해 상대방과 함께 노력한다.				
5	상대방과 정확한 정보를 교환함으로써 문제를 함께 풀어가는 편이다.				
회피형(Avoiding)					
6	직접적인 갈등 상황을 회피하고, 혼자서 마음속으로만 갈등한다.				
7	상대방과 나의 의견 차이에 대한 공개토론을 피하는 편이다.				

내용	1 매우 드물게	2 드물게	3 가끔씩	4 자주	5 매우 자주
8 불편한 감정을 피하기 위해 상대방과의 의견 불일치를 마음속으로만 간직한다.					
9 상대방과의 내키지 않는 거래를 피하는 편이다.					
10 상대방과의 의견 불일치가 일어나지 않도록 노력한다.					

지배형(Dominating)

11 내 의견을 관철시키기 위해 영향력을 행사한다.					
12 내가 선호하는 결정을 이끌어 내기 위해 권위를 이용한다.					
13 나에게 유리한 결정을 끌어내기 위해 나의 전문 지식을 이용한다.					
14 일반적으로 나에게 유리하도록 논의를 몰아간다.					
15 때로는 의사를 관철시키기 위해 나의 권력을 행사하기도 한다.					

순응형(Obliging)

16 보통 상대방의 욕구를 충족시키기 위해 노력하는 편이다.					
17 상대방의 바람이나 희망에 맞추는 편이다.					
18 상대방의 소망이나 바람에 맞추어 양보를 한다.					
19 상대방의 제안을 자주 따르는 편이다.					
20 상대방의 기대를 만족시키기 위해 노력하는 편이다.					

타협형(Compromising)

21 문제를 해결하기 위해 상대방 의견과의 일치점과 차이점을 모두 고려하는 편이다.					
22 문제 해결을 위해 중용책을 찾으려고 노력한다.					
23 타협점을 모색하기 위해 나의 의견을 반은 양보하고 반은 관철시키는 편이다.					

내용	1 매우 드물게	2 드물게	3 가끔씩	4 자주	5 매우 자주
24	문제 해결을 위해 상대방과 함께 서로의 관심사들을 허심탄회하게 나누는 편이다.					
25	타협점을 모색하기 위해 협상을 한다.					

※ 본 척도는 Rahim(1983)이 개발하고, Wilmot & Hocker(2001)가 수정한 척도를 Hong, Jongbae (2005)가 한국어로 번안 및 타당화한 문항을 활용하였다.

(3) 갈등 관리 사례를 통해 연습하기

여기에서는 라힘의 갈등 관리 유형을 실제 상황에 어떻게 적용할 수 있을지 사례를 통해서 살펴보고자 한다.

사례

대학교에서 학과 MT(멤버십 트레이닝)를 기획 중이다. 학생회 학생들이 모여 이를 준비하는 과정에서 의견 충돌이 발생하였다. MT의 주요 일정과 활동 내용을 어떻게 구성할 것인지에 대한 의견이 일치하지 않아 갈등이 생기고 있다. 일부 학생들은 학생들 간의 친목 도모를 위해 더 많은 야외 활동과 프로그램을 넣어야 한다고 주장하는 반면, 다른 학생들은 편안하고 여유로운 일정을 제공하여 자연스럽게 친해지는 것이 좋다고 주장하고 있다.

생각해 보기 대학생활에서 경계 설정이 필요할 때 어떻게 할까?

① 이러한 상황에서 당신이 학생회 구성원이라면 어떻게 행동할 것인가?

② 아래에 제시된 학생들의 사례를 읽어 보자. 이들이 라힘의 갈등 관리 유형 중 어디에 속한다고 생각하는가?

학생 1	유형: ( )

학생 1은 모두의 의견을 반영할 수 있는 방법을 찾기 위한 접근을 시도한다. 그는 "활동적인 프로그램과 여유로운 일정 모두를 포함할 방법이 있을까?"라고 질문하며, 모두가 만족할 만한 균형 있는 계획을 세우려고 노력한다. 그는 다양한 아이디어를 모으고, 이를 종합하여 통합적인 일정을 만들기 위해 자신의 시간을 들여가면서 고민하고 의견을 제시한다. 하지만 일부 친구들은 "저렇게 진행하면 어느 세월에 준비를 마무리할 수 있을까?"라며 볼멘소리를 하기도 한다.

학생 2	유형: ( )

학생 2는 자신이 선호하는 바를 주장하기보다는 다른 학생들의 의견을 먼저 받아들이려고 한다. 그는 "난 편안한 일정을 선호하지만, 너희들이 활동적인 프로그램을 원한다면 그쪽으로 가도 괜찮아"라고 말하며, 타인의 요구를 우선시한다. 그는 팀의 화합을 위해 자신이 양보하는 것이 필요하다고 생각하지만, 일부 친구들은 "그래서 너의 의견은 뭐니?"라고 하며 답답해하기도 한다.

학생 3	유형: ( )

학생 3은 자신이 원하는 계획을 강하게 주장하면서 밀어붙인다. 그는 "활동적인 프로그램이 MT의 핵심이라고 생각해. 이번 기회에 제대로 즐겨야 하니, 내가 제안한 활동들을 모두 진행하도록 하자"라고 주장하며, 다른 사람들의 의견을 무시하거나 억압한다. 그는 자신의 결정이 최선이라고 믿고, 팀을 설득하려는 대신 자신의 방식을 강요한다. 일부 친구들은 학생 3의 강압적인 태도에 대해 불만을 제기하지만, 정작 당사자는 자신의 방식이 지금 상황에서는 옳다고 믿는다.

학생 4	유형: ( )

학생 4는 갈등이 발생할 때마다 논의에서 벗어나 갈등이 없는 다른 주제에 대해 이야기하고 싶어 한다. 그는 "그 문제는 나중에 다시 이야기하자"라며 갈등 상황에서 물러나거나, 자신의 의견을 밝히지 않고 중립적인 태도를 취한다. 그는 갈등이 심화되는 것을 피하려고 하며, 주장의 대립이 고조될 때는 자리를 피해 한참 동안 회의실을 떠났다 돌아오기도 한다. 그리고 다시 들어와서 "아직 결론 안 난 거야?"라며 다른 사람들이 결정 내리기를 기다리려는 모습을 보인다.

학생 5	유형: ( )

학생 5는 양쪽이 일부 양보하는 중간 지점을 찾으려고 노력한다. 그는 "MT의 절반은 활동적인 프로그램을 배치하고, 나머지 절반은 여유로운 일정으로 두는 게 어때? 이렇게 하면 모두가 조

금씩 원하는 것을 얻을 수 있을 것 같아"라고 제안한다. 그는 서로의 요구를 반영하고, 신속하게 갈등을 해결하는 지점을 찾으려고 한다. 그런 학생 5의 제안에 수긍하는 사람이 있는 반면, 이도 저도 아닌 어중간한 MT가 되지 않겠냐며 우려를 표하는 학생들도 있다.

답: 학생 1: 통합, 학생 2: 순응, 학생 3: 지배, 학생 4: 회피, 학생 5: 타협

③ 앞서 ①에 작성한 자신의 행동은 라힘의 갈등 관리 유형 중 어디에 속한다고 생각하는가? 자신의 유형의 장점과 단점은 무엇인가?

장점	
단점	

④ 자신이 속한 유형의 단점을 개선하기 위한 방안에 대해 작성하고, 작성한 내용을 친구들과 나누어 보자.

4 갈등 해결을 위한 노력

(1) 갈등 악화의 원인

앞서 언급한 것처럼 갈등은 우리 인생에서 피할 수 없으므로 어떻게 관리하느냐가 중요하다. 그러나 우리의 노력에도 불구하고 갈등 상황을 잘 해결하지 못하여 관계가 악화되는 경우가 발생할 수 있다. 갈등이 악화되는 원인은 여러 가지가 있을 수 있다. 첫째, 의사소통이 충분하지 못하거나 의사전달이 명확하지 않아 발생하는 오해이다. 둘째, 갈등 상황에서 지나치게 감

정적으로 대응하여 상대방을 비난하거나 공격하는 행동이다. 셋째, 편견이나 고정관념이다. "이래서 여자들이 문제야", "서울 사람들은 이기적이야", "나이도 어리면서 뭘 안다고…" 등 관계에 도움이 되지 않는 부정적인 편견이나 고정관념을 가지고 있으면 타인의 행동을 왜곡하여 해석하고 관계를 악화시킬 수 있다. 넷째, 과거의 해결되지 않은 문제이다. 과거에 발생했던 갈등이 해결되지 못한 채 마음속에 남아 있는데 새로운 갈등이 발생하게 되면, 과거 감정이나 문제가 다시 표면화되어 관계에 좋지 않은 영향을 미칠 수 있다.

(2) 갈등 해결의 원칙

이렇게 다양한 이유로 갈등이 악화되어 관계가 손상될 수 있다. 갈등이 관계를 손상시키기 전에 갈등을 평화적이고 효과적으로 해결하려는 노력이 필요하다. 이를 위해 여러 학자는 갈등 해결을 위한 원칙을 다음과 같이 제시하였다(이위환, 김용주, 2009; Pfeffer, 2014). 이는 갈등 상황을 효과적으로 해결하고 당사자 간의 관계 개선을 위한 중요한 가이드라인이 될 수 있다.

첫째, 갈등은 자연스러운 것이라는 인식을 갖는다. 갈등은 언제나 발생할 수 있으며, 갈등의 발생 자체는 문제가 아니다. 대신 갈등에 대해 개인이 가지고 있는 인식, 태도, 행동이 어떠한지가 중요하다. 따라서 갈등을 새로운 배움, 혁신, 도전의 기회로 생각하려는 태도가 필요하다.

둘째, 상호 존중의 자세를 가진다. 갈등 해결의 과정에서 상대방을 존중하는 태도는 매우 중요하다. 상대방의 주장과 그러한 주장을 하게 된 배경이나 입장 등을 이해하려고 노력하고 존중한다면 갈등 상황에서도 긍정적인 대화가 이루어질 수 있다. 내가 남들에게 존중받고 싶은 만큼 다른 사람들도 누군가에게 존중받기를 원한다. 타인을 존중하는 자세는 갈등을 견딜 힘을 서로에게 제공하고 이는 더 나은 방향성을 찾아가는 데에 좋은 밑거름이 될 수 있다.

셋째, 문제의 핵심에 집중한다. 갈등 상황에서 여러 말이 오가다 보면 때로는 감정적인 말들로 인해 상처를 주거나 받기도 한다. 이때 자신에게 상처를 준 말에 집중하다 보면, 대화가 문제의 핵심에서 벗어나 전혀 관련 없는 방향으로 흘러가기도 한다. 이럴 때일수록 무엇이 문제의 핵심인지, 그리고 현재 갈등 상황에서 무엇이 중요하고 중요하지 않은지 이성적으로 잘 판단할 필요가 있다. 부정적인 감정을 자극하는 말에 대해서 분명한 자신의 견해를 밝히되, 이야기가 감정싸움으로 흘러가지 않도록 핵심에 집중하는 태도를 가져야 한다.

넷째, 개방적이고 솔직한 의사소통을 한다. 갈등의 근본 원인을 찾기 위해서는 다양한 관점에서 문제를 바라볼 필요가 있고, 또 이러한 관점이 자유롭게 제시되어야 한다. 갈등을 회피하거나 숨기고자 하는 태도는 궁극적인 문제 해결에 도움이 되지 않는다는 것을 명확히 하고 적극적으로 의견을 나누는 태도가 필요하다.

다섯째, 갈등 해결 과정에서 공정성과 객관성을 유지하는 것이 중요하다. 특정 개인이나 집단의 의견에 치우치지 않고 모두에게 공정한 해결책을 찾는 것이 필요하다. 이를 위해 갈등과 직접적인 관련이 없는 중립적 입장의 제3자를 활용하는 것도 도움이 될 수 있다. 중재를 통해 갈등 상황을 보다 객관적인 관점으로 살펴보게 되면 공정한 해결책 도출이나 이를 위한 대화 촉진에 도움을 받을 수 있다.

(3) 관계 개선을 위한 노력

갈등을 평화적으로 해결하려는 노력에도 불구하고 갈등이 깊어져 관계가 악화될 수 있다. 이를 개선하기 위해서 어떤 노력을 기울일 수 있을까?

첫째, 우선 신뢰를 재구축하기 위한 노력이 필요하다. 인간관계의 가장 기초는 상호 간의 신뢰이다. 신뢰가 깨지면 상대방의 말과 행동에 대한 의도를 믿지 못하게 되며, 의심의 눈초리로 상대방을 바라보게 된다. 이는 상당히 피곤한 일이며 고통스러운 일이기도 하다. 따라서 일관적인 태도를 유지하는 솔직한 대화로 신뢰를 회복하려는 노력을 해야 한다. 상대방에 대하여 내가 가지고 있는 생각과 관계에서 느낀 점들을 솔직하게 전달하려고 해야 한다. 또한 그 과정에서 신뢰가 깨진 이유를 명확하게 전달하고 설명하려는 시도 역시 필요하다. 이를 통해 상대방이 왜 그런 행동을 했는지 이해하기 시작하면 상대에 대한 안 좋은 감정이 풀리고 신뢰가 회복될 수 있다. 솔직한 대화를 통해 관계 회복의 물꼬를 트고 나면 일관된 언행을 통해서 신뢰를 쌓아가려는 노력이 필요하다. 재구축된 관계에서 서로 예측 가능한 범위 안에서 행동하기 위한 노력을 해야 하는데, 여기에는 시간이 필요하다. 한두 번 약속을 지켰다고 사라졌던 신뢰가 다시 생기지는 않기 때문이다. 장기적인 관점으로 관계 회복을 위해 시간을 투입할 필요가 있다.

둘째, 존중과 이해를 바탕으로 상호작용해야 한다. 상대방의 생각과 감정을 존중하고 이해하려는 태도가 있을 때 관계가 회복될 수 있다. 관계를 개선하고자 하면서 상대방의 이야기에는 귀를 닫고 자기 말만 한다면 관계가 개선될 수 없다. 내가 먼저 상대방에게 주의를 기울이고, 그가 하는 말을 경청하고 공감하려는 모습을 보인다면 상대방도 조금씩 마음을 열 것이다. 비난하고 비판하는 태도를 보이면서 긴장감을 유발하는 대신, 상대방의 마음을 수용하는 모습을 보인다면 상대방도 나에 대한 생각을 조금씩 바꾸어 갈 것이다. 로저스는 긍정적이고 상호작용을 촉진하는 관계를 형성하기 위해 '공감적 이해(empathic understanding)'가 중요하다고 하였다. 공감적 이해란, 수동적인 자세로 상대방의 이야기를 듣는 것이 아니라 적극적이고 능동적인 자세를 가지고 타인의 입장에 서서 상대방의 경험을 이해해 보고자 노력하는 것이다. 이렇듯 상대방을 존중하고 이해하고자 하는 노력은 긍정적인 상호작용을 촉진하여 악화된 관계를 회복하는 데 도움이 될 수 있다.

셋째, 필요한 경우 사과와 용서가 동반되어야 한다. 갈등으로 관계가 악화된 원인 중 하나가 마음의 상처 때문일 수 있다. 진심 어린 사과는 관계 회복의 중요한 시작점이 될 수 있다. 이는 단순히 '미안하다'라고 말하는 것을 넘어, 자신의 잘못을 먼저 인정하고 이로 인해 발생한 상대방의 감정을 이해함을 나타내고, 관계의 개선을 위해 자신의 태도나 행동을 바꾸겠다는 의지를 보여 주어야 한다. 사과할 때 주의할 점은 자신의 입장에 대한 설명은 필요한 경우 최소한만 해야 한다는 것이다. 사과하는 시간의 대부분을 자기 입장을 정당화하는 데에 사용한다면 이는 되려 변명이나 자기 옹호로 비추어질 수 있다. 자존심은 잠시 내려놓고 악화된 관계를 회복한다는 목적을 우선시했을 때 관계 회복의 길로 나아갈 수 있다.

반대로 용서를 해야 하는 경우가 있을 수 있다. 용서 연구의 선구자인 엔라이트(Enright, 2021)에 의하면, 용서란 상대방이 저지른 잘못이나 상처에 대해 느끼는 부정적 감정을 내려놓고, 그 사람에 대한 긍정적인 감정을 발전시키려는 의식적인 선택이자 노력이다. 용서는 관계를 위한 과정임과 동시에 자기 자신을 위해 더 이상 부정적 감정에 사로잡히지 않고자 하는 과정이기도 하다. 엔라이트는 용서를 4단계로 구분했다. 첫째, 분노를 인식하는 단계이다. 이 단계에서 용서하려는 자는 자신의 감정을 피하거나 감추려 하지 않고 명확히 직시하면서 용서의 필요성을 인식한다. 둘째, 용서의 결심 단계이다. 용서가 단순히 타인을 위한 것만이 아니라 자신에게 심리적 해방감을 주는 감정적 치유임을 깨닫고 용서를 통해 자신을 해방시키려는 의지를 가지는 단계이다. 셋째, 용서의 작업 단계이다. 가해자에 대한 부정적인 감정을 내려놓고 가해자를 이해하고 인간적으로 바라보기 위한 노력을 한다. 이러한 과정에서 고통이 수반될 수 있는데, 고통을 수용하고 직면하게 되면, 되려 마음의 짐이 가벼워지기 시작한다. 넷째, 발견 단계이다. 용서를 통해 얻은 감정적, 정신적 성과를 자기 삶에 통합하고 이를 통해 개인적인 성장을 이룬다. 그럼으로써 과거 분노에 사로잡혔던 자신의 모습에서 벗어나 더 건강하고 긍정적인 삶을 살아갈 수 있게 된다.

1   최근에 경험한 개인 내 갈등은 무엇인가? 해당 갈등을 경험하면서 어떤 점이
    가장 해결하기 어려웠는지 생각하고, 이를 해결하기 위한 방안을 함께 고민해
    보자.

2   자신의 갈등 관리 유형은 무엇인가? 자신의 유형이 실제로 갈등을 해결하는 데
    사용되었던 경험을 떠올려 본 다음, 해당 유형의 장점과 단점을 나누어 작성해
    보자.

11 이론적 관점에 기초한 관계 맺기

이 장에서는 대인관계 기술을 이해하기 위해 다양한 이론적 관점에서 접근하는 방법을 다룬다. 주요 기술을 인지적, 정서적, 행동적 측면으로 구분하여 설명하고, 각각의 특징과 효과를 제시한다. 인지적 기술에서는 자기대화와 인지 재구성을 통해 부정적 사고를 긍정적으로 변화시키는 것을, 정서적 기술에서는 감정을 효과적으로 표현하는 방법을 훈련한다. 또한 행동적 기술로 관찰학습과 친사회적 행동을 소개하여, 이를 통해 타인과의 건강한 관계 형성을 촉진하고 협력과 신뢰를 강화할 수 있도록 돕는다.

학습 목표

★ 대인관계 기술을 인지적, 정서적, 행동적 측면으로 구분하여 이해하고, 각 기술의 특징을 설명할 수 있다.

★ 상담 분야에서 쓰이는 다양한 기법을 활용하여 대인관계에서 발생하는 문제를 분석하고 개선 방안을 모색할 수 있다.

★ 상담 이론에서 도출된 상담기법에 근거하여 효과적으로 의사소통하는 법에 대하여 이해할 수 있다.

1 인지적 대인관계 기술

인지적 기술은 개인이 대인관계에서 경험하는 문제 상황에서 이를 어떻게 인식하고 해석하는지에 초점을 맞춘 기법이다. 대인관계에서 발생하는 문제는 인식과 해석의 영역에서 비롯되는 경우들이 있는데, 자신에 대한 인식이 관계에 영향을 주거나 타인의 행동에 대한 잘못된 해석이 문제를 더 크게 만드는 것이 이에 해당한다고 볼 수 있다. 따라서 인지적 기술을 활용하여 자신에게 본인에 대한 편견이 있지는 않은지, 혹은 자신이 타인과 환경에 대한 왜곡된 사고를 하고 있지 않은지 점검하고 교정하여 현실적이고 긍정적인 방향으로 관계를 맺어가는 것이 중요하다. 인지적 기술은 개인의 인식과 해석의 영역을 다루어 대인관계의 오해와 갈등을 줄이는 데 도움을 줄 수 있다.

(1) 자기대화

자기대화(Self talk)란, 말 그대로 자기 스스로에게 해 주는 말이다(Seligman & Reichenberg, 2014). 개인은 여러 상황에서 자기 자신에게 다양한 말을 하게 된다. "잘했어", "수고했어"와 같은 지지적인 말도 하지만 "못났다", "너는 왜 그 모양이야?"와 같은 비난의 말을 하기도 한다. 특히, 부정적 자기대화를 하는 사람들은 대인관계 장면에서도 자신에 대하여 부정적으로 인식하기 때문에 다른 사람과 원만한 관계를 맺는 것에 어려움을 겪을 수 있다.

이러한 부정적인 자기대화를 줄이는 방법에 대해서 영(Young, 2013)이 제안한 4단계 반박 기법(countering method)을 알아보고자 한다. 1단계는 부정적인 자기대화 인식하기이다. 자신이 어떠한 부정적인 말을 스스로에게 하는지, 언제 혹은 어떠한 상황에서 자주 하게 되는지를 파악하는 것이다. 부정적 감정이 들 때 이를 알아차리고 그 감정에서 빠져나와 어떠한 생각 때문에 내가 부정적인 감정을 느끼는지 성찰해 보는 시간을 가짐으로써 자신의 부정적 생각을 인식할 수 있다. 2단계는 부정적 자기대화의 기능을 찾아보는 과정이다. 그러기 위해서는 먼저 내가 주로 하는 부정적인 자기대화가 무엇인지 정리가 되어야 한다. "나는 무능해", "나는 사랑받을 자격이 없어", "나는 실패자야" 등 내가 주로 하는 부정적인 말이 무엇인지를 알고 있어야 한다. 동시에 부정적인 자기대화 기능에 대해서 검토할 필요가 있는데, 이는 우리의 부정적 자기대화가 나름의 긍정적 기능을 해 왔다는 점을 인정하는 데 도움이 된다. 예를 들어, "나는 무능해"라는 자기대화를 함으로써 경쟁적이고 성취해야만 하는 상황과 자연스럽게 거리를 둘 수 있게 된다. 3단계에서는 기존의 부정적 자기대화를 바꾸어 긍정적이고 능동적인 자기대화로 대체하도록 한다. 비논리적이고 부정적이며 자신이 어쩔 수 없다는 식의 수동적인 언어를 논리적이고 긍정적인, 그리고 '내'가 주체가 되는 언어로 바꾸어 주는 것이다. "나에게 똑같은 생활이 반복되면 어쩔 수 없이 지금처럼 실패하게 될 거야"라는 말 대신에 "상황이 같다고 나도 똑같이 반응한다는 것이 맞는 걸까?", "내가 어쩔 수 없다는 생각이 정말 맞나?", "비슷한 상황이 온다면, 내가 지금과 다르게 해 볼 수 있는 건 뭐가 있을까?" 등의 질문을 스스로 던지면서 긍정적 자기대화를 만들어 가야 한다. 이때 긍정적 자기대화는 단순하며 반복할 수 있는 표현으로 하는 것이 좋다. 마지막 4단계에서는 대체한 긍정적 자기대화가 마음속에 잘 정착할 수 있도록 반복하여 연습한다. 시간이 걸리더라도 긍정적 자기대화가 자연스럽게 나올 수 있을 때까지 연습할 필요가 있으며, 새로운 자기대화가 정말 효과가 있는지 척도 등을 통해 평가하면 도움이 될 수 있다. 다음의 사례를 바탕으로 영(Young, 2013)의 4단계 반박 기법을 연습해 보자.

사례

대학교 3학년인 민수는 새 학기만 되면 불안감이 엄습해 온다. 새로운 사람을 만나야 하는데 너무 재미도 없고 매력도 없는 자신을 사람들이 싫어할 것이라는 생각에 수업 활동도, 과제 모임도 너무 부담스럽다. 이러한 생각은 민수를 더욱 위축되게 만들고, 친구들에게 다가가기 어렵게 만든다.

표 11.1 4단계 반박 기법 연습하기

1단계: 부정적 자기대화 인식하기

– 민수의 부정적 자기대화는 무엇인가?

– 해당 부정적 대화가 주로 언제 발생하는가?

2단계: 부정적 자기대화의 기능 파악하기

– 민수의 부정적 자기대화의 기능은 무엇인가?

– 현재 민수의 부정적 대화는 어떤 영향을 미치고 있는가?

3단계: 긍정적 자기대화로 전환하기

– 부정적 자기대화에 대한 반박을 하자면?

– 긍정적 자기대화로 바꾸어 표현해 보자.

4단계: 긍정적 자기대화 반복 연습하기

– 실제로 반복할 수 있는 방법을 마련해 보자.

(2) 인지 재구성

인지 재구성은 문제 상황을 기존의 시각과 다른 새로운 시각으로 재해석함으로써 보다 긍정적인 관점을 가질 수 있도록 하는 방법이다. 자신이 가지고 있는 사고의 패턴을 인식하고 이러한 사고를 보다 긍정적으로 바꾸기 위해 인지 재구성이 사용된다. 앞서 살펴본 자기대화 중 부정적 자기대화와 일부 유사한 측면이 있지만, 부정적 자기대화의 경우 자신에 대해 가지고 있는 부정적인 무의식적 반응이라면, 인지 재구성은 자기뿐만 아니라 자신이 처한 상황이나 상태의 부정적 인지에 대한 재구성을 의미한다. 때때로 개인의 문제 행동은 습관화되어 이미 깊숙하게 자리 잡은 경우가 있다. 이러한 문제 행동을 바꾸기 위해서는 해당 행동에 대한 해석을 먼저 바꾸어야 한다.

인지 재구성을 하기 위해서는 재명명하기, 긍정적 해석 등의 방법을 활용할 수 있다(Eckstein, 1997). 재명명하기는 동일한 특성에 대해 부정적인 표현 대신 긍정적인 표현을 쓰는 것이다. 예를 들어, 친구의 '까칠한' 성격을 '섬세한' 성격이라고 이야기해 준다든지, '화를 잘 내는' 성격을 '잘하려는 마음이 강한'으로, '질투하는'을 '관심이 많은' 등으로 바꾸어 줄 수 있다. 긍정적 해석이란, 어떠한 행동의 부정적인 동기가 아닌, 긍정적인 면에 초점을 맞추는 것이다. 예를 들어, 숙제하라는 어머니의 잔소리를 듣고 '엄마는 나를 못 잡아먹어서 안달이야'라기보다는 '어머니가 나에게 신경을 써 주시는구나'라고 생각하는 것이다. 표 11.2에는 대인관계 장면에서 개인이 가질 수 있는 다양한 부정적인 생각들이 있다. 재명명하기, 긍정적 해석을 통해 이를 긍정적인 방식으로 표현하는 연습을 해 보자.

표 11.2 인지 재구성 연습하기

부정적인 생각	인지 재구성
"쟤는 성격이 소심해"	예: "그 친구는 신중하고 사려 깊은 편이야"
"저 사람은 너무 자기중심적이야 나에겐 관심이 하나도 없어"	
"동아리 선배가 나에게 말도 안 거는 걸 보니, 나를 싫어하나 봐"	
"저 사람은 너무 비판적이야. 나를 항상 평가하는 것 같아"	
"친구가 약속을 자꾸 취소하는 걸 보니 나를 별로 중요하지 않게 생각하는 것 같아"	
"과제 모임에서 모두 나를 일부러 무시하는 것 같아"	
"그 친구는 너무 경쟁적이야. 나를 이기려고만 하는 것 같아"	

(3) ABC 모델

합리적 정서 행동 치료(Rational Emotive Behavior Therapy: REBT)의 창시자인 엘리스(Albert Ellis)는 개인이 겪는 어려움은 그 사람이 가진 비합리적인 신념 때문이라고 여겼다. 이를 토대로 ABC 모델을 만들었는데, A(activating event)는 어떤 상황이나 자극이 발생하게 된 '선행사건'을 의미한다. B(belief)는 해당 사건에 대하여 개인이 가진 '신념'이다. 그리고 C(consequences)는 A로 인해 야기된 정서적, 행동적 '결과'이다. ABC 중에서 가장 먼저 드러나는 것은 C이다. 기분이 우울하거나, 화가 많이 나 있는 등 특정 정서적 혹은 행동적 모습을 보인다. 그러면 부정적 정서 문제를 겪게 된 원인, 즉 A를 탐색할 수 있다. 친구가 나를 놀렸다거나, 발표 조 모임에서 무시당했다는 등의 C를 초래한 선행사건을 발견할 수 있다. 이와 함께 B, 즉 개인의 신념에 대해 확인할 수 있다. '나는 모든 사람에게 인정받아야 해' 혹은 '그 친구가 나를 놀린다는 건 내가 정말 별로인 사람이라서 그래' 등의 비합리적인 신념을 발견할 수 있게 된다. 이렇게 발견된 비합리적 신념은 D(dispute), 즉 '논박'을 통해서 합리적이고 기능적인 신념으로 바꿔줄 수 있다. '당신의 신념을 뒷받침할 충분한 근거가 있나요?', '왜 꼭 그렇게 생각해야 하나요?', '만약 친구가 그런 생각을 한다면, 그 생각에 찬성할 건가요?' 등으로 논박함으로써 비합리적 신념에 대한 문제를 제기하여 다른 관점으로 생각해 보게 하는 것이다. 이러한 질문들을 통해 새로운 관점을 가지게 되었을 때, 이에 대한 긍정적인 '효과'(effect: E)와 긍정적이고 '새로운 감정'(feeling: F)을 경험하게 된다.

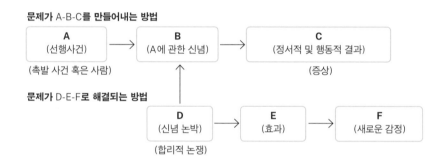

그림 11.1 합리적 정서 행동 치료의 ABC 모델

표 11.3은 ABC 모델을 활용하여 개인이 가지고 있는 비합리적 신념을 찾아내는 방법에 대한 예시이다.

최근 자신이 대인관계 장면에서 경험한 기억에 남는 일을 떠올려 보자. 부정적인 감정적 혹은 행동적 결과가 있었던 경우라면, 내가 자신이나 타인에 대해서 가지고 있는 비합리적인 신념을 확인할 수 있는 좋은 기회가 될 수 있다. 표 11.3의 예시처럼 표 11.4에 자신의 경우를 적어 보자.

표 11.3 ABC 모델을 활용하여 비합리적 신념 찾아내기(예시)

순서	내용
C(결과)	"(친구들을 만나고 난 뒤) 기분이 우울해"
↓	
A(선행사건)	만났던 친구가 내게 말을 걸지 않고 다른 친구들과 더 많이 이야기를 나누었음.
↓	
B(신념)	"친구들은 늘 나를 무시해"
↓	
D(논박)	"친구들이 당신을 무시한다는 충분한 근거가 있나요?" "주목받지 못하는 것과 무시당하는 것이 같은 의미인가요?"
↓	
E(효과)	"오늘 많이 힘들어하는 다른 친구가 있어서 그 친구 말에 주목했던 거지, 나를 무시한 건 아니야" "늘 주목받을 필요는 없어. 주목받지 않는다고 무시당하는 건 아니니까"
↓	
F(새로운 감정)	우울감이나 좌절감에서 벗어남. 마음이 한결 가벼워짐.

표 11.4 ABC 모델을 적용하여 비합리적 신념 찾아보기

〈상황〉

순서	내용
C(결과)	
↓	
A(선행사건)	
↓	

B(신념)	
↓	
D(논박)	
↓	
E(효과)	
↓	
F(새로운 감정)	

2 정서적 대인관계 기술

(1) 감정 표현하기

대인관계에서 자신의 감정을 솔직하고 적절하게 표현하는 것은 매우 중요하다. 우리는 누군가와 정서적인 교류를 나누었을 때, 깊이 있는 관계를 맺었다고 느낀다. 자신의 감정을 숨기거나 왜곡하지 않고 상대방에게 전달할 때, 서로에 대한 친밀감이 생기고 신뢰할 만한 관계로 나아가게 된다.

효과적으로 감정을 표현하기 위해서는 9장에서 연습한 '나 전달법(I-message)'을 활용할 수 있다. 나 전달법을 통해 타인을 비난하지 않는 언어로 감정의 발생 원인을 특정 상황으로 제한하여, 나의 감정을 적절히 표현함과 동시에 화가 난 이유가 상대의 존재(being) 때문이 아닌 상황 때문임을 이야기할 수 있다.

(2) 공감 반응

우리는 앞서 9장에서 '공감'이란 청자가 화자의 입장이 되었다고 상상하며 그 관점에서 느껴지는 것을 느끼고 인식하는 것이라는 점을 배웠다. 타인의 감정, 생각, 경험 등을 이해하고 타인의 입장에서 감정을 함께 느끼려는 노력은 대인관계에 있어 매우 중요하다. 공감을 통해 타인과의 신뢰와 친밀감을 쌓을 수 있으며, 안정적인 관계를 형성함으로써 더 넓고 깊은 사회적 지지망을 만들 수 있다. 이러한 공감을 전달하는 것이 공감 반응(감정 반영)인데, 공감 반응에는 다음의 두 가지 형태가 있다.

먼저, 첫 번째는 "너는 ~하게 느끼는구나"라고 상대방의 감정을 읽어 주는 것이다. 예를 들어, 중요한 시험을 앞두고 불안함을 이야기하는 친구가 있다면, 그 친구에게 "○○가 지금 많이 불안한가 보구나"라고 이야기해 줄 수 있다. 즉 그 친구가 직접적으로 드러낸 감정이나 이면에 있는 감정을 읽어 표현해 주는 것이 공감 반응이다. 여기서 상대방이 드러내지 않은 감정은 어떻게 읽어 줄 수 있을까? 첫째, 상대방의 입장이 되었다고 상상하며 감정을 느껴 보려는 태도가 필요하다. 다시 말해, 내가 그 상황이었으면 어땠을까, 어떤 마음이 들었을까를 생각해 보는 것이 중요하다. 둘째, 상대방의 비언어적인 메시지에 주목한다. 비언어적인 메시지란, 화자가 전달하는 말이나 글이 아닌 몸짓, 표정, 목소리 톤, 눈빛 등으로 전달되는 메시지를 말한다. 언어로 표현되지 못한 감정이나 태도가 비언어적 메시지를 통해 전달될 수 있으며, 이를 파악하여 공감 반응을 해 줄 수 있다.

두 번째 공감 반응의 형태는 "~ 때문에 ~하게 느끼는구나"이다. 첫 번째 공감 반응에서 "~ 때문에"라는 구절이 추가된 형태이다. "~ 때문에"라는 부분에서는 상대방이 그런 감정을 갖게 된 경험(행동, 상황, 생각 등)을 함께 이야기해 줄 수 있다. 이러한 형태의 공감 반응은 세심하고 세밀하게 공감받는다고 느끼게 할 수 있을 뿐만 아니라, 자기도 잘 인식하지 못했던 감정에 대한 원인을 이해할 수 있도록 하는 데 도움을 줄 수 있다. 예를 들어, 자기 말은 들어 주지 않고 제멋대로 하는 친구와의 관계에서 어떻게 행동해야 할 줄 몰라 힘들어하는 사람에게 "자기 말만 하고 들어 주지 않는 친구 때문에 당황스럽구나"라고 공감해 줄 수 있다. 표 11.5의 상황에서 제공할 수 있는 공감 반응을 연습해 보자.

표 11.5 공감 반응 연습하기

상황 1	"새로운 동아리에 들어간 지 6개월이 지났는데도, 기존 멤버들과 어울리기 힘들고 혼자라는 느낌을 받아 외롭네."
	〈공감 반응〉 "새로운 동아리에서 기존 멤버들과 잘 어울리지 못한다는 생각 때문에 점점 혼자라는 느낌이 더 커지고, 그래서 외로움을 느끼고 있구나."
상황 2	"지난주에 애인이랑 헤어졌어. 그 이후로 아무도 만나고 싶지 않고, 밥 먹는 것도 귀찮아…. 너무 힘들다."
	〈공감 반응〉 "애인과의 이별로 인한 큰 상실감 때문에 아무도 만나고 싶지 않고 식사조차도 귀찮아질 만큼 힘들었구나. 그 상황에서 버텨내는 게 정말 쉽지 않으셨을 것 같아."
상황 3	"중간고사를 망친 것 같아. 그래도 이번에는 최선을 다해 본다고 열심히 했는데 성적이 좋게 나오지 않아서 너무 속상해."
	〈공감 반응〉 "중간고사를 망친 것 같아서 속상하고, 최선을 다했는데도 결과가 좋지 않아서 정말 마음이 아프구나."

(3) 비폭력 대화

로젠버그(Rosenberg) 박사가 고안한 '비폭력 대화(nonviolent communi-cation)'란, 상대방에게 마음의 상처를 주지 않으면서 자신의 감정과 바람을 솔직하게 전달하여 상호 간에 원하는 결과를 얻어내는 대화 방법이다. 비폭력 대화의 전제는 관계 안에서 즐거운 마음으로 서로 주고받기를 원하는 것이 인간의 기본적 본성이라는 것이다. 대화할 때 타인에 대한 평가나 판단을 배제하고 자기 내면을 전달함으로써 상대방과의 연결을 강화하는 대화법이다.

비폭력 대화는 다음의 네 가지 단계로 이루어져 있다. 첫째, 관찰(observation) 단계이다. 상대방의 행동을 편견 없이 있는 그대로 관찰하고, 그 관찰을 토대로 있는 그대로 표현하는 것이다. 이때 주의할 점은 관찰한 내용만 이야기해야 하며, 해당 내용에 자신의 가치판단이나 평가를 보태지 말아야 한다는 것이다. 관찰한 내용에 가치판단을 섞게 되면 부정적인 맥락에서는 이를 비난이나 비판으로 받아들이기 쉽다. 예를 들어, "네가 어제 회의하다가 먼저 나갔을 때…"는 판단이 배제되어 관찰한 내용을 전달한 것이지만, 여기에 가치판단이 포함되면 "네가 어제 우리를 무시하고 나갔을 때…"라고 표현될 수 있다. 둘째, 느낌(feeling) 단계이다. 이 단계에서는 관찰한 행동에 대한 개인적인 느낌을 표현한다. 화, 짜증, 당황, 놀람, 기쁨, 슬픔, 불편 등 자신의 느낌을 구체적으로 표현할 수 있는 단어를 활용한다. 이때도 역시 타인에 대한 비난 없이 자신이 느끼는 느낌을 그대로 전달하는 것이 중요하다. 셋째, 욕구(need) 단계이다. 여기서는 자신의 느낌과 내면에 있는 욕구를 찾아 표현한다. 이를 통해 해당 감정이 왜 생겨났는지 스스로 이해하고, 상대방에게도 이를 설명할 수 있게 된다. 상대방을 탓하고 비난하기보다 자신의 욕구를 솔직히 인정하게 되면 서로의 욕구를 충족시키는 방법에 초점을 두게 된다. 마지막으로 원하는 것을 요청(request)하는 단계이다. 모호하고 추상적인 것보다 내가 진짜 원하는 것을 솔직하게 말함으로써 개인의 삶은 더 풍요로워질 수 있다. 표 11.6에 주어진 상황에서 비폭력 대화를 사용하여 자신의 감정과 욕구를 표현해 보는 연습을 해 보자.

표 11.6 비폭력 대화로 감정과 욕구 표현 연습하기

상황: 수업에서 팀 프로젝트를 수행 중이다. 과제를 위해 세 번의 조모임을 가졌는데, 매번 약속 시간에 늦는 친구가 있다. 기다리는 시간이 길어지면서 불편한 감정을 느끼지만 아직까지 직접적으로 말해 보지는 못했다.

1. 관찰: 평가와 관찰을 분리하여 관찰한 것만을 표현한다.

2. 느낌: 위의 관찰에 대한 자신의 느낌을 표현한다.

3. 욕구: 그러한 느낌을 일으키는 욕구, 가치관을 찾아낸다.

4. 요청: 원하는 것을 구체적으로 부탁한다.

3 행동적 대인관계 기술

(1) 관찰학습

관찰학습(observation learning)이란, 타인의 행동을 관찰하고 모방함으로써 학습이 일어나는 과정이다(Bandura, Grusec, & Menlove, 1966). 다시 말해, 주변에 대인관계 기술이 좋은 사람이 있다면 그 사람이 하는 행동을 관찰하고 해당 내용을 기억한 다음, 이후에 비슷한 상황에서 그 행동을 수행하는 것이다. 이러한 관찰학습을 통해 우리는 우리가 원하는 기술을 향상시킬 수 있다. 관찰학습은 크게 네 가지 과정으로 진행된다. 특정 행동에 관심을 가지고 관찰하는 주의(attention) 과정, 유심히 관찰한 행동을 머릿속에 기억하는 저장(retention) 과정, 기억 속에 저장된 행동을 실제로 모방하고 행동으로 재현해 내는 운동재생(motor reproduction) 과정, 그리고 특정 상황에서 행동하기로 결정하는 동기화(motivation) 과정이다.

예시를 통해 좀 더 쉽게 관찰학습의 과정을 알아보자. 한 학생이 동아리 활동에서 새로 들어온 후배에게 다정하게 말을 걸고 자연스럽게 어울리는 선배의 모습을 관찰한다. 선배는 후배의 관심사를 묻고 적절히 반응하면서, 후배가 편안함을 느끼도록 대화를 이끈다. 이러한 선배와 후배의 대화 과정을 주의를 기울여 관찰한 후(주의 과정), 선배가 후배에게 편안하고 친근하게 다가가는 대화 방식을 기억한다(저장 과정). 그리고 난 후, 다음 동아리 모임에 새로 들어온 후배와 대화할 때 선배의 대화법을 따라 해 본 뒤(운동재생 과정), 이러한 과정이 쓸모 있다고 판단해서 계속 사용하기로 한다(동기화 과정). 표 11.7의 예시를 본 뒤, 자신의 경우로 관찰학습을 연습해 보자.

표 11.7 관찰학습 연습하기

1. 주의 과정: 내가 배우고 싶은 사람, 닮고 싶은 사람이 있는가? 어떤 모습/행동을 닮고 싶은가?

예: 팀 프로젝트에서 팀을 이끌어 가는 동기 친구. 리더십을 발휘하는 모습을 닮고 싶다.

2. 저장 과정: 그 사람의 행동을 떠올려 보자. 내가 기억하고 싶은 행동은 무엇인가?

예: 친구가 사용한 대화법. 먼저, 어떤 방식으로 역할 분담을 하면 좋을지 질문을 한 후, 본인이 생각한 방식을 제안한다. 각 팀원에 대한 관심을 가지고 장점을 파악한 후 그 장점에 맞게 역할을 부여한다.

3. 운동재생 과정: 다른 상황에서 내가 해 볼 수 있는 것은 무엇인가?

예: 질문을 던진다, 내 생각을 정리해서 이야기한다, 평소에 팀원이 될 수 있는 친구들의 특성을 파악한다.

4. 동기화 과정: 학습한 내용을 이후에도 지속적으로 활용할 것인가?

예: 사용할 예정이다. 단, 내 스타일에 맞게 조정하여, 역할 분담에 대한 각자의 생각을 물은 후 친구들이 의견을 이야기할 수 있는 시간을 더 부여하면 좋을 것 같다.

(2) 친사회적 행동 향상

친사회적 행동(prosocial behavior)이란, 공격적 행동과는 반대되는 행위로 타인에게 유익한 도움을 주는 개인의 사회적 행동을 의미한다(Bar-Tal, 1982; Eisenberg & Miller, 1987). 무어와 바레시(Moore & Barresi, 1998)는 타인에게 도움이 되거나 사회적 유대감을 강화하는 방식으로 나타나는 친사회적 행동을 협의의 의미와 광의의 의미로 구분하였다. 협의의 친사회적 행동은 타인의 필요를 채워 주려는 이타적 동기에서 비롯된 행동을 의미하며, 순수하게 타인의 목적을 위해 수행되고 개인의 이익을 고려하지 않는 행동을 뜻한다. 광의의 친사회적 행동은 꼭 이타적인 동기가 아니더라도 누군가의 복지 향상을 위해 하는 전반적인 행동을 포함한다. 예를 들어, 누군가 시켜서 했다든지, 나에게 주어지는 보상 때문에 한 행동일지라도 타인의 복지에 이바지했다면 광의의 의미에서 친사회적 행동이라 볼 수 있다.

학자들은 친사회적 행동의 구성 요소를 돕기(helping), 나누기(sharing), 협동하기(cooperating)로 구분하였다(Eisenberg & Mussen, 1989; Hay & Cook, 2007). 먼저 돕기란, 개인적인 이익이나 대가를 바라지 않고 다른 사람이 하는 일이 더 잘될 수 있도록 힘을 보태거나 거드는 행위를 뜻한다. 예를 들어, 길을 잃은 사람에게 길을 안내해 주는 것, 넘어져서 다친 사람을 도와주는 것 등이 여기에 속한다. 둘째, 나누기란, 자기가 소유한 것을 필요로 하는 타인에게 내어 주거나 공유하는 행동을 의미한다. 이를 통해 타인의 욕구 또는 행복을 충족시켜 줄 수 있다. 예를 들어, 친구와 간식을 나누어 먹는 행동이나 자신의 용돈 중 일부를 떼어 불우한 이웃을 후원하는 일, 노숙자들을 위해 점심 식사를 제공하는 것 등이 이에 속한다. 셋째, 협력하기란, 공동의 과제나 목표를 달성하기 위해 타인과 함께 힘과 마음을 다하여 행동하는 것이다. 협력은 개인의 이익뿐만 아니라 집단의 이익을 함께 추구하게 한다. 협력하기의 예시로는 팀 과제를 위해 팀원들과 과업을 나누어 협력하는 것, 가족 내에서 집안일을 분배하는 것 등이 있다.

친사회적 행동은 타인에게 도움이 될 뿐 아니라 내가 속한 공동체, 그리고 궁극적으로는 자기 자신에게 도움이 될 수 있다. 배려하는 과정에서 당사자는 사회에 기여하고 있다는 긍지와 자부심을 느낄 수 있으며, 새로운 사람들과 긍정적인 관계를 형성하게 되어 보다 신뢰감 있는 사회적 네트워크를 형성할 수 있다. 또한 남을 돕는 과정에서 인간 존재에 대한 존중, 자신이 누군가를 도울 수 있다는 효능감을 느낄 수 있다. 친사회적 행동은 그리 거창하지 않게 작은 일상에서 바로 실천해 볼 수 있다. 다음은 일상적 장면에서 해 볼 수 있는 친사회적 행동의 일부이다.

① 인사하기

사람을 만날 때 먼저 밝게 인사하는 것은 가장 기본적이면서도 효과적인 친사회적 행동이다. 인사하기 행동을 통해 상대방에게 호감과 긍정적 인상을 심어 줄 수 있다. 같은 학과 친구들, 선후배, 선생님께 인사하는 것은 간단한 행동이지만 긍정적인 영향이 크다. 인사를 통해 정서적 유대감이 강화되고, 인사를 주고받는 당사자들 간의 행복감을 증진시켜 줄 수 있다.

표 11.8 인사하기에 대해 생각해 보기

1. 평상시 자신의 인사성에 대해 생각해 보자. 1(인사를 전혀 안 한다) ~ 10(인사를 매우 잘한다) 중 어디에
   속하는가?

2. 지금껏 인사를 하지 못했지만, 앞으로 인사를 하면 좋을 것 같은 대상을 적어 보자.
   (예: 올 초 학과 MT 때 만났던 동기, 학과 교수님, 내가 주로 다니는 학교 건물 환경미화원 등)

② 미소 짓기

우리 속담에 '웃는 얼굴에 침 못 뱉는다'라는 말이 있다. 자신에게 상냥한 사람에게 험한 말을 한다든지 화를 내면서 대할 수 없다는 의미이다. 미소 짓는 행동은 따뜻한 분위기를 조성하고 상대방이 편안함을 느낄 수 있게 해 준다. 특히, 첫 만남과 같이 낯설고 불편함을 느끼기 쉬운 자리에서 상대방을 미소로 대해 준다면 좋은 이미지와 친근감을 줄 수 있다.

③ 고마움 표현하기

우리는 혼자서 살아갈 수 없으며, 타인과 끊임없이 도움을 주고받으면서 살아간다. 주변 사람들에게 도움이나 지지를 받았을 때, 그에 대한 감사의 마음을 전하는 것 역시 간단하지만 강력한 친사회적 행동이다. "고마워", "감사합니다"와 같은 표현은 상대방에게 큰 힘이 될 수 있으며, 긍정적인 유대감을 강화하고 신뢰 형성에 기초가 된다.

④ 도움 행동

도움 행동이란, 상대방이 필요한 것이 있거나 어려움을 느낄 때 이를 해결해 주어 불편함을 덜어 주는 행동을 의미한다. 단순히 상대방의 필요를 채워 주는 것도 도움 행동이라 볼 수 있지만, 진정한 의미에서의 도움 행동은 타인의 복지와 행복을 우선시하는 마음으로 개인의 이익을 바라지 않고 도와주는 것이다. 일상에서 수행할 수 있는 도움 행동으로는 문을 지나갈 때 열린 문을 잠시 잡아서 뒤따라오는 사람이 쉽게 들어올 수 있게 하는 것, 학업에 어려움을 겪는 친구의 과제나 학습을 도와주는 것, 친구가 갑자기 아플 때 병원으로 데리고 가거나 필요한 처치를 해 주는 것, 정서적 어려움을 겪는 친구의 이야기를 진심으로 경청해 주고 공감과 위로를 전하는 것 등이 있다. 이 외에도 일상에서 다양한 도움 행동을 실천할 수 있으며, 작은 행동이라도 사회 전체의 분위기를 긍정적으로 변화시킬 수 있다.

표 11.9 도움 행동에 대해 생각해 보기

내 주변 사람들에게 할 수 있는 도움 행동은 무엇이 있을까? 사소하고 간단한 일이라도 타인을 배려하고
위하는 마음으로 할 수 있는 일이면 어느 것이든 좋다. 할 수 있는 도움 행동을 작성해 보자.

1.

2.

3.

⑤ 온라인에서의 친사회적 행동

디지털 기술이 일상화된 후, 사람들은 이메일, SNS 등 다양한 방식으로
소통하게 되었으며, 온라인 공간에서 건강한 대인관계를 형성하고 유지하는
능력이 중요해졌다. 온라인 공간은 대면과 달리 직접 얼굴을 보고 소통하지
못하기 때문에 비언어적 메시지가 제한된 상태로 소통이 되기에 오해나 혼란
이 발생할 가능성이 상대적으로 높다. 이러한 환경에서 친사회적 행동은 매
우 중요하다.

온라인에서 필요한 친사회적 행동에는 어떠한 것들이 있는지 알아보자.
첫째, 자신에 대한 기본적 정보를 알려주어야 한다. 이메일이나 SNS를 처음
보내는 사람에게, 보내는 사람이 누구인지 밝히는 것이 중요하다. 교수에게

메일을 보내면서 자신의 이름, 소속, 학번과 같은 정보 없이 "과제 보냅니다"라고만 써서 보낸다면 메일을 받은 교수는 누가 보낸 메일인지 알 수 없다. 자신에 대한 기본적인 정보는 꼭 적도록 하자. 둘째, 인사하기이다. 앞서 인사하기의 중요성과 긍정적 효과에 대해서 배웠다. 온라인에서도 동일하게 인사혹은 간단한 안부로 소통을 시작하는 것이 도움이 된다. 셋째, 상대방의 시간을 존중하는 태도가 필요하다. 친구가 아닌 지인이나 어른에게 SNS와 같은 실시간 소통이 가능한 채널로 연락을 보낼 때, 너무 이른 새벽 시간이나 늦은밤에 보내는 것은 상대방의 사생활이나 수면권 등을 침범할 여지가 있다. 너무 긴박한 일이 아니라면 이러한 시간은 피해서 연락을 하는 것이 좋다. 지금 당장 연락해야 하는 급한 상황에 보낼 때는 "늦은 시간에 죄송합니다"와같이 간단히 양해를 구하는 말로 시작하는 것도 좋은 방법이다. 넷째, 타인의개인 정보를 허락 없이 공유하지 않는다. 온라인상에서 잘 모르는 사람에게친구나 부모님을 포함한 제3자의 전화번호, 이메일 등을 당사자의 동의 없이공개해서는 안 되며, 공유가 필요하면 미리 동의를 구하고 공유하도록 한다.

1 최근 갈등을 경험한 상황을 떠올린 다음, 이 상황에 비폭력대화의 4단계를 적용하여 더 나은 대화 방식을 재구성해 보자.

2 최근 주변에서 긍정적인 인간관계의 본보기를 보여 준 사람이 있다면, 그 행동을 관찰하여 배운 점이 무엇인지 생각하고, 이를 실천할 계획을 세워 보자.

3 대면 관계보다 비대면 관계에서 친사회적 행동을 수행하는 것이 더 쉽게 느껴지는가, 아니면 어렵게 느껴지는가? 그 이유를 고민해 보고, 온라인 등 비대면 공간에서 긍정적 분위기를 조성할 수 있는 실천 방안을 3가지 이상 정리해 보자.

5부

좋은 관계와
행복한 삶

삶으로 들어가기: connect

12 좋은 관계와
   행복한 삶

●

우리는 지금까지 다양한 관점에서 바라본 인간관계에 대한 이해, 관계 속의
나와 우리의 이해, 관계의 개선과 회복, 좋은 관계 맺기에 대한 실제 등 인간
관계 전반에 대한 이해와 실제를 살펴보았다. 이 장에서는 인간의 행복한 삶
을 구성하는 데 있어서 좋은 관계가 어떠한 의미를 지니는지, 나의 행복한 삶
과 좋은 관계를 지속해 나가는 데 필요한 조건은 어떤 것이 있는지, 그리고 좋
은 관계를 어떻게 실천할 수 있을지를 살펴볼 것이다.

학습 목표

★ 나에게 있어 행복한 삶의 조건들이 무엇인지 고찰해 본다.
★ 나에게 있어 좋은 관계가 행복에 미치는 영향에 대해서 고찰해 본다.
★ 위의 학습 목표에서 성취한 내용을 바탕으로 행복한 삶의 전제 조건으로 좋은
   관계를 실천하는 방안을 도출한다.

1 행복한 삶

'당신은 어떤 삶을 추구하시나요?' 이러한 질문을 받는다면 아마 많은 이들이 '행복한 삶을 원한다'고 대답할 것이다. 그렇다면 과연 어떤 삶이 행복한 삶일까? 행복은 생각일까? 아니면 느낌일까? 어떤 것들이 우리로 하여금 행복하다고 생각하게 또는 느끼게 하는 걸까? 대다수 사람이 행복한 삶을 꿈꾸지만, 자신에게 행복이 무엇인지, 또 실제로 무엇이 자신에게 행복을 가져다주는지 정확히 알지 못할 수 있다. 이 장에서는 행복의 정의, 행복에 영향을 미치는 요소들, 셀리그먼(Seligman, 2011/2020)의 행복 이론에 대해 살펴볼 것이다.

(1) 행복의 정의

행복이란 무엇일까? 한자어로 행복의 행(幸)은 우연을 의미하고, 복(福)은 좋은 일을 의미한다. 즉, 전통적 관점에서의 행복은 일상에서 상시적으로 경험하는 것이 아니라 간헐적으로 또는 우연적으로 일어나는 좋은 일을 의미한다. 그렇다면 현대적 의미에서의 행복이란 무엇일까? 많은 학자는 행복을 정서적 문제로 이야기하고 있다. 즉, 행복의 본질을 생각이 아닌 '경험'으로 보고 있는 것이다. 만일 우리가 일상에서 일어나는 많은 일에 대해 합리성을 기준으로 행복의 여부를 판단한다면 즐거움의 수준은 많이 낮아질 것이다. 대인관계 심리학자들은 대인 간의 '관계(relationship)'가 인생에서 행복의 경험을 가져오는 데 중요한 요소임을 언급하고 있다. 다이너(Diener, 1984)는 행복을 자신의 삶을 긍정적으로 평가할 때 경험하는 만족감으로 보고, 비교적 장기간 지속될 수 있는 심리상태이며, 인지적 요소와 정서적 요소를 모두 가지고 있다고 개념화하였다. 인지적 요소는 자신의 삶을 어떻게 인식하고 평가하는지, 즉 삶의 만족도와 관련되는데 이는 개인의 기대, 목표 및 욕구와 자신의 현재 상황을 비교함으로써 결정된다. 가령, 직장에서 자신의 역할이 중요하다고 느끼거나 자신의 업무가 개인적인 성장에 기여한다고 생각한다면 직업 만족도가 높을 것이고 행복하다고 생각할 것이다. 정서적 요소는 일상에서 긍정적 감정, 예를 들어 즐거움, 기쁨, 자부심 등을 자주 경험하고 슬픔, 분노 두려움과 같은 부정적 감정을 드물게 경험하는 것을 의미한다.

한편, 최근에는 행복을 두 종류의 관점으로 바라보고 있는데, 쾌락 추구적 행복과 의미 추구적 행복으로 구분하고 있다(Ryan & Deci, 2001). 리브(Reeve, 2013/2018)가 정리한 내용을 가져오면 다음과 같다. 쾌락 추구적 행복은 한 개인에게서 즐거운 순간들이 모여진 총합체를 의미하는데 기존에 많은 사람이 행복이라고 생각하는 것과 가장 가까운 개념일 것이다. 이 쾌락 추구적 행복은 '헤도닉 행복(hedonic happiness)'이라고 일컬어지는데 즐거움과 쾌락을 극대화하고 고통과 불쾌감을 최소화하는 것을 목표로 한다. 하지만 이러한 쾌락 추구적 행복은 한계를 가질 수밖에 없는데, 우선 쾌락 추구적 행복은 대체로 단기적이며 지속적인 만족감과 행복감을 보장하지는 않는다. 쾌락의 이유가 사라지면 행복도 빠르게 사라질 수 있는 것이다. 다른 한편으로 인간은 쾌락적 경험에 빠르게 적응될 수 있는데, 한번 자극에 익숙해지면 비슷한 수준의 자극으로는 이전만큼의 행복을 느끼기 어려울 수 있다. 무엇보다 쾌락 추구적 행복의 추구는 인간이 지닌 깊은 차원의 내적인 욕구나 의미를 충족시키기 어려울 수 있다(Ryan & Deci, 2001).

반면, 의미 추구적 행복은 자아실현 및 삶의 가치에 두며 삶의 의미를 추구하는 것에 관여한다. 이 의미 추구적 행복은 '유다이모닉 웰빙(eudaimonic well-being)'이라고 일컬어지는데 개인의 삶에서 단순한 쾌락이나 만족 이상의 의미나 목적을 추구하는 것을 의미한다. 이러한 행복의 개념은 아리스토텔레스의 '유다이모니아'에서 유래되었으며 'daimonic'은 '참된 자기'를 의미한다. 즉 의미 추구적인 삶을 산다는 것은 진정한 자기의 실현을 추구해 나가는 삶으로 볼 수 있다. 따라서 의미 추구적 행복은 자기성장 및 자기실현과 밀접하게 관련된 것이라 할 수 있다. 선행 연구들을 살펴보면 의미 추구적 행복을 부와 물질주의, 애착과 대인관계 및 개인적 목표 추구와 관련하여 설명한다. 라이언과 데시(Ryan & Deci, 2001)의 연구 결과에 의하면 물질적인 풍요, 사회적 명성, 행운에 대한 과도한 추구는 자율성, 유능감, 관계성과 같은 기본적인 심리적 욕구의 충족에서 점점 멀어지게 만드는 것으로 나타난다. 즉, 물질적 부의 축적에 초점을 둘수록 의미 추구적 안녕감은 점점 저하되고, 의미 추구적 행복은 개인의 심리적 욕구와 내적인 목표에 초점을 더 많이 둘수록 높아지는 것으로 나타난다(Kasser & Ryan, 1996). 또한 데시와 라이언(Deci & Ryan, 2000)이 제시한 자율성, 유능감, 관계성의 심리적 욕구 중에서 의미 추구적 행복을 가장 높게 예측하는 요인은 관계성의 충족이다. 이는 사람들은 서로 연결되고 소속감을 느끼고 다른 사람들과 상호 지원적 대인관계를 유지할 때 높은 의미 추구적 행복감을 경험한다는 것을 의미한다. 이뿐만 아니라 행복에 있어서 물질적 부와 같은 다른 어떤 요소보다 선행하는 요인으로서 관계의 중요성을 시사하는 것이라 볼 수 있다.

(2) 행복에 영향을 미치는 요소들

행복에는 다양한 요인들이 영향을 미친다. 일반적으로 경제적 요인, 사회적 요인, 개인적 요인, 심리적 요인, 환경 및 문화적 요인들이 독립적으로 작용하기도 하고 서로 상호작용하기도 하면서 영향을 미친다. 여기에서는 이와 관련한 국내의 연구들을 살펴보고자 한다.

우리나라 아동·청소년의 행복감은 OECD 국가 중 가장 낮은 것으로 보고되고 있다(염유식, 성기호, 2021). 다양한 발달 과제에 직면해 있는 청소년기에 느끼는 행복감은 일시적인 정서 상태로 끝나지 않고 학업성취, 자아 존중감, 신체 건강 등 다양한 영역에 영향을 미치며(정세진, 김현숙, 2022) 향후 개인 발달에 장기적으로 영향을 준다. 따라서 우리나라 청소년들이 행복감이 낮은 이유에 대한 각별한 관심이 필요하다. 아동·청소년의 행복감과 관련된 변인으로 관계 욕구와 행복감의 관계를 살펴본 연구들에서는 사회적 지지, 또래관계, 부모-자녀 의사소통, 가족 건강성 등을 주요한 예측 요인으로 주목하였다(정세진, 김현숙, 2022). 아동·청소년기의 행복감에 영향을 미치는 요소를 메타분석한 이지언 등(2022)의 연구에서는 아동·청소년기의 행복감에는 사회적 지지, 희망, 자아 존중감이 효과 크기가 크고 긍정적 영향을 미치는 것으로 나타난다. 이 연구에 따르면 또래와의 관계가 행복감에 많은 영향을 미치는데, 발달적으로 아동·청소년기는 자기를 발견해 나가며 자아 정체감을 수립하는 시기이며, 이 과정에서 다양한 또래들과 새로운 사회적 관계를 형성하고 상호 교류하는 기회를 통해 긍정적인 자아 개념을 확립할 수 있다. 다른 한편으로 관계 영역에서 아동·청소년기의 행복감에 가장 큰 효과 크기를 미치는 변인은 부모관계인 것으로 나타난다. 정지현, 최성열(2020)의 연구에서도 아동·청소년기의 부모-자녀 관계는 자녀의 심리, 정서, 사회성, 적응에 영향을 미치는 강력한 예측 요인으로 언급되고 있다. 이러한 결과는 아동·청소년의 생활의 대부분을 차지하는 가정과 학교에서 이들을 둘러싼 대인관계 개선에 대한 관심과 노력의 필요성을 시사한다고 볼 수 있다.

삼성경제연구소에서 성인을 대상으로 실시한 한국인의 행복 조건에 대한 연구에서는 행복도가 높은 사람들의 특징은 경제력과 교육 수준이 높고, 젊고, 사회와 사람을 신뢰하고 가족과 여가를 중시하며 종교가 있는 것으로 나타났다(국민일보, 2007. 05. 24). 이 연구에서 결혼 여부는 관계가 없는 것으로 나타났다. 박영신, 김의철(2009)의 연구에서는 한국 성인의 행복감에 영향을 미치는 변인으로 연령, 학력, 수입, 정서적 지원, 자기 효능감, 직업 성취, 자녀 성공의 일곱 가지를 언급하였다. 특히 정서적 지원은 월평균 수입보다 행복에 대한 효과가 4~5배 되는 것으로 나타났으며, 자녀가 성공했다고 지각할수록 더 행복하고, 자녀 성공은 월평균 수입보다 행복에 대한 효과가 1.5배 정도 되는 것으로 나타났다. 이러한 연구 결과를 통해 성인의 행복에 미치는 자녀의 영향력을 실감할 수 있다. 오봉욱(2011)의 연구에서는 가구 소득이 높을수록, 일상생활 어려움의 심각성이 낮을수록 행복감의 수준이 높아지며, 여성이 남성보다 일상생활의 어려움과 행복감의 영역에서 어려움을 가지고 있는 것으로 나타났다. 이러한 결과는 직업, 경제력과 같은 사회적 안정성과 가족, 배우자, 자녀 등 의미 있는 타인과의 관계가 성인의 행복 수준을 결정하는 데 중요한 영향을 미친다는 것을 시사해 준다.

정혜숙(2020)의 연구에서는 기혼 직장 여성의 행복감과 관련된 변인을 앨더퍼(Clayton Alderfer)의 하위 욕구인 생존 욕구, 관계 욕구, 성장 욕구로 구분하여 효과 크기를 살펴보았는데, 성장 욕구, 관계 욕구, 생존 욕구 순으로 중요한 것으로 나타났다. 하지만 성장 욕구와 관계 욕구 변인 모두 효과 크기가 큰 것으로 나타나 두 변인 모두 기혼 직장 여성의 행복감과 밀접한 관계를 갖는 것으로 볼 수 있다.

노년층의 행복감과 관련된 연구에서는 경제력, 신체 건강, 사회적 지지, 사회 활동의 참여가 성공적인 노화의 유의미한 변인으로 꼽히고 있다(최은영, 최혜경, 2015). 최근에 전 세계적으로 이루어진 노인 행복도에 관한 연구들은 노인의 신체 건강 상태뿐만 아니라 정신건강 상태에도 많은 관심을 가지는 것으로 나타난다(Xu Mengxing, 2023). 우양, 조택연(2023)의 연구에서는 노년층의 행복을 유발할 수 있는 요소로 신체 상태의 유지, 지속적 사회적 관계, 내재적 보상, 미래의 예상과 기대를 제안하고 있다. 이 연구에서는 노년층의 행복 체험을 위해 지속적으로 사회관계를 유지할 수 있는 환경 구축을 제안하고 있다.

행복감과 관련된 요소를 성격 특성으로 살펴보면, '누가 행복한가?'와 관련된 성격은 외향성(DeNeve, 1999)으로 볼 수 있다. 외향성과 관련된 성격심리학자들의 설명은 다음과 같다(Reeve, 2013/2018). 첫째, 사람들과 함께하는 것을 즐기고 사교적인 행사를 좋아하는 성향이다. 둘째, 자기 주장성이 높고 사회적 장면에서 우위에 서고자 하는 성향이다. 셋째, 자극적인 것을 선호하고 흥미진진한 상황을 추구하며 즐기는 성향이다. 외향성인 사람들은 내향성인 사람들에 비해 사람들 속에 있는 것을 즐기고, 자기 주장이 강하며, 활기에 차 있다는 점에서 구분된다. 이렇게 외향성 사람들이 내향성에 비해 행복을 경험하는 데 유리한 이유는 대부분의 사회 환경 속에 존재하기 마련인 보상에 대한 신호들을 민감하게 수신하기 때문이다(Lucas et al., 2000). 즉, 외향성 사람들은 내향성 사람들에 비해 긍정적인 감정을 더 쉽게 경험할 수 있는 것이다. 반면, 내향성 사람들은 처벌에 대한 회피에 더 민감하게 반응하기 때문에 상대적으로 긍정적인 감정을 경험하기가 어렵다. 하지만 이러한 논의에서 다루는 행복감은 쾌락 추구적 행복에 국한되었기에 참된 자신을 찾고 자신의 성장을 추구하고자 하는 의미 추구적 행복과는 거리가 있다는 점에서 한계가 존재한다.

그렇다면 우리의 현재 행복 정도는 어떠할까? 이태진 등(2021)에 따르면, 2017~2019년 한국인의 행복 평균을 산출한 결과 5.89(0~10점 척도)로 나왔으며, 이는 OECD 38개국 중 35위에 해당되는 것으로 나타났다. 2024년 기준 우리나라의 GDP 수준이 14위인 것에 비교하면(동아일보, 2024. 04. 30), 우리의 경제적 수준에 비해 높은 편은 아닌 것으로 보인다. 행복 수준을 집단의 특징에 따라 살펴보면, OECD 가입 주요 선진국과 중국, 베트남을 포함한 국가를 분석한 자료에서(정해식, 2019) 미혼 집단이 평가하는 삶의 행복 수준이 가장 낮고, 유배우 집단이 가장 높은 것으로 나타났다. 하지만 이러한 조사에서도, 인적 자원을 포함하는 대인 간 사회적 지지 체계의 존재 여부가 삶의 질 평가 수준을 유의미하게 높이는 것으로 나타났다.

우리나라 청년과 중장년의 정서적 경험을 분석한 결과를 살펴보면(정해식, 2019), 일반적으로 '배우자/연인/가족과 친밀한 시간'을 보낼 때 가장 행복한 정서를 경험하며, 반면 일할 때 가장 행복하지 않고, 스트레스와 고통스러운 정서를 많이 경험하는 것으로 나타났다. 또한 누구와 함께 있을 때 행복한지를 질문했을 때, 배우자/연인과 함께 있을 때 가장 행복한 것으로 보고되었다. 흥미로운 것은 부모가 자녀와 있을 때는 행복하고 의미 있는 정서를 경험한다고 보고하였으나, 자녀가 부모와 함께 있을 때는 그러한 영향이 유의미하지 않은 것으로 나타났다.

또한 '한국인의 행복과 삶의 질에 관한 종합연구-국제비교 질적연구를 중심으로'의 연구보고서(정해식, 2019)에 따르면, 한국인들은 행복하기 위한 조건을 표 12.1과 같이 인식하고 있는 것으로 나타났다. 이 보고서에서도 행복의 조건 중 1순위는 좋은 배우자와 행복한 가정을 이루는 것으로 꼽고 있다. 가족, 배우자, 주변 가까운 사람들과의 건강한 관계 형성이 행복을 위해 가장 중요한 요소임이 분명해 보인다. 인간의 기본 조건으로 친밀함을 느끼는 가까운 사람이 없다면 행복하다고 생각하기 어려운 것이다. 그렇다면 이제 우리가 생각하는 행복의 조건을 생각해 보자. 나의 행복의 우선순위는 무엇인가?

표 12.1 행복의 조건 〈1순위〉 (단위:%)

구분	전체	소득분위				
		하위 1분위	2분위	3분위	4분위	상위 5분위
좋은 배우자와 행복한 가정을 이루는 것	31.0	25.2	26.9	29.0	31.9	42.7
건강하게 사는 것	26.3	40.8	25.7	23.1	20.3	19.5
돈과 명성을 얻는 것	12.7	13.6	15.1	13.3	11.6	9.7
소질과 적성에 맞는 일을 하는 것	10.4	6.1	11.3	11.0	13.1	11.2
여가생활을 즐기는 것	7.6	5.2	8.3	8.3	9.6	7.0
자녀 교육을 잘 시키는 것	6.5	5.1	8.3	7.8	4.9	6.2
더 많이 배우고 자기 발전을 하는 것	3.7	1.8	2.8	5.6	6.5	1.9
사회발전에 기여하는 것	0.9	0.8	1.1	0.8	1.0	1.0
종교생활을 잘하는 것	0.9	1.0	0.5	0.9	1.2	0.8
남을 위해 봉사하는 것	0.1	0.4	0.0	0.1	0.1	0.1
전체	100.0	100.0	100.0	100.0	100.0	100.0

구분	전체	소득분위				
		하위 1분위	2분위	3분위	4분위	상위 5분위
여가생활을 즐기는 것	22.5	24.3	21.3	23.4	22.7	20.0
건강하게 사는 것	21.2	23.9	22.0	19.7	20.4	19.9
돈과 명성을 얻는 것	13.4	12.6	13.8	15.3	13.4	12.0
소질과 적성에 맞는 일을 하는 것	11.9	7.2	9.9	11.3	12.3	19.5
좋은 배우자와 행복한 가정을 이루는 것	10.9	13.2	12.8	11.0	9.7	7.4
자녀 교육을 잘 시키는 것	8.8	9.5	10.6	9.7	8.1	5.9
더 많이 배우고 자기 발전을 하는 것	6.0	3.2	4.9	5.4	8.1	8.8
사회발전에 기여하는 것	2.0	1.1	2.1	2.2	1.8	2.7
종교생활을 잘하는 것	1.9	2.2	1.8	0.8	2.0	2.7
남을 위해 봉사하는 것	1.5	2.6	0.9	1.3	1.5	1.2
전체	100.0	100.0	100.0	100.0	100.0	100.0

주: 1순위와 2순위는 전체를 기준으로 내림차순 정렬함. 개인가중치를 적용한 값임.
자료: 정해식(2019). 「2019년 한국인의 행복과 삶의 질 실태조사」 자료를 분석하여 저자 작성.

개인의 행복감의 원인과 확산 과정을 설명하는 이론으로는 디너(Diener, 1984: 오민지 2016에서 재인용)의 행복의 확산 이론이 있다. 이 이론에서는 행복에 대한 접근을 상향적 접근과 하향적 접근으로 구분하고 있는데, 상향적 접근은 하위 요인인 소득, 가족, 직업, 여가생활 등 실제 생활 영역에서의 즐거움이 확산되어 상위 수준의 만족인 행복에 이르게 된다는 것을 의미한다. 반대로 하향적 접근은 일상에서 행복감을 잘 느끼는 일반적인 경향이 있다는 것을 의미한다. 즉, 경험을 긍정적으로 인식하는 사람들은 전반적으로 쉽게 만족감과 행복감을 느끼지만 그렇지 않은 사람들은 행복한 경험을 하더라도 만족감을 느끼기가 쉽지 않다. 따라서 행복하지 않은 사람들은 하위 수준

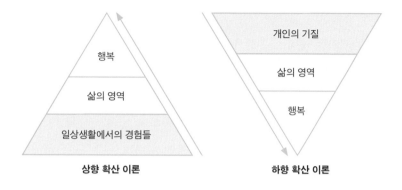

그림 12.1 상향 확산 이론과 하향 확산 이론

출처: 오민지(2016).

인 생활 영역에 대한 만족감을 행복한 사람보다 덜 느낄 수 있는 것이다. 이를 그림으로 나타내면 그림 12.1과 같다. 이 이론에서 의미하는 바는 일상생활에서의 경험들이 상향 확산하여 행복에 이를 수도 있으며, 상황에 따라 편차는 있겠지만 쉽게 행복감을 느끼는 사람들은 하향 확산하여 다른 상황에서도 행복감을 느끼기가 쉬울 수 있다는 것이다. 하향 확산 이론은, 행복을 느끼는 것도 개인의 기질 및 경향성에 따른 차이이므로, 행복감을 덜 느끼는 사람들은 보통 사람들이 행복감을 느끼는 상황에서도 행복감을 느끼기가 쉽지 않을 것이라는 점을 시사한다.

(3) 행복 이론

여기에서는 행복 이론 중의 하나로 긍정심리학을 소개한 셀리그먼(Seligman, 2011/2020)의 웰빙의 요소를 살펴보고자 한다. 셀리그먼은 행복 이론에서 웰빙 이론으로의 개념 전환을 제안하고 있다. 그에 의하면 행복 이론에는 세 가지의 한계가 있다고 본다. 첫째, '행복'은 유쾌한 기분, 즉 긍정 정서와 밀접히 연관되는데, 이러한 긍정 정서만으로는 행복이라는 의미를 충분히 설명하기에 제한점이 있다는 것이다. 둘째, 행복의 측정 기준으로 삶의 만족도만 바탕으로 하는 것이 미흡하다는 관점이다. 삶의 만족도는 주로 리커트 척도 1점에서 10점까지의 범위로 자기 보고식의 방식으로 측정된다. 이러한 방식은 사람들이 보고하는 삶의 만족도가 검사 시점의 기분이 어떠냐에 따라 결정되는 한계가 있다. 셀리그먼의 보고에 의하면 70% 이상이 검사 시점에 느껴지는 것에 따라 삶의 만족도 수준을 결정하는 것으로 나타난다. 또한 이렇게 측정 시점의 기분보다는 삶에 있어서 의미와 몰입에 훨씬 더 많은 중요성을 부여하는 사람들이 있을 수 있는데, 즉 앞에서 이야기한 의미 추구적 행복을 중요시하는 사람들이 이 부류에 해당한다. 삶의 만족도만이 행복의 유일한 측정 기준이 된다면 이런 사람들은 삶의 낮은 긍정 정서를 지닌, 불행한 사람으로 분류될 수도 있다. 셋째, 행복 이론의 구성 요소인 긍정 정서, 몰입, 의미가 사람들이 '그 자체가 그냥 좋아서' 선택하는 요소를 완전히 설명하지 못한다는 것이다. 따라서 행복을 설명하는 더 적절한 개념으로 웰빙 이론을 소개하고 있다.

셀리그먼은 행복은 실물(real thing)이고 이에 대비하여 웰빙은 구조물(construct)이라고 구분하고 있다. 즉, 웰빙이라는 구조물을 한 가지 요소만으로는 완벽하게 정의하지 못하지만 몇 가지 요소가 합쳐지면 그 구조물을 형성할 수 있다는 것이다. 따라서 최신 이론에서 셀리그먼은 삶의 만족도라는 실물이 아닌 웰빙이라는 구조물이 긍정심리학의 핵심 주제라고 제안하고 있다. 셀리그먼이 제안한 구조물을 이루는 웰빙의 요소들은 다음과 같다(Seligman, 2011/2020).

① 긍정 정서

긍정 정서는 웰빙 이론에서 핵심적인 역할을 하는 주관적인 측정 기준으로, 셀리그먼이 기존에 설명했던 행복과 삶의 만족도가 이 긍정 정서에 포함된다. 긍정 정서는 오직 주관적으로만 측정되는 범주로서 쾌락, 희열, 안락, 따스함 같은 일상의 주관적인 변수들을 포함한다. 개인의 긍정적 및 부정적 정서를 측정하기 위한 척도로는 PANAS(Positive and Negative Affect Scale)를 활용할 수 있다(이 장의 마지막에 소개된 'practice' 내용 참조).

② 몰입

몰입도 긍정 정서처럼 주관적인 느낌으로 측정되는 요소이다. 흔히 '밤새 시간 가는 줄 모르고 했다. 완전히 빠져 버려서 전혀 자각하지 못했다'라는 반응이 여기에 해당된다. 몰입의 상태에서는 대체로 사고와 감정이 결여된다는 측면이 특징적이다. 주관적으로 즐거운 상태는 현재에 있지만 몰입은 이미 지나간 상태, 즉 '그때 정신없이 빠져들었어'라고 회상 속에 존재한다.

③ 의미

웰빙의 세 번째 요소로 의미를 꼽는다. 이 요소는 긍정 정서나 몰입과는 달리 주관적 상태에만 있는 것은 아니다. 가령, '짝사랑하는 이성과 충만한 시간을 보낸 데이트'는 주관적인 측면에서는 긍정 정서의 범주에 포함될 수 있다. 하지만 오랜 시간이 지난 후 다른 이성과 결혼하고 아이까지 낳은 상태에서 그 경험을 떠올려 보면 그저 젊은 날의 한 순간이었음을 깨닫게 될지도 모른다. 즉 과거에는 주관적으로 의미가 있었지만 현재는 다른 삶의 맥락에서 다르게 해석될 여지가 있다. 사회적 맥락, 타인과의 상호작용과 관계가 삶의 목표와 의미를 부여할 수 있는 것이다.

④ 성취

성취는 종종 그 자체가 좋아서 추구된다. 긍정 정서, 의미 등을 제공하지 못할 때조차도 추구될 수 있다. 예를 들어, 축구 자체를 좋아하는 경우, 경기에서 패배하더라도 최고의 플레이어와 경기하는 것 자체를 즐길 수 있다. '졌지만 잘 싸운 경기'로 의미 부여를 하고 긍정 정서를 느낀다. 반면, 승리만을 위한 경기를 할 수도 있다. 경기에서 패배하면 아무리 훌륭한 경기였다고 해도 극도의 실망감에 빠진다. 어떤 사람은 승리를 위해 수단과 방법을 가리지 않을 수도 있다. 이런 사람의 패배 경험에는 어떠한 의미도 부여되기 어렵다. 웰빙 이론의 네 번째 요소인 성취는 일시적으로는 업적을 지칭하며, 확장된 형태로는 성취를 위해 업적에 전념하는 인생을 일컫는다.

2 관계 속의 행복

자, 잠시 눈을 감고 지금까지 살아오면서 가장 행복했던 순간을 떠올려 보자. 행복한 순간이 많이, 금방 떠오르는 사람도 있고 금방 떠오르지 않는 사람도 있을 것이다. 학교에서 최고로 좋은 성적을 받았을 때, 대학에 합격하였을 때, 처음 이성 친구에게 고백해서 사귀게 되었을 때 등 지금까지의 삶에서 다양한 행복의 순간들이 있었을 것이다. 하지만 다양한 행복의 순간들과, 그 행복의 빈도 및 수준에 상관없이 우리 기억 속의 행복한 순간들은 대부분 주변의 가까운 사람들과 관련되어 있을 것이다. 가령, 좋은 성적을 받았는데 그것을 함께 나눌 수 있는 중요한 대상이 없다면, 내가 이룬 빛나는 성취를 함께 기뻐해 주고 자랑스러워해 줄 수 있는 부모, 형제자매, 친구가 없다면 과연 나의 성취가 그만큼 기쁠 수 있었을까? 이렇듯 주변 가까운 사람과의 좋은 관계는 우리의 행복의 기저로 작용하며, 정신적 건강, 정서적 안정감, 심지어는 신체적 건강에까지 깊은 영향을 미친다.

(1) 정신적 건강

다양한 심리학 연구를 통해, 좋은 관계가 정신건강을 증진시킨다는 다음과 같은 근거가 제시되고 있다. 첫째, 사회적 지지가 스트레스 완화에 도움이 된다는 것은 다양한 연구를 통해 증명되고 있다. 가령, 테일러 등(Taylor et al., 2000)의 연구에 따르면 여성은 스트레스를 경험할 때 Tend(돌보다) 또는 Befriend(친교를 도모하다)의 'tend and befriend(돌봄과 친교)' 반응을 보인다고 한다. 즉, 여성들은 스트레스 상황에서 전통적인 'fight-or-flight(투쟁 또는 도피)'의 반응이 아닌 가까운 사람들을 돌보고 보호하거나 다른 사람들과의 사회적 연결을 강화하는 반응을 보인다는 것이다. 이 연구에 따르면 스트레스 상황에서 사회적 네트워크와의 상호작용은 스트레스 호르몬인 코르티솔 수치를 낮추는 데 도움을 줄 수 있으며, 사회적 지지가 스트레스 완화에 중요한 역할을 한다. 둘째, 좋은 관계는 우울증과 불안 증상의 예방 및 관리에 도움이 된다. 또한 사회적 관계가 생존율에 미치는 영향을 메타 분석을 통해 살펴본 연구에서는 강한 사회적 관계를 가진 사람들은 그렇지 않은 사람들에 비해 사망 위험이 상당히 낮은 것으로 나타났다(Holt-Lunstad et al., 2010). 이러한 결과는 어떠한 사회적 관계를 맺느냐가 다양한 생물학적 경로를 통해 심혈관 건강, 면역 기능, 염증 감소 등 신체 건강에 영향을 미칠 수 있음을 시사한다. 즉, 좋은 사회적 관계를 맺는 것은 스트레스 감소, 정신건강 개선, 그리고 생존율 향상에 긍정적인 영향을 미칠 수 있다. 그 외 외로운 사람들은 높은 수준의 스트레스 호르몬과 염증을 경험하며, 이는 우울증과 불안 증상을 악화시킬 수 있다(Cacioppo et al., 2006). 또한 강력한 사회적 지지 및 사회적 연결은 이러한 생리적 반응을 감소시켜 우울 및 불안 증상과 관련한 정신건강을 향상시킬 수 있는 것으로 보고된다(Cacioppo et al., 2006). 셋째, 좋은 관계를 통해 파생된 사회적 지지와 유대는 심리적 회복력을 증진하는 데 도움이 된다. 또한 재난에 노출된 소방관들을 대상으로 한 연구에서, 심리적 회복력과 사회적 지지의 역할을 조사했는데 높은 수준의 사회적 지지와 공동체 응집력을 경험한 소방관들은 상대적으로 PTSD 증상이 적었고, 사회적 지지는 스트레스 상황에서 회복력을 증진시키는 데 중요한 역할을 하는 것으로 나타났다(Pietrzak et al., 2009). 이러한 증거는 좋은 관계, 더 나아가서는 강력한 사회적 유대가 정신적 건강을 유지하는 데 중요한 역할을 한다는 것을 시사하고 있다.

(2) 정서적 안정감

심리학자 하인즈 코헛(Heinz Kohut)은 자기심리학 이론에서 자기의 발달과 심리적 건강이 초기 양육자와의 상호작용에서 어떻게 영향을 받는지에 대해 설명하였다. 그는 '거울 자기 대상(mirroring self object)'의 개념에 대해 소개하였는데, 이는 인간의 발달 과정에서 개인, 특히 어린아이의 감정, 가치, 능력 등을 반영해 주고 긍정적으로 확인해 주는 사람을 의미한다. 주로 부모나 초기 양육자가 자기 대상의 역할을 하는데 이들은 아이의 행동이나 감정에 대해 긍정적인 반응을 보여 줌으로써 아이가 스스로를 긍정적으로 바라보고 자아 존중감을 발달시킬 수 있도록 돕는다. 이 거울 자기 대상이 제공하는 반응은 유아의 자기 발달에 필수적이며, 적절한 거울 반응이 부족할 경우 유아는 나중에 자존감의 문제, 나르시시즘 등 정신건강의 문제를 겪을 수 있다. 즉, 거울 자기 대상은 인간의 심리적 발달에 필수인 사회적 상호작용 요소이다. 그렇다면 거울 자기 대상은 영아의 심리적 발달 과정에서만 중요할까? 현재 성인이 된 우리에게도 심리적 건강과 행복을 위하여 거울 자기 대상은 필요한 것으로 보인다. 여전히 우리는 나의 이야기를 들어주고 내가 느끼는 감정이나 정서에 대해 교감하고 나의 생각과 행동에 대해 긍정적으로 반응해 줄 수 있는 사람을 필요로 하며, 이를 통하여 심리적 안정감을 유지할 수 있다.

좋은 관계는 인간의 기본적인 정서적 욕구인 사랑, 소속감, 인정과 존중 등의 필요를 충족시켜 준다. 사람들은 사회적 동물로서 공동체에 소속되기를 원하며 이는 안정감과 정체성을 제공한다. 우리는 내가 누구인가에 대한 정체감을 이야기할 때 주로 내 주변 사람과의 관계 안에서 나를 규정지을 수 있으며, 이러한 타인과의 관계 안에서 경험하는 뚜렷한 정체감이 심리적 안정을 가져올 수 있다.

(3) 신체적 건강 개선

가보 마테(Mate, 2003/2015)의 『몸이 아니라고 말할 때: 당신의 감정은 어떻게 병이 되는가』라는 책에서는 정신적 건강과 신체적 건강의 다양한 관련성에 대한 강력한 예시들을 소개하고 있다. 그중 대인관계가 신체 건강에 미치는 영향에 대한 흥미로운 사례를 소개하고자 한다. 인간 아기는 다른 영장류 새끼와 달리 스스로는 생명 유지를 못 할 만큼 무력한 상태로 삶을 시작한다. 갓 태어난 아기들은 맥박, 호르몬 수치, 신경계 활동 등의 신체 상태가 아직은 실질적인 자기 조절 능력을 갖지 못했기 때문에 돌봐주는 어른과의 관계에 의존하게 된다. 두려움, 사랑과 같은 감정은 부모나 다른 주요 양육자들과의 관계를 유지시켜 주면서 자기 보호의 욕구에도 도움을 준다. 무력한 인간 아기들에게 양육자와 안전한 관계를 맺고 있다는 무의식적 인식을 위협하는 것은 무엇이든 심리적 스트레스가 될 수 있고, 그 관계가 교란되면 어린 생명의 정신적 세계뿐 아니라 체내 환경에도 혼란이 일어나게 된다.

그뿐만 아니라 이 책에서는 아동기를 지난 이후에도 정서적, 사회적 관계는 생물학적으로 중요하게 영향을 미친다고 이야기하고 있다. 이 책에 소개된 뉴욕 알버트 아인슈타인 의과대학의 마이런 호퍼(Myron Hofer) 박사의 주장에 따르면 '독립적인 자기 조절은 성인기가 되어서도 존재하지 않을 수 있으며', '사회적 상호관계는 체내의 생물학적 체계들을 일상적으로 조절하는 면에서 평생에 걸쳐 중요한 역할을 수행할 수 있다'고 한다. 이러한 주장은 가까운 사람과 맺는 친밀한 관계 및 사회적인 유대가 장기간에 걸쳐 신체 기능 및 작용에 영향을 미칠 수 있음을 예상케 한다. 다른 예시로 캘리포니아주 앨러미더 군 거주자들을 대상으로 17년간 추적 조사한 연구를 소개하고 있는

데, 이 연구에서는 사회적 유대관계 및 소외감과 암 발병 사이의 잠재적인 연관성을 보고하고 있다(Reynolds & Kaplan, 1990).

볼비(John Bowlby)와 에인스워스(Mary Ainsworth)의 이론을 적용한 신경과학적 연구 결과에 의하면, 건강한 대인 접촉, 특히 유아 및 아동과 주요 양육자 간의 관계와 성인기에 경험하는 친밀한 관계는 스트레스가 심신에 미치는 부정적인 영향에 대한 면역 기능을 하는 것으로 나타난다(Cozolino, 2017). 부모 또는 초기 양육자와의 관계는 영아의 뇌 성장과 발달에도 관여한다는 증거들이 많이 제시되고 있다. 일례로 위버와 동료들(Weaver et al., 2004)은 모성적 양육이 미치는 후생학적 영향을 확인하였는데, 축적된 심리적 경험은 신경생물학적 구조를 변화시키기도 한다는 것을 보여 준다.

또한 사회적 지지와 긴밀한 인간관계는 스트레스를 감소시키는 데 중요한 역할을 한다. 대인 간 긍정적인 상호작용은 신체에서 스트레스 호르몬인 코르티솔의 수준을 낮출 수 있는 것으로 나타났다. 또한 신뢰할 수 있는 사람의 존재, 사회적 지지는 높은 스트레스 상황에서 코르티솔 수준을 억제하고 스트레스 반응을 감소시키는 것으로 나타난다(Heinrichs et al., 2003).

마지막으로 보웬(Bowen)의 가족 체계 이론을 적용하면, 질병은 개별 인간에게 나타나는 단순한 생물학적인 사건이 아니라 개인들의 생리적 기능들이 가족 상호작용 안에서 시시각각 관련을 맺는다고 본다(Mate, 2003/2015). 가족 체계 이론의 주요한 개념 중 '분화'는 '다른 사람들과 정서적 접촉을 하면서 정서 기능을 자율적으로 작동시킬 수 있는 능력'으로 정의된다. 미분화된 사람들은 '자신과 타인의 정서적 경계가 부재하며, 사고 과정이 다른 이들의 정서 감지 과정에 압도당하는 것을 막아 주는 경계가 부재'하게 된다. 이로 인한 경계의 문제는 이 책의 '6장 건강한 관계'에 상세히 설명되어 있다. 따라서 분화 수준이 낮고 경계의 문제를 지닌 사람이 다른 사람의 불안을 자동적으로 흡수하게 되면 내면에 높은 수준의 불안감을 지니게 되고(Mate, 2003/2015) 일상에서 다양한 대인관계 문제를 경험할 수 있다.

1 다음의 체크리스트 1을 실시하여, 나의 행복의 조건들을 알아보자.

체크리스트 1: 나의 행복의 조건들

'행복의 조건'이 제시된 리스트를 활용하여 나의 행복을 위해서는 이 조건들이 얼마나 중요한지 표시해 보자. 각 행복의 조건 중에서 자신이 느끼는 중요도에 따라 5점 척도로 답해 보자. (별로 혹은 전혀 중요하지 않다: 1점, 매우 중요하다: 5점)

번호	행복의 조건	5	4	3	2	1
1	좋은 배우자와 행복한 가정을 이루는 것					
2	건강하게 사는 것					
3	돈과 명성을 얻는 것					
4	소질과 적성에 맞는 일을 하는 것					
5	여가생활을 즐기는 것					
6	아이를 낳고 기르는 것					
7	더 많이 배우고 자기 발전을 하는 것					
8	사회발전에 기여하는 것					
9	종교 생활을 잘하는 것					
10	남을 위해 봉사하는 것					

위에 제시된 조건 외에 자신이 중요하다고 생각하는 행복의 조건들을 다음 표에 적고 이 조건들이 얼마나 중요한지 표시해 보자.

번호	행복의 조건	5	4	3	2	1
1						
2						
3						
4						
5						

2 다음의 체크리스트 2를 실시하여 자신의 행복 정도를 알아보자. 전반적인 행복 정도는 어떠한가? 개인적 측면, 관계적 측면, 집단적 측면 중 어떤 측면에서 행복의 정도가 높은가, 낮은가?

체크리스트 2: 나의 행복 정도

다음은 삶의 만족에 대한 질문이다. 우리의 삶은 **개인적 측면**(개인적 성취, 성격, 건강 등), **관계적 측면**(주위 사람들과의 관계 등), **집단적 측면**(내가 속한 집단-직장, 지역사회 등)으로 구분할 수 있다. 삶의 각 측면에서 당신이 중요하게 생각하는 부분을 떠올려 보자. 그러한 삶의 각 측면에 대해서 얼마나 만족하는가? (전혀 그렇지 않다: 1점, 매우 그렇다: 7점)

번호	질문	1	2	3	4	5	6	7
1	나는 내 삶의 개인적 측면에 대해서 만족한다.							
2	나는 내 삶의 관계적 측면에 대해서 만족한다.							
3	나는 내가 속한 집단에 대해서 만족한다.							

다음은 지난 한 달 동안 당신이 경험한 감정을 묻는 질문이다. 지난 한 달 동안 무엇을 하며 지냈는지, 어떤 경험을 했는지 생각한 뒤, 다음에 제시되는 감정들을 얼마나 자주 느꼈는지 응답해 보자. (전혀 느끼지 않았다: 1점, 항상 느꼈다: 7점)

번호	질문	1	2	3	4	5	6	7
4	즐거운							
5	편안한							
6	행복한							
7	부정적인							
8	짜증 나는							
9	무기력한							

※ 척도의 해석
- 만족감 총점: 문항 1+2+3
- 긍정 정서 총점: 문항 4+5+6
- 부정 정서 총점: 문항 7+8+9
- 최종 행복 점수: 만족감 + 긍정 정서 - 부정 정서

출처: 서은국, 구재선(2011).

3 다음의 긍정적 및 부정적 정서척도를 실시하고 자신의 정서 상태를 살펴보자. 당신은 긍정 정서를 많이 느끼는 사람인가? 부정 정서를 많이 느끼는 사람인가? 아니면 두 가지 감정 모두를 많이 느끼는 사람인가? 자신의 정서가 행복감에 어떠한 영향을 미치는지 생각해 보자.

긍정적 및 부정적 정서척도(Positive and Negative Affect Scale: PANAS)

다음 표에는 기분 및 감정을 표현하는 다양한 단어가 제시되어 있다. 각 단어를 읽고 자신이 최근 해당 기분이나 감정을 얼마나 자주 느끼는지 응답해 보자. (전혀 느끼지 않는다: 1점, 항상 느낀다: 5점)

번호	질문	5	4	3	2	1
1	신나는					
2	괴로운					
3	활기찬					
4	혼란스러운					
5	자신감 넘치는					
6	죄책감이 드는					
7	위축된					
8	적대적인					
9	열정적인					
10	자랑스러운					
11	화를 잘 내는					

번호	질문	5	4	3	2	1
12	맑고 또렷한					
13	부끄러운					
14	의욕이 넘치는					
15	신경질적인					
16	확신에 찬					
17	상냥한					
18	초조한					
19	쾌활한					
20	두려운					

출처: 정종진(2018).

4 좋은 관계를 유지해 나가는 데 있어서 자신의 장점을 찾아보자. 좋은 관계를 유지하는 자신만의 팁을 적어 보자.

13 에필로그:
행복한 관계의
유지와 성장

이 장에서는 우리가 인간관계에서 자주 경험하는 어려움을 2장에서 소개되었던 지원과 유진의 이야기를 통해 제시하고 해결 방법을 모색해 보고자 한다. 지원과 유진의 이야기는 우리가 대인관계에서 경험하는 보편적인 어려움에 대한 내용일 것이다. 지원과 유진의 사례를 바탕으로 조화로운 대인관계와 행복한 삶의 모습을 계획해 보고 이를 현재의 삶에 구현하기 위한 방법을 살펴보자. 새로운 시도들과 작은 성공이 모여서 대인관계의 개선을 도모할 수 있으리라 기대한다.

행복한 삶의 많은 부분은 우리 자신의 적극적인 노력과 개인의 삶의 가치를 명확하게 함으로써 이루어진다. 이 장에서는 우리 개인의 삶에서 대인관계를 통해 행복한 관계를 유지하고 성장하기 위한 구체적인 방법을 제안한다.

학습 목표

★ 2장에서의 지원과 유진 사례를 통해 지금까지 학습한 내용을 적용하여 문제 이면에 있는 어려움을 이해한다.

★ 이 책에서 학습한 좋은 관계를 위한 조건들을 나의 삶에 어떻게 적용할 수 있을지 계획해 본다.

앞의 장들에서 우리는 인간관계의 다양한 어려움과 좋은 관계를 위한 조건들에 대해 학습해 왔다. 이렇게 학습한 내용을 2장에서 소개된 지원과 유진의 사례에 적용해 보자. 이 사례들은 우리가 일상에서 흔히 경험할 수 있는 대인관계의 어려움에 대한 것이다. 당신이 대인관계에서 경험한 것과 유사한 내용이 있는가? 지금껏 자신이 경험해 온 대인관계 양상을 고려하여, 이러한 상황에서 자신이라면 어떻게 반응할 것인지, 각각의 내용을 살펴보도록 하자.

1 대인관계에서의 정서와 사고의 개방

다음은 2장에서 소개된 지원의 사례이다. 지원과 혜미의 대화처럼 이와 비슷한 상황을 경험해 본 적 있는가? 우선 사례를 읽고 어떤 상황인지 이해해 보도록 하자. 지원은 혜미에게 하고 싶은 이야기가 있는 듯하지만 직접적으로 질문하지는 않는다. 카톡으로 지원이 학교에 언제 오는지 물어보는 것을 보니 아마 혜미도 그런 듯 보인다. 지원은 혜미에게 묻고 싶은 것을 질문하려는 자신의 행동이 '쿨해 보이지 않는다'고 생각한다. 쿨해 보이지 않아서 묻고 싶은 것을 망설이는 이면에는 무엇이 있을까? 당신도 지원처럼 자신이 쿨해 보이지 않을까 봐 하고 싶은 이야기를 망설여 본 적이 있는가? 무엇이 혜미와 지원이에게 반응하는 것을 망설이게 했을까? 한번 생각해 보자.

사례

[장면 1] 개강 후 어느 날, 지원의 아침

'아 맞다. 오늘 팀플 시작하는 날'

머릿속에 갑작스레 떠오른 팀플 때문에 그제야 잠이 확 달아났다. 무슨 옷을 입어야 하나? 너무 튀고 싶지도 않고 그렇다고 너무 묻혀 있기도 싫다. 결국 청바지에 흰 티셔츠를 입은 뒤, 간단한 화장을 하고 집을 나선다. 엘리베이터에서 늘 이 시간에 만나는 할머니의 표정이 오늘따라 더 밝아 보인다. 항상 웃고 있는 할머니에게 내적 친밀감은 있지만, 인사는 늘 목례 정도만 한다. 가까워질수록 질문 공세가 쏟아질 것이 걱정되어 그동안 익혀둔 대처법이다.

버스 정류장에 도착할 때쯤 학과 동기 혜미에게서 카톡이 왔다.

혜미 언제 도착해?
지원 수업 시간 딱 맞춰 갈 듯
혜미 그르쿠나
지원 왱?
혜미 그냥
지원 싱겁긴

대화가 끊겼다. 할 말이 있는 듯한데 선뜻 말을 꺼내지 않는 혜미에게 더 캐묻지는 않았다. 아니, 할 수 없었다. 중·고등학교 때 친구들과는 밤을 새우면서도 할 얘기가 많았는데, 지금은 어떤 이유인지 그럴 마음도 용기도 생기지 않는다.

'맞다, 너 인간관계 심리학 수업 듣지? 오늘 과제 팀 구성하는데 어떻게 할래? 점심은 누구랑 먹고?' 혜미에게 물어볼 말이 산더미였다. 하지만 이런저런 말을 붙여 보려다가 그만두었다. 이러한 행동이 쿨해 보이지도 않고, 혜미도 원하지 않을 것 같다. 편한 말투로 대화할 수는 있으나, 우리 사이에는 거리감이 있는 듯하다.

리어리(Leary, 1957: 유지은, 박성옥, 2017에서 재인용)에 따르면, 대인관계에서 사람들은 상대방에게 상호보완적인 반응을 이끌어 내어 균형을 이루기를 기대한다. 즉, 상대로부터 내가 기대했던 반응을 이끌어 냄으로써 대인관계에서 안정감을 느낀다고 한다. 이는 대인 간 상호작용에서 관계를 맺고 있는 두 사람은 서로가 서로의 행동에 영향을 미친다는 것으로, 대인관계에서

나의 행동은 상대방의 행동에 영향을 미치며(유지은, 박성옥, 2017) 상호작용한다는 것을 의미한다. 만일 두 사람이 있고 상호관계에서 두 사람 모두 서로에게 비상보적인 태도(가령, 앞의 예시에서 혜미는 지원에게 정말로 하고 싶은 말을 하지 않고, 지원 역시 정말로 묻고 싶은 것을 질문하지 않는 것)를 보이면 그 관계는 긴장 상태에 놓일 수 있다. 특히 둘 중의 한 명이 심리적 부적응 수준이 높은 사람이라면 대상과 상황에 부적절한 반응을 보이게 되고 상대방에게 불편한 감정을 유발하여 원활한 대인관계 상호작용이 어렵게 된다. 사례에서 나타나는 혜미와 지원의 상호관계에도 이러한 비상보적인 반응이 보인다. 혜미의 반응은 지원의 망설임에 영향을 미치고, 지원의 망설임 또한 혜미의 반응에 영향을 미친다. 만약 두 사람 모두 전반적인 대인관계에 이런 식의 비상보적인 반응을 나타낸다면 대인관계에서의 상당한 어려움을 경험할 수도 있을 것이다.

지원이나 혜미처럼 사람들은 자신의 생각과 감정을 표현하고자 하는 욕구가 있지만 내면의 어떤 방어적인 이유로 표현을 억제하기도 한다. 이렇게 개인의 감정을 표현하고 싶은 욕구가 있지만 타인과의 관계를 유지하고 보호하기 위한 목적으로, 또는 방어적인 이유로 정서 표현을 억제하고자 하는 심리적 갈등을 '정서 표현의 양가성'이라 한다(유지은, 박성옥, 2017). 정서 표현의 양가성은 다시 자기방어 양가성 또는 관계관여적 양가성으로 구분되는데(최해연, 민경환, 2007), 지원 또는 혜미의 내면에 있을지 모르는 망설임은 이러한 양가적인 마음에서 비롯된 것일 수 있다. 자기방어 양가성은 상대로부터 공감받지 못하여 거부당하거나 비웃음거리가 되는 등 나의 정서를 표현하면 상처받을지 모른다는 부정적 결과에 대한 두려움을 반영한다. 가령, 앞의 사례에서 혜미는 지원에게 "오늘 과제 팀 구성하는데 나는 너랑 같은 팀이 되고 싶어" 또는 "약속이 없다면 오늘 점심 나랑 먹자"라고 자신의 욕구를 표현했을 때 지원이 거부하거나 공감해 주지 않아 자신이 상처받을지 모른다는 두려움 때문에 욕구 표현을 억제하는 것일 수 있다. 반면, 관계관여적 양가성은 정서를 상대방에게 표현할 경우 일어날 수 있는 영향을 고려하는 것으로, 표현 행동을 통제하여 자신의 인상을 관리하고 현재의 관계를 유지하며 보호하기 위한 동기를 내포하고 있다.

자기개방은 신뢰할 수 있는 관계를 증가시키는 데 필수적이다. 자기개방은 개인의 이름, 직업, 사는 곳 등과 같은 외부적인 정보뿐만 아니라 자신의 생각, 느낌, 욕구, 가치관 등의 내면적인 정보를 제공하는 것을 포함한다. 이 책의 9장에서도 기술되었듯이 타인과 친밀해지는 과정에서 자신에 대한 부정적인 정보, 즉 자신의 약점이라고 생각되는 부분을 드러내는 것은 오히려 상대로 하여금 공감적이고 믿을 만한 사람이라는 인상을 주기도 한다. 예를 들어, 앞의 사례에서 혜미가 "오늘 과제 팀 구성하는데 나는 너랑 같은 팀이 되고 싶어. 사실 나는 특별히 같은 팀을 할 만한 아는 아이들이 없어"라고 표현한다면 지원에게 이미 같은 팀을 하기로 한 사람이 있어서 거절할 수밖에 없는 상황이었다 해도 자신에게 이런 욕구를 표현하고 요청한 혜미에 대한 지원의 신뢰감과 친밀감은 이후 쉽게 증가할 수 있다. 이는 상보적으로 지원도 혜미에게 더 쉽게 자기개방을 할 수 있도록 만들 것이고 이러한 내면적인 정보에 대한 자기개방이 상호 간에 반복된다면 이 관계의 신뢰성은 증가할 것이며 친밀감 또한 증가할 것이다. 대인관계에서 적응적으로 기능하기 위해 필요한 것은 자신의 생각과 정서를 정확히 알고 적절하게 표현하는 것이며 이는 높은 친밀감과 만족스러운 대인관계 형성에 중요한 요소이다. 대인관계에서 자기표현의 망설임이 습관적으로 만연화된다면 관계의 유지와 발전을 저해하는 요소가 될 것이다.

물론 이런 자기개방에 있어서 유의할 점은 있다. 이에 대해서는 이 책 9장의 '2) 효과적인 의사소통' 부분을 참고하도록 하자.

2 건강한 경계 세우기

다음은 2장에 소개된 유진의 사례이다. 사례에서처럼 유진과 엄마, 유진과 민희와 비슷한 상황을 경험해 본 적이 있는가? 우선 내용을 읽고 어떤 상황인지 이해해 보도록 하자. 사례에서 유진은 엄마가 일거수일투족을 모두 통제했다고 이야기하는 것을 보아 어머니와 심리적으로 강하게 연결된 경험을 했던 것 같다. 전 여자친구인 민희와도 어머니와의 관계와 마찬가지로 강하게 통제받는 경험을 했던 것처럼 보인다. 민희와의 관계에서 유진은 먼저 헤어지자는 말은 못하고 민희 스스로 포기하기를 기다리는 방법으로 민희와의 관계를 정리한 것으로 보인다.

어머니의 유진에 대한 강한 심리적 통제는 유진에게 어떠한 영향을 미쳤을까? 유진은 어떻게 민희를 만나면 어머니를 떠올리게 되었을까? 민희에 대한 유진의 인상이 정확한 것이라면 민희는 어째서 유진의 모든 것을 알고 싶을 정도로 유진에게 집착하게 되었을까? 연인관계에서 이러한 비슷한 경험을 해 본 적이 있는가? 한번 생각해 보자.

> **사례**

[장면 2] 개강 후 어느 날, 유진의 아침

동생의 말에 의하면, 내가 군대에 있는 동안 엄마는 내가 보고 싶다며 자주 울었다고 한다. 입대 후 처음 1년 동안은 거의 주말마다 면회를 오기도 했다. 20여 년을 지내면서 나의 일거수일투족을 모두 파악하고 통제하던, 아니 돌봐 주던 엄마였다. 그러던 엄마에게 나의 군입대는 무척 힘든 일이었을 것이다.

엄마와 비슷한 사람이 있었다. 신입생 시절 학과 모임에서 만난 민희도 그랬다. 일정한 거리를 두고 지낼 때는 함께 보내는 시간이 재미있고, 잠시라도 떨어지면 그리웠는데, 본격적으로 사귀기 시작한 후로는 많은 게 달라졌다. 민희는 나의 일거수일투족을 알려 했다. 외모도 연령도 다른데, 민희를 만나면 엄마가 떠올랐다. 왜 그 랬는지는 아직 잘 모르겠다. 결국 내가 먼저 헤어지자는 말은 못 하고, 그 아이가 지 쳐서 포기하기를 기다리다가 우리의 관계는 끝났다…. 생각이 많아진다.

　　이 장면에서는 이 책의 5장과 8장에서 학습한 애착 이론을 적용해 볼 수 있다. 애착이란 특정 대상, 아이의 경우 주로 엄마와 정서적으로 강하게 연결 되고자 하는 인간의 속성을 의미한다. 생의 초기에 아이가 경험하는 엄마와 의 상호관계 방식은 내면화되어 이후 삶에 영향을 미치는 내적 작동 모델로 기능하게 된다. 주 양육자와 경험한 정서적 유대관계는 성장한 이후 타인, 특 히 강한 친밀성을 지닌 연인관계에서 상대와 정서적 유대관계를 맺는 방식에 영향을 준다.

　　5장에서 제시된 애착 이론을 참고하여, 유진이 이야기한 내용을 바탕으 로 유진과 엄마, 민희와 유진의 애착 유형을 유추해 보자. 우선 유진의 경우 는 안정형 애착, 회피형 애착, 불안형 애착, 혼란형 애착의 네 가지 유형 중 어 디에 가장 가까운가? 조심스럽기는 하지만 현재 유진의 엄마와 민희의 관계 를 버거워하는 모습, 민희가 스스로 떠나기를 기다렸다는 보고 등을 종합해 보면, 회피형 애착 유형에 가장 가깝지 않을까 유추해 볼 수 있다. 회피형 애 착 유형의 사람들은 다른 사람들과 친밀한 관계에 대한 갈망이 있으면서도 자꾸 도망치며 관계를 회피하고자 한다. 상처받고 싶지 않다는 속마음 때문 에 자신의 연약함을 보이거나 타인에게 의지해야 할 필요성을 부인하기도 한 다. 반면, 민희는 네 가지 애착 유형 중 어디에 속할까? 유진의 이야기를 바탕 으로 하면 불안형 애착 유형에 가까운 것으로 보인다. 불안 애착을 가진 사람 의 경우 애정 대상이 되는 상대에게 지나치게 의존하고 관계에 불안을 느끼 며 지속적으로 상대방의 애정과 관심을 확인하려는 경향을 나타낸다. 또한 외로움을 크게 느끼고 상대와의 강렬한 유대를 요구한다. 하지만 스스로의 가치를 확신하지 못하기 때문에 자신의 강렬한 애정 욕구가 충족되리라 믿지 않으며, 결과적으로 대인관계에서 높은 불안감을 느낄 수밖에 없다. 5장에서도 언급되었듯이, 이러한 회피형과 불안형은 서로에게 강한 매력을 느낄 수 있다. 회피형인 유진이 불안형인 민희에게 끌린 이유는 혼자 행동하기를 좋아하고 상대를 지배하고자 하는 회피형의 욕구가 불안형의 강한 애정 욕구에 의해 정당화될 수 있고, 이를 빌미로 상대와 거리를 두고 가까워지는 것을 피할 수 있기 때문일 수 있다.

이제 민희를 이해해 보자. 사례에서 민희는 이성관계에서 친밀감을 제대로 형성하지 못하며 오히려 집착하는 듯한 모습을 보여 주고 있다. 이러한 대인관계가 지속된다면 관계 중독으로 발전할 수 있다. 관계에 대한 집착은 주로 내적 공허감에서 비롯된다. 이러한 내적 공허감을 채우기 위해 상대방의 지지와 사랑이 필요하기에 불안형은 상대가 떠날지도 모르는 상황에 대하여 극심한 두려움을 느낀다.

이러한 관계에 대한 집착에서 벗어나기 위해서는 이 책 6장에서 소개된 타인과의 적절한 경계 설정이 필요하다. 인간은 개별성과 관계성의 두 가지 욕구를 동시에 가지는데 이러한 욕구의 적절한 균형이 타인과의 적절한 경계 설정을 가져올 수 있다. 이상적으로는 6장에 소개된 경계의 유형 중 '탄력 있는 경계'를 가지는 것이 필요하다. 탄력 있는 경계는 대인 간 관계를 상황에 맞게 적절히 조절하는 것을 의미하는데, 상황에 따라 경계를 유연하게 또는 단단하게 설정할 수 있는 것을 말한다. 예를 들어, 주로 청소년 상담 사례에서 청소년들은 친구의 개념을 친구 아니면 적, 또는 친구와 친구가 아닌 사람, 이렇게 이분법적으로 구분하는 모습을 많이 볼 수 있다. 하지만 지금은 같은 반이고 같은 학원을 다니며 같은 취미와 활동을 공유하기 때문에 친한 친구라도 상황이 달라지면, 가령 그 친구가 이사를 간다든가 다른 학원을 다닌다든가 하는 일이 발생하면 잠시 멀어질 수 있다. 다시 같은 대학에 들어가고 같은 취미와 활동을 공유하게 된다면 언제든 또 가까워질 수 있다. 이렇게 경계를 탄력적으로 조정할 수 있다면 건강하고 균형 잡힌 관계를 유지할 수 있으며 상호보완적으로 성장하는 관계로 나아갈 수 있을 것이다.

하지만 만일 이러한 경계 설정의 어려움이 어린 시절부터 장기간 지속되어 온 문제에 기인한다면, 변화의 필요성을 인식하고 그 과정을 조정해 나가는 데 많은 어려움과 상당한 기간이 필요할 수 있다. 가령, 생의 초기부터 생존이 부모의 감정과 요구를 빨리 알아차리는 것에 달려 있었던 사람이라면 자신의 생각을 성찰하고 자신의 감정에 집중하기보다는 다른 사람이 어떤 생각을 하고 있을지와 어떤 감정을 느끼는지에 대해 집중하는게 좀 더 익숙할 것이다. 신경생물학적으로는 신경 처리 과정에서 숨겨진 층들이 발달 초기부터 자신의 감정이나 생각은 억제하고, 뇌의 사회적인 정보 처리 기능을 다른 사람의 내적 상태에 초점을 맞추도록 조직화해 온 것으로 설명한다(Cozolino, 2010/2020). 이런 사람들은 상대의 생각이나 감정에 지나치게 영향을 받고 예민하다고 느낄 수 있는데, 이는 상대의 반응에 조응해서 나의 정서와 생각을 조율하는 것과는 다르다. 오히려 상대방이 어떻게 반응하는지에만 과다하게 몰입하기 때문에 전반적으로 상대의 감정과 생각을 이해하고 수용하는 것이 어렵고, 상대방의 상태를 살펴 갈등을 조율하는 능력은 낮을 수 있다. 이런 사람들은 자신을 바라보는 것이 두렵기 때문에 도망친다.

한편, 이러한 경계 설정의 어려움은 다른 일반적인 관계보다 연인관계에서 좀 더 쉽고 흔하게 나타날 수 있다. 왜냐하면 연인관계는 앞서 이야기했듯이 어린 시절의 부모 또는 주 양육자와 맺었던 보다 근원적인 애착관계가 반영되는 것일 수 있기 때문이다. 예를 들어, 불안정한 애착 관계를 형성했던 아이들은 자기를 성찰하는 마음의 과정이 결핍되어 있을 수 있다. 코졸리노(Cozolino, 2010/2020)에 의하면 자기성찰 능력은 정서 및 행동의 조절, 기억, 조직화 신경망의 다양한 정보 처리 과정을 통합하는 데 중요한 역할을 한다. 즉, "자기성찰 능력이 극대화되어 있는 양육자는 아이의 취약한 심리적 세계를 존중해 줄 수 있고, 아이가 불안정한 애착의 특징인 원초적인 방어 행동을 필요로 하지 않도록 해서 그것을 최소한으로 사용하게 해 줄 가능성이 높다"(Cozolino, 2010/2020)라고 보고된다. 따라서 초기 유년기에 자기성찰을 제대로 습득하지 못하면 뇌 신경망 차원에도 영향을 미치며, 이후 삶의 대인 관계에서도 타인과의 경계 설정의 어려움을 겪는 등 지속적인 영향을 가져올 수 있다.

하지만 이러한 성찰 능력은 지속적인 통찰과 노력으로 학습될 수 있고 변화 가능한 것으로 보고된다. 가령, 성찰의 어려움과 불안 애착을 가진 사람들도 성숙한 의사소통과 상호 이해를 위한 노력을 통해서 자신의 애착 유형이 관계에 미치는 부정적인 영향을 조절할 수 있는 것이다. 신경생물학적으로는 우리의 뇌는 긍정적인 또는 부정적인 방향 모두에서 지속적으로 변화하고 적응할 수 있는 것으로 나타난다(Cozolino, 2010/2020). 따라서 풍부한 사회적 환경 및 대인관계적 자원을 바탕으로 친밀한 관계의 상호작용에서 상대에 대한 애착 패턴을 이해하고 감정적 반응과 그 수준을 살펴보는 것이 필요하다. 이러한 문제점을 통찰하고 해결하려는 지속적인 노력은 뇌 신경망 차원에서 재구조화를 가져올 수 있고 탄력적인 건강한 경계를 가져올 수 있다.

3 다른 사람들과 함께 성공적으로 작업하기

다음의 사례는 대학 생활 중에 흔히 경험하는 팀 프로젝트 작업에 대한 것이다. 지원 및 유진과 비슷한 생각이나 행동을 경험한 적이 있는가? 사례에서 지원은 팀 프로젝트 작업 중 모두가 나서지 않고 머뭇거리는 상황에서 먼저 의견을 내고 자발적으로 나선다. 또한 학생들은 강의실이라는 같은 오프라인 장소에 있으면서도 카톡으로 의견을 내는 등 온라인 의사소통을 더 편하게 느낀다. 당신의 수업 중 팀 프로젝트의 경험은 어떠했는가? 성공적인 팀 프로젝트 경험은 어떠했고, 어떤 요인이 기인한 것 같은가? 상대적으로 성공적이지 않은 팀 프로젝트 경험은 어떠했고, 어떤 요인에 기인한 것 같은가?

[장면 3] 지원과 유진이 참여하는 인간관계 심리학 수업 시간

교수님 한 주 잘 지냈나요?

학생들 네. (소리를 내어 대답하는 이들은 1~2명에 불과하다)

교수님 (멋쩍은 듯) 그래요. 저도 잘 지냈어요. 오늘은 이 수업의 프로젝트 과
　　　　제를 함께 수행할 조를 구성하려고 해요.

　　조 구성은 교수님이 사전에 설정하신 몇 가지 기준으로 성별, 학년, 전공을 고
루 섞은 제비뽑기를 활용하여 결정되었다. 지원과 유진은 같은 조가 되었다. 남자 3
명, 여자 2명으로 총 5명이 한 조이다. 지원과 유진의 조원들은 모두 같은 조 구성원
을 한눈에 스캔했다.
　　첫 조별 활동은 자신의 핸드폰에 담긴 사진 중 자신과 타인이 함께 찍힌 사진
한 장을 활용하여 자신을 소개하는 활동이다. 누가 먼저 시작할지 고민하는 중에 지
원이 입을 열었다.

지원 먼저 단톡방 개설하는 거 어때요? 다른 의견이 없으시면, 제가 먼저 방을
　　　열 테니 모두 들어오세요.

　　유진이 생각하기에 지원은 처음 보았을 때의 이미지와 다르게 꽤 직설적이고
성격이 급해 보였다. 조 구성원 모두가 지원의 의견에 동의했다. 같은 자리에 있던
다른 사람들에게도 이 어색한 상황이 불편했기 때문이리라. 아마도 팀플에서 서로
눈을 마주치며 이야기를 나누는 것보다 비대면이 훨씬 편하다는 사실을 지원이 잘
알고 있었던 것 같다. 그렇게 생각하니, 유진은 지원의 서두름이 오히려 고맙게 느
껴졌다.
　　순식간에 5명이 단톡방에 모였다. 이윽고 수많은 이모티콘이 등장했다. 그 이
후 5명의 대화는 무척이나 활발하게 이루어졌다. 단톡방에서….

지원과 유진은 다른 조의 상황을 쓱 살폈다. 분위기는 대충 비슷한 듯하다. 모두 핸드폰을 들여다보며 약간의 미소를 짓고 있다. 교수님은 이러한 상황이 익숙한 듯 별다른 피드백이 없다. 다만, 조원들의 이름만은 좀 외워두라며 당부하신다.

수업에 참여한 이들은 모두 머릿속에 생각이 가득하다. '이들과 한 학기를 어떻게 보낼 것인가?', '조별 과제를 위해서는 적당한 친밀감이 필요할 텐데 어떤 태도를 취해야 하나?', '너무 호의적으로 다가서면 과제를 할 때 손해 볼 것이 뻔하고 너무 무심하게 대하면 동료평가에서 점수를 받기 어려울 텐데…', '적당한 친함을 어떻게 만들어야 하나?' 저마다 수많은 생각을 가지고 강의실을 나섰고, 이러한 생각은 이내 사라졌다.

많은 학생이 대학 수업에서 다른 사람과 함께 작업해야 하는 팀 프로젝트에 대한 어려움을 경험해 본 적이 있을 것이다. 이 책 10장의 '갈등의 유형'에서 소개되었듯이, 같은 팀 내 두 사람의 의견이 강하게 대립하는 경우, 또는 팀원들 간에 지향하는 방향성이 각기 다르고 이것이 통합되고 초점화되지 않을 때 갈등이 생길 수 있다. 온라인 상호작용은 이러한 대면에서의 직접적인 갈등을 맞닥뜨리지 않기 위해 선택할 수 있는 간편한 방안처럼 보인다.

팀 프로젝트 시 온라인 상호작용의 편리함을 대부분 경험해 보았을 것이다. 온라인 대인관계는 다양한 장점을 가지고 있고 최근에는 더 편리하게, 더 빈번하게 활용되고 있다. 무엇보다 시간과 장소의 제약이 없다는 장점이 있고, 인터넷 연결만 된다면 다양한 배경의 새로운 사람들을 만나는 것이 용이하다. 일부 사람들은 온라인에서의 자기표현을 더 자유롭고 쉽게 할 수 있다. 또한 잘 활용할 수 있다면 건강 문제나 유사한 경험을 가진 사람들과 연결되어 정서적 지지를 받을 수 있다는 장점이 있다. 하지만 이러한 장점에도 불구하고 오프라인의 관계가 어려워서 온라인 대인관계만을 선호한다면 피상적인 관계만 반복될 수 있으며 사회적 고립을 가져올 수도 있을 것이다. 사회적 불안이나 오프라인에서의 대인관계의 어려움 때문에 온라인을 선호한다면 온라인에서도 여전히 비슷한 어려움을 경험할 가능성이 높다. 즉, 오프라인에서의 사회적 능력이 온라인에서도 유사하게 작용한다. 따라서 자신이 온라인 대인관계를 선호하는 이유를 생각해 보고 오프라인에서 어렵기 때문에 온라인을 선택하는 것이 아닌지, 온라인에서도 오프라인에서와 비슷한 대인관계 문제가 발생하지는 않는지 생각해 볼 필요가 있다. 오프라인의 대인관계가 어려워서 비대면 상호작용을 선호하는 경우 근본적인 대인관계 문제를 해결하기보다는 비슷한 어려움을 온라인에서도 겪을 여지를 남겨두는 것이므로, 자신의 대인관계의 어려움이 어디에서 비롯되는지 생각해 볼 필요가 있다.

성공적인 팀 프로젝트를 위해서는 프로젝트 과정 중에 발생하는 팀원들 간의 대인관계 긴장과 갈등을 어떻게 다루는가가 중요하다. 이를 잘 다루어 내기 위해서는 무엇보다 팀 프로젝트를 위해 협업하는 과정에서 서로 의견이 일치되지 않고 다양한 갈등이 발생하는 것을 어느 정도 당연하게, 필수불가결한 요소로 받아들이는 태도가 필요하다. 갈등이 있다는 것은 문제가 있다는 것이고 그 문제를 그냥 내버려두는 것이 아니라 이제부터 다룰 수 있게 되기 때문에 팀은 앞으로 더 통합되고 발전적인 방향으로 나아갈 수 있는 것이다. 개인의 차원에서는 갈등을 경험하고 해결하는 과정에서 관계의 개선뿐만 아니라 문제 해결 능력, 타인의 다른 조망을 수용하는 능력, 배려심 등을 습득하게 된다. 즉, 갈등에 대한 관점을 조금만 달리한다면 갈등에서 발생하는 불편함이 나를 확장해 주는 경험으로 발전될 수 있는 것이다. 이러한 경험이 반복되다 보면 이전보다는 갈등 상황에 대한 긴장과 불안이 줄어들 것이고 이를 더 잘 다루어 나갈 수 있는 내적 힘이 생긴다. 팀 프로젝트 작업을 할 때 기본적으로 필요한 태도는 이러한 갈등 상황에 적극적으로 뛰어들어 보겠다는 긍정적인 마음이다.

다음으로, 6장에서 소개한 '관계에서 경계와 거리'를 팀 프로젝트 시의 대인관계에 적용해 보자. 대인 상호작용에서 사용하는 거리는 네 가지 유형으로 구분할 수 있는데, 바로 밀접한/친밀한 거리, 개인적 거리, 사회적 거리, 공적인 거리이다. 에드워드 홀(Edward Hall)의 『숨겨진 차원(The Hidden Dimension)』에서 제시한 이 네 가지 유형의 거리는 공간의 중요성과 함께 사회적, 심리적 거리의 의미도 내포하고 있다. 이 중 팀 프로젝트 시 같은 팀원과의 거리는 어디에 해당하는가? 주로 사회적 거리에 해당할 것이다. 사회적 거리는 직장 동료, 상사, 낯선 사람들과의 공식적 또는 비공식적 상호작용에서 사용되며, 특징은 상대방의 표정과 몸짓을 확인할 수 있지만 세부적인 표정 변화는 놓칠 수 있어서 효과적인 의사소통을 위해서는 목소리를 약간 높여야 하는 거리이다. 따라서 팀 프로젝트 시 밀접한/친밀한 거리에서 기대할 수 있는 허심탄회하고 진솔한 메시지를 기대하거나 조원들이 나의 생각과 정서의 변화를 알아봐 주고 배려해 주기를 기대하는 것은 부적절할 수 있다. 가령, 내가 몸이 아파서 팀 프로젝트에 잘 참여하지 못한 사정을 팀원들이 이해해 주어서 팀 프로젝트 성과물을 공평하게 나누기를 기대하거나, 낯선 사람들 앞에 나서서 잘 이야기하지 못하는 나의 수줍음과 내향적 성격을 배려하여 팀원 중 누군가가 내 의견을 물어봐 주기를 기대하는 것은 이 사회적 관계에서는 부적절할 수 있는 것이다. 오히려 이 관계에서는 팀의 조원들과 적절한 사회적 거리를 유지하며, '목소리를 약간 높여' 나의 의사를 적극적으로 피력하는 것이 적절한 행동 방식일 수 있다.

마지막으로 팀 프로젝트 시 발생하는 갈등 해결을 위해 자기 주장성과 타인 수용성의 두 가지 대응 방식을 고려해 볼 수 있다. 이 책의 10장에서는 갈등 해결을 위한 개인의 대응 방식으로 이 두 가지 축을 소개하고 있는데, 두 가지 축이 모두 높은 유형인 협력적 유형(높은 자기 주장성과 높은 타인 수용성)을 가장 이상적으로 보고 있다. 대인 상호작용에서 온라인이든 오프라인이든 관계없이 자기 주장성과 타인 수용성의 두 가지는 성공적인 팀 프로젝트 활동과 문제 해결을 위해 갖추어야 할 대응 방식이다.

4 신뢰할 수 있는 관계의 형성

다음의 사례는 친구와의 상호작용에서 드물지 않게 경험할 수 있는 상황이다. 사례를 잘 읽어 보고 지원이나 수지와 비슷한 경험을 한 적이 있는지 생각해 보자. 당신은 수지와 같은 행동을 한 적이 있는가? 그렇다면 어떤 상황에서 그렇게 하였고 어떤 기분을 느꼈으며 무슨 생각을 하였는가? 또는 지원처럼 이미 약속 장소에 도착했는데 친구로부터 석연치 않은 이유로 갑자기 약속을 취소당해 본 경험이 있는가? 사례에서 지원은 수지를 애써 이해해 보려고 노력한다. 지원의 상황에서 당신은 어떤 생각을 했고 어떤 기분을 느꼈는가? 또는 무슨 생각을 하고 느낄 것 같은가? 만약 수지를 이해하고자 한다면 어떻게 이해할 수 있을까?

대학 수업에서 열심히 수업을 듣는 학생들은 때때로 친구로부터 수업 정리 자료를 빌려 달라는 요청을 받는다. 이럴 때 당신은 어떻게 행동하는가? 거절하는가 또는 내키지는 않지만 빌려 주는가? 일부 학생들을 수업 노트를 빌리기 위해 의도적으로 친해지고자 다가가기도 하는 것 같다. 혹시 수업 중 열심히 정리한 노트만 빌려 주고 학기가 끝난 이후 손절당해 본 적이 있는가? 다음에 소개된 사례처럼 이것은 상대방을 신뢰하기 어려운 관계, 즉 인스턴트 관계에 해당되는 것이다.

사례

[장면 4] 지원의 어느 주말

오늘은 텐동 지역 맛집에 가서 플렉스하기로 했다. 파워블로거인 수지는 늘 가장 핫하고 힙한 장소를 추천한다. 수지와 함께 방문하는 장소, 먹는 음식 등 모든 정보는 거의 실시간으로 수지의 SNS에 게시된다. 가끔은 내가 현실에서 수지를 만나고 있는지 아니면 온라인에서 수지의 게시글을 보고 있는지 헷갈릴 때가 있다. 그래서 수지를 만날 때는 평소보다 더 화려하게 꾸미고 나간다. 인스타 샷을 건져야 하니까.

약속 장소 근처에 왔으나, 시간이 조금 남아 있었다. 주변 옷 가게에 들어가서 잠시 시간을 보내고 약속 장소로 이동하려는데 수지에게 카톡이 왔다.

"미안. 나 갑자기 더 급한 일이 생겨서….."

왠지 불안하긴 했다. 아마도 더 재미있어 보이는 모임에서 뒤늦게 초대 연락을 받았겠지…. 아니면 라이브 방송에 활용할 수 있는 좋은 콘텐츠를 발견했겠지… 애써 이해해 보려고 한다. 그런데도 서운한 것은 마찬가지이다.

우리 관계가 이토록 가벼웠던가? 그래도 매일 메시지를 주고받는 친구가 아닌가? 이내 우울해졌다. 이럴 줄 알았으면 엄마를 따라 요양원이라도 갔었어야 했나? 생각이 많아진다.

르위키와 벙커(Lewicki & Bunker, 1996: 정태연, 2022에서 재인용)는 신뢰의 수준을 구분하고, 세 가지 발전 단계를 소개하고 있다. 첫째는 계산적인 단계로, 이 단계는 신뢰가 없는 통제의 단계로 볼 수 있다. 이때의 상호작용은 법, 규정과 같은 통제 안에서 일어난다. 이런 수준의 신뢰에서는 주고받는 것을 명확히 체크하는 것이 필요하고, 때로는 약간의 위험을 감수해야 할 수도 있다. 가령, 우리가 자취방 계약을 할 때 집주인이나 부동산 중개인과 가지는 신뢰 수준의 관계가 될 것이다. 둘째는 조금은 신뢰가 쌓인 단계로, 상대방에 대한 지식에 근거하여 어느 정도 신뢰할지를 결정한다. 즉, 상대의 행동에 대해서 예측되는 정도만큼만 신뢰하는 것이다. 상대가 나의 신뢰에 부응하지 못한다면 이전의 통제 단계로 돌아갈 수도 있다. 예를 들어, 직원들의 재택근무를 허용했는데 근무 태도가 불성실한 것으로 파악된다면 다시 원래대로 출근하도록 통제하는 것이다. 셋째는 상대에 대한 동일시를 통해 신뢰

의 범위를 넓히는 단계이다. 같은 목표를 이루기 위해 상대를 수용하고 상호 의존적으로 협력해 나갈 수 있다. 관계의 유지를 위해서 더 많은 위험을 감수 할 수 있는 단계라고 할 수 있다.

앞의 예시에서 수지에 대한 지원의 신뢰는 르위키와 벙커의 2단계 정도 의 신뢰 수준으로 볼 수 있다. 6장에서도 소개되었듯이, 인간의 상호작용에는 다양한 층위의 관계가 있을 수 있으며, 현실적으로 모든 사람과 3단계 신뢰 수준을 형성하거나 유지하기는 어려운 일이다. 그러나 적어도 여러 명의 사 람과 혹은 가까운 관계에서는 3단계 신뢰 수준의 대인관계를 형성하는 것이 필요할 것으로 보인다.

진화심리학적으로도 대인 간의 신뢰는 중요한 요소로 기능하여 왔다. 사 회 규범이 아직 확립되지 않았던 원시 사회에서는 부지불식간에 누군가 내 뒤통수를 가격하지 않는 것이 생존에 중요했을 것이고, 다양한 외적 위협으 로부터 자신을 지키기 위해서는 3단계 수준의 신뢰 관계가 무엇보다 필요했 을 것이다. 현대에 와서는 다른 차원에서 주변 사람들과 신뢰할 수 있는 관계 를 가지는 것이 필요해지고 있다. 예를 들어, 친구관계는 가족관계에서 채워 지지 못한 부족한 애정을 보충할 수 있는 정서적 지지의 기능을 하기도 한다. 또한 현대 사회의 유형·무형의 자원과 정보를 공유하고 함께 협력 작업을 해 나가기 위해서도 신뢰감 있는 관계는 필요하다. 무엇보다 대학생활 적응에는 친구들과의 정서적 교류나 심리적 연결감이 큰 도움이 된다. 이러한 신뢰관 계를 발달시키고 유지하는 데는 많은 노력이 필요하다. 가령, 친구관계에서 2 단계의 신뢰 수준만 경험한 사람이라면, 다른 누구와도 2단계 이상의 신뢰관 계를 맺기는 어려울 수 있다. 신뢰관계는 상호작용 몇 번만으로 쌓지는 못한 다. 6장에서 제시한 조지 레빙거의 'ABCDE 모델'에서 소개하고 있듯이 초기 매력(A) 단계, 관계 형성(B) 단계를 거쳐, 관계 지속(C) 단계에서 관계 악화 (D) 단계와 관계 종결(E) 단계로 진행되지 않도록 돌봄, 상호성, 헌신의 긍정 적인 상호작용이 반복되어야 한다. 따라서 주변의 가까운 사람들과 좋은 신

뢰관계 형성을 위해서는 의도적인 노력이 필요하며, 이는 행복한 삶의 유지
를 위해 필수적인 요소가 될 것이다.

1   이 장의 사례 중 자신의 대인관계 어려움과 비슷한 것이 있는지 생각한 뒤, 다음의 물음에 답해 보자.

> 1) 대인관계에서 나의 정서와 사고의 개방 정도는 어떠하며, 개선해야 할 측면이 있는가?

> 2) 부모님과의 관계, 연인과의 관계 또는 친구관계에서 나는 건강한 경계를 가지고 있는가? 만일 그렇다면 나의 건강한 경계는 관계에서 어떻게 나타나는가? 만일 그렇지 못하다면 어떻게 개선해 나갈 수 있는가?

> 3) 다른 사람과 함께 작업하는 것이 나에게는 어떻게 느껴지는가? 힘들어서 피하고 싶은 것인가, 또는 기꺼이 참여하고 좋은 성과를 내고자 하는 의지가 느껴지는가? 다른 사람과의 성공적인 협력을 위하여 개선해 나갈 점이 있다면 어떤 것이 있는지 생각해 보자.

> 4) 주변 사람들과 가지는 나의 신뢰 수준은 어떠한가? 나와 높은 수준의 신뢰관계에 있다고 생각하는 사람들은 어떤 사람들인가?

2   행복한 관계의 유지와 성장을 위해 자신이 가지고 있는 장점은 무엇인지 생각해 보자.

3   행복한 관계의 유지와 성장을 위해 자신이 개선해야 하는 점은 무엇인지 생각해 보자.

참고문헌

고다경, 이지민 (2023). 대학생의 이성관계 만족도 관련 변인에 대한 메타회귀분석. 한국가족관계학
　　회지, 23(2), 149-167.

국민일보 (2007. 05. 24.). 한국인이 생각하는 행복의 조건 https://v.daum.net/v/M0Km1UOtTD.

권석만 (2018). 젊은이를 위한 인간관계 심리학(3판). 학지사.

권석만 (2023). 현대 이상심리학(3판). 학지사.

권정혜 (2002). 우울증 환자의 역기능적 대인관계 특성. 한국심리학회지: 임상, 21(3), 595 – 607.

권현진 (2006). 중학생의 단짝 친구관계에서의 유지 전략과 만족감. 연세대학교 대학원 석사학위논문.

권호인, 함병주, 백종우, 서신영, 권정혜 (2010). 우울증 환자의 대인관계 특성: 증상과 독립적인가?
　　한국심리학회지: 임상, 29(4), 1117 – 1133.

김계현(2002). 카운슬링의 실제. 학지사.

김미림, 정여주, 이도연, 윤서연, 김옥미 (2019). 관계중독 개념 도출 델파이 연구. 열린교육연구,
　　27(3), 199-218.

김성은 (2021). 도박중독자 아내의 공동의존 경험에 관한 내러티브 탐구. 가족과 가족치료 29(3),
　　655-680.

김성현 (2004). 친밀관계경험검사 개정판 타당화 연구: 확증적 요인분석과 문항반응이론을 중심으로. 서울대
　　학교 대학원 석사학위논문.

김아린, 전해옥, 채명옥 (2024). 코로나19 팬데믹을 경험한 대학생의 사회적 상호작용 불안이 엔데
　　믹 블루에 미치는 영향: 사회공포증의 매개효과. 한국간호교육학회지, 30(3), 212-221.

김예슬, 장재홍 (2024). 경계선 성격 유무에 따른 비자살적 자해 집단의 대인관계 특성 비교: 사회
　　적 행동의 구조분석(SASB)을 활용하여. 상담학연구, 25(3), 1-19.

김정운 (2015). 갈등수준별 갈등관리 방안 연구. 한국갈등관리연구, 2(1), 231-258.

김종운 (2017). 만남 그리고 성장을 위한 인간관계 심리학. 학지사.

김진희 (2017). 대학생의 성인애착 유형과 이성관계: 관계중독, 친밀감 두려움, 대인관계 유능성 중
　　심으로. 가족과 가족치료, 25(4), 911-929.

김창대 (2002). 대상관계이론의 인성교육에 대한 시사점: 목적, 내용, 방법. 아시아교육연구, 3(1),
　　109-130.

김창대 (2019). 신경과학적 관점의 정서조절 연구 동향: 상담 및 심리치료에 제공하는 시사점. 상담
　　학연구, 20(3), 1-51.

김혜원 (2022). 은둔형 외톨이 청년들의 특성 및 은둔 경험 분석. 청소년학연구, 29(10), 1-32.

김효창, 김경숙, 이인숙 (2021). 인간관계 심리학. 마인드포럼.

김희태, 김경희 (2016). 유아사회교육. 한국방송통신대학교출판문화원.

네이버 지식백과 (2016). 상담학사전, 신경가소성 검색 결과. https://terms.naver.com/entry.nav-
　　er?docId=5675908&cid=62841&categoryId=62841

동아일보 (2023. 10. 03.). 코로나 이후 20대 '우울증·불안장애' 1.5배 늘었다. https://www.don-
　　ga.com/news/article/all/20231003/121476692/1

동아일보 (2024. 04. 30.). 한국 GDP, 멕시코에도 추월당해 14위로. https://www.donga.com/news/Economy/article/all/20240430/124714849/1.

머니투데이 (2023. 06. 01.). '그 사람은 별로였어'... 타인과 첫만남 기억, '이곳'서 끄집어낸다. https://news.mt.co.kr/mtview.php?no=2023060119121354133

문요한 (2019). 관계를 읽는 시간. 더퀘스트.

박선희, 이지영 (2016). 정서노동 상황에서 서비스 접점 종업원들의 대인관계 강점이 행복에 미치는 영향. 한국심리학회지: 산업 및 조직, 29(2), 203-232.

박승민 (2020). 자기분화에 대한 국내 연구 동향 분석(1992년-2020년). 인문사회 21, 12(6), 439–455.

박영순 (2018). 대학 신입생을 위한 입학 전 동기유발 학기 프로그램의 효과. 학습자중심교과교육학회지, 18(12), 269-289.

박영신, 김의철(2009). 심리적, 관계적, 경제적 자원: 한국인의 행복에 어떠한 영향을 미치는가?. 한국심리학회지: 문화 및 사회문제, 15(1), 95-132.

박재황 (2015). 정신건강과 행복 증진을 위한 현실치료상담의 접근. 현실치료연구, 4(1), 13-25.

박진석 (2019). 친사회적행동이 소방공무원들의 직무만족에 미치는 영향: 동료지지의 매개효과를 중심으로. 단국대학교 행정법무대학원 석사학위논문.

박한평 (2021). 감정 기복이 심한 편입니다만. 딥앤와이드.

보건복지부 (2016). 2016년도 정신질환실태 조사.

서울신문 (2024. 03. 11.). 뇌부터 다르다. 생사 달린 순간 남을 돕는 자, 혼자 살려는 자. https://www.seoul.co.kr/news/editOpinion/opinion/science-global-news/2024/03/11/20240311025001&wlog_tag3=naver

서은국, 구재선 (2011). 단축형 행복 척도(COMOSWB) 개발 및 타당화. 한국심리학회지: 사회 및 성격, 25(1), 96-115.

서현, 서경희 (2015). 유아에게 나타나는 칭찬의 의미: 유아-유아, 유아-교사 간의 관계를 중심으로. 아동교육, 24(4), 195-220.

설기문 (2002). 인간관계와 정신건강. 학지사.

여정모 (2016). 관계 단절의 고통에 대한 정서기반 자문화기술지. 인제대학교 대학원 석사학위논문.

연합인포맥스 (2020.08.20.). [시사금융용어] 온택트(Ontact). https://news.einfomax.co.kr/news/articleView.html?idxno=4103281

염유식, 성기호 (2021). 한국 어린이·청소년 행복지수 국제 비교 연구. 서울대학교 한국사회과학자료원 (KOSSDA).

오민지 (2016). 행복의 결정요인에 관한 연구: Alderfer의 E.R.G.이론을 중심으로. 서울대학교 대학원 석사학위논문.

오봉욱 (2011). 성인 남녀의 일상생활 중 어려움과 행복감 수준 비교 연구. 한국인간복지실천연구, 7, 139-159.

우양, 조택연 (2023). 거주환경이 노령층의 행복감에 미치는 영향에 관한 연구: 구조방정식 모델(Structural Equation Model) 분석을 중심으로. 한국디자인문화학회지, 29(3), 281–294.

유민상, 신동훈, 신영규, 박미희 (2022). 청년 사회 첫 출발 실태 및 정책방안 연구 Ⅱ: 성인 이행기 청년의 자립. 협동연구보고서.

유지은, 박성옥 (2017). 배척민감성이 대인관계문제에 미치는 영향: 정서표현 양가성을 매개로. 인문사회21, 8(5), 815-830.

윤혜영, 조상현, 최윤경 (2023). 대인관계 외상 경험자를 위한 기능성 게임의 개발 및 효과 검증. 스트레스연구, 31(4), 205-219.

이국희, 최인철 (2018). 일하고 놀까? 놀고 일할까?: 행복, 관계 그리고 여가 우선 선택. 여가학연구, 16(1), 29-53.

이기은, 이종현, 김도연 (2020). 데이트폭력 피해가 경계선 성격 경향성에 미치는 영향: 회복탄력성 및 사회적 지지를 통한 복합 외상후 스트레스의 조절된 매개효과. 한국심리학회지: 임상심리 연구와 실제, 6(1), 69-96.

이민규 (2007). 끌리는 사람은 1%가 다르다. 더난출판.

이상직 (2020). 전환기 성인 이행 경로의 변화. 서울대학교 대학원 박사학위논문.

이선혜 (1998). 한국에서의 Bowen 이론 적용에 대한 고찰: 자아분화 개념을 중심으로. 가족과 가족치료, 6(2), 1 – 17.

이수정 (2022). 가스라이팅 및 스토킹의 심리적 기제에 관한 비교. 한국경찰연구, 21(2), 211-236.

이연재 (2024). 청소년기 도시환경의 기회구조가 성인이행기 역량에 미치는 종단적 영향. 서울대학교 대학원 석사학위논문.

이위환, 김용주. (2009). 현대사회와 인간관계론. 공동체.

이인재, 양난미 (2020). 관계중독 척도개발 및 타당화. 한국심리학회지: 건강, 25(2), 311-336.

이지언, 정익중, 민지연 (2022). 아동·청소년기 주관적 행복감 관련변인에 대한 메타분석. 사회복지연구, 53(4), 89-120.

이태진, 김성아, 이병재, 엄다원, 정해식, 최준영, Shun Wang (2021). 한국인의 행복과 삶의 질에 관한 종합연구: 국제비교를 중심으로. 한국보건사회연구원.

이혜은, 이순희 (2021). 코로나(COVID-19)로 인한 대인관계 변화와 대처경험에 대한 대학생의 인식. 학습자중심교과교육연구, 21(16), 405-417.

임선영 (2014). 관계상실 경험자를 대상으로 한 외상후 성장 촉진 프로그램의 효과. 인지행동치료, 14(3), 339-358.

임은미, 강지현, 권해수, 김광수, 김정희, 김희수, 박승민, 여태철, 윤경희, 이영순, 임진영, 최지영, 최지은, 황매향 (2019). 인간발달과 상담(2판). 학지사.

임혜경, 김송이, 이금진 (2014). 인간관계론. 양서원.

장희순 (2019). 청소년기 친구관계의 발달적 특성과 성차: 관계유지전략과 갈등해결전략, 우정만족도 간의 관계를 중심으로. 발달지원연구, 8(1), 37 – 57.

정보통신신문 (2020. 06. 17.). 오프라인 넘어 온라인 소통... 온택트 서비스 '눈길'. https://www.koit.co.kr/news/articleView.html?idxno=79024.

정세진, 김현숙 (2022). 청소년 행복감 관련 변인에 대한 메타분석. 교육과학연구, 24(3), 1-35.

정종원 (2023). 조직 내 갈등관리, 의사소통, 조직침묵의 인과관계에 관한 실증연구: 갈등관리 유형의 영향을 중심으로. 한국공공관리학보, 37(4), 29-54.

정종진 (2018). 이제부터 행복해지기로 합시다: 긍정심리학이 들려주는 행복하게 사는 법. 시그마북스.

정지현, 최성열 (2020). 초기 청소년의 부모애착, 정서지능, 사회기술, 적응유연성 간의 구조적 관계. 상담심리교육복지, 7(4), 401-417.

정태연 (2022). 대인관계와 의사소통의 심리학. 학지사.

정해식 (2019). 한국인의 행복과 삶의 질에 관한 종합연구: 국제 비교 질적 연구를 중심으로. 한국보건사회

연구원.

정혜숙 (2020). 기혼직장여성의 행복감에 관련된 변인의 메타분석. 한국생활과학회지, 29(4), 503-517.

제세령, 최태영, 원근희, 봉수현 (2022). 은둔형 외톨이 자가보고 척도의 신뢰도 및 타당도 연구. 신경정신의학, 61(2), 80-89.

지원근 (2022). 교정시설에 수용된 소년범의 교정 처우에서 '용서하기'의 가능성에 대한 고찰. 한국심리학회지: 법, 13(1), 53-74.

천대윤 (2001). 갈등관리전략론. 선학사.

천성문, 이영순, 박명숙, 이동훈, 함경애 (2021). 상담심리학의 이론과 실제(2판). 학지사.

최명희, 김진숙 (2019). 대학생 사회불안 척도 개발과 타당화. 한국심리학회지: 상담 및 심리치료, 31(2), 645-670.

최은영, 최혜경 (2015). 한국인의 성공적 노화와 영향요인. *Journal of Korean Gerontology, 34*(4), 781-797.

최해연, 민경환 (2007). 한국판 정서표현에 대한 양가성 척도의 타당화 및 억제 개념들 간의 비교 연구. 한국심리학회지: 사회 및 성격, 21(4), 71-89.

표준국어대사전 (n.d.). 인간관계 검색 결과. https://dict.naver.com/dict.search?query=%EC%9D%B8%EA%B0%84%EA%B4%80%EA%B3%84&from=tsearch

하버드비즈니스리뷰 (2017. 03. 01.). 뇌가 어떻게 작동하는지를 알면 누구에게나 다가갈 수 있습니다. https://www.hbrkorea.com/article/view/atype/ma/category_id/2_1/article_no/921

한국보건사회연구원 (2019). 2019년 한국인의 행복과 삶의 질 실태조사.

함석헌 (2009). 수평선 너머. 한길사.

鎌田浩毅 (2010). 그 사람은 왜 인복이 많을까(박혜령 역). 토네이도. (원서출판 2010).

Acevedo, B. P., & Aron, A. (2009). Does a long-term relationship kill romantic love? &*Review of General Psychology, 13*&(1), 59–65.

Ainsworth, M. D. S., Blehar, M. C., Waters, E., & Wall, S. (1978). *Patterns of Attachment: A Psychological Study of the Strange Situation*. Erlbaum.

Aktu, Y., & Ilhan, T. (2017). Individuals' life structures in the early adulthood period based on Levinson's theory. *Educational Sciences: Theory and Practice, 17*(4), 1383-1403.

Allen, J. G. (2005). *Coping with Trauma: Hope Through Understanding*(2nd ed.). American Psychiatric Publishing.

Anderson, N. H. (1968). Likableness ratings of 555 personality-trait words. *Journal of Personality and Social Psychology, 9*(3), 272.

Arnett, J. J. (2023). 청년기(직업학과 진로연구회 역). 리부트. (원서출판 2015)

Bandura, A., Grusec, J. E., & Menlove, F. L. (1966). Observational learning as a function of symbolization and incentive set. *Child Development, 37*(3), 499-506.

Barber, B. K. (1996). Parental psychological control: Revisiting a neglected construct. *Child Development, 67*(6), 3296–3319.

Bar-Tal, D. (1982). Sequential development of helping behavior: A cognitive-learning approach. *Developmental Review, 2*(2), 101-124.

Bowen, M. (1976). Theory in the practice of psychotherapy. In P. J. Guerin (Ed.). *Family Therapy*. Gardner Press.

Bowen, M. (1978). *Family Therapy in Clinical Practice*. Jason Aronson.

Bowlby, J. (1988). *A Secure Base: Parent-child Attachment and Healthy Human Development*. Basic Books.

Brown, N. W. (2002). *Whose Life is it Anyway? When to Stop Taking Care of Their Feelings Start Taking Care of Your Own*. New Harbinger Publications.

Cacioppo, J. T., Hughes, M. E., Waite, L. J., Hawkley, L. C., & Thisted, R. A. (2006). Loneliness and health: Potential mechanisms. *Psychosomatic Medicine, 68*(3), 407-417.

Carl Rogers (2009). 진정한 사람되기: 칼 로저스 상담의 원리와 실제(주은선 역). 학지사.(원서출판 1995)

Carver, C. S. (2006). Approach, avoidance, and the self-regulation of affect and action. *Motivation and Emotion, 30*, 105-110.

Cialdini, R. (2023). 설득의 심리학 2(김경일 역). 21세기 북스. (원서출판 2016).

Cozby, P. C. (1973). Self-disclosure: A literature review. *Psychological Bulletin, 79*(2), 73-91.

Cozolino, L. (2016). 심리치료의 비밀: 뇌, 마음, 관계를 바꾸는 대화(하혜숙, 황매향, 강지현 역). 지식의 대화. (원서출판 2015).

Cozolino, L. (2017). 교육에서의 사회신경과학(김유미, 허난설, 황예린 역). 학지사. (원서출판 2013).

Cozolino, L. (2017). *The Neuroscience of Psychotherapy: Healing the Social Brain*(3rd ed.). W.W. Norton & Company.

Cozolino, L. (2020). 정신치료의 신경과학, 사회적인 뇌 치유하기(강철민, 이영호 역). 학지사. (원서출판 2010).

Deci, E. L., & Ryan, R. M. (2000). The "what" and "why" of goal pursuits: Human needs and the self-determination of behavior. *Psychological Inquiry, 11*(4), 227-268.

Deci, E. L., Vallerand, R. J., Pelletier, L. G., & Ryan, R. M. (2006). On the benefits of giving as well as receiving autonomy support: Mutuality in close friendships. *Personality and Social Psychology Bulletin, 32*(3), 400-412.

DeNeve, K. M. (1999). Happy as an extraverted clam? The role of personality for subjective well-being. *Current Directions in Psychological Science, 8*(5), 141–144.

Diener, E. (1984). Subjective Well-being. *Psychological Bulletin, 95*, 542-575.

Duck, S. (1982). *Personal Relationships 4: Dissolving Personal Relationships*. Academic Press.

Eckstein, D. (1997). Reframing as a specific interpretive counseling technique. *Individual Psychology: The Journal of Adlerian Theory, Research Practice, 53*(4), 418-428.

Egan, J. (1994). &The Skilled Helper: A Problem-management Approach to Helping&. Brooks/Cole.

Eisenberg, N., & Miller, P. A. (1987). The relation of empathy to prosocial and related behaviors. *Psychological Bulletin, 101*(1), 91.

Ekman, P., & Friesen, W. V. (1971). Constants across cultures in the face and emotion. *Journal of Personality and Social Psychology, 17*(2), 124.

Enright, R. D., & Fitzgibbons, R. P. (2021). 용서치료(신성만 외 역). 유원북스. (원서출판 2015).

Erikson, E. H. (1963). *Childhood and Society* (Vol. 2). Norton.

Erraji-Benchekroun, L., Underwood, M. D., Arango, V., Galfalvy, H., Pavlidis, P., Smyrnio-topoulos, P., Mann, J. J., & Sibille, E. (2005). Molecular aging in human prefrontal cortex is selective and continuous throughout adult life. *Biological Psychiatry, 57*(5), 549-558.

Fisher, H. E. (1998). Lust, attraction, and attachment in mammalian reproduction. *Human Nature, 9*(1), 23–52.

Fisher, H. E. (2006). The drive to love: The neural mechanisms for mate selection. In R. Sternberg & K. Weis (Eds.), *The New Psychology of Love*, 87–115. Yale University Press.

Flores, P. J. (2010). 애착장애로서의 중독(김갑중, 박춘삼 역). NUN. (원서출판 2004).

Glasser, W. (1999). *Choice Theory: A New Psychology of Personal Freedom*. HarperPerennial.

Goodwin, C. (2000). Action and embodiment within situated human interaction. *Journal of Pragmatics, 32*(10), 1489-1522.

Hall, E. T. (1997). 숨겨진 차원(최효선 역). 한길사. (원서출판 1966).

Hay, D. F., & Cook, K. V. (2007). The transformation of prosocial behavior from infancy to childhood. *Socioemotional Development in the Toddler Years: Transitions and Transformations, 1*, 4.

Heinrichs, M., Baumgartner, T., Kirschbaum, C., & Ehlert, U. (2003). Social support and oxytocin interact to suppress cortisol and subjective responses to psychosocial stress. *Biological Psychiatry, 54*(12), 1389-1398.

Henderson, M., & Argyle, M. (1984). Endorsed and applied rules of relationships reported by teachers. *Oxford Review of Education, 10*(2), 193-202.

Hill, C. E., & O'Brien K. M. (2001). 성공적인 탐색·통찰·실행 상담을 위한 상담의 기술(주은선 역). 학지사. (원서출판 1999).

Hoffman-Graff, M. A. (1977). Interviewer use of positive and negative self-disclosure and interviewer-subject sex pairing. *Journal of Counseling Psychology, 24*(3), 184-190.

Holt, D. H. (1993). &Management: Principles and practices&. Prentice Hall.

Holt-Lunstad, J., Smith, T. B., & Layton, J. B. (2010). Social relationships and mortality risk: A meta-analytic review. *PLoS Medicine, 7*(7), e1000316.

Hong, J. (2005). *A comparison of Korean and United States American conflict management styles as related to communication apprehension*. Southern Illinois University.

Jodi, C. (2023). *How Does Our Vagus Nerve Impact How We Respond to Social Situations?*. Verywellmind. https://www.verywellmind.com/polyvagal-theory-4588049

Joiner, T., & Coyne, J. C. (Eds.). (1999). *The Interactional Nature of Depression: Advances in Interpersonal Approaches*. American Psychological Association.

Jourard, S. M., & Lasakow, P. (1958). Some factors in self-disclosure. *The Journal of Abnormal and Social Psychology, 56*(1), 91-98.

Kasser, T., & Ryan, R. M. (1996). Further examining the American dream: Differential correlates of intrinsic and extrinsic goals. *Personality and Social Psychology Bulletin, 22*(3), 280–287. https://doi.org/10.1177/0146167296223006

Kelley, H. H., & Thibaut, J. W. (1978). *Interpersonal Relations: A Theory of Interdependence.* Wiley.

Lancer, D. (2023). 초보자를 위한 공동의존(신수경 역). 학지사. (원서출판 2012).

Lazarus, R. S. (1991). Progress on a cognitive-motivational-relational theory of emotion. *American Psychologist, 46*(8), 819-834.

Leary, T. (1957). *Interpersonal Diagnosis of Personality: A functional Theory and Methodology for Personality Evaluation.* Ronald Press.

Levinger, G. (1980). Toward the analysis of close relationships. *Journal of Experimental Social Psychology, 16*(6), 510-544.

Levinson, D. J. (1978). *The seasons of a man's life.* Ballantine Books.

Levinson, D. J. (1986). Conception of adult development. *American Psychologist, 41*(1), 3-13.

Levinson, D. J. (1990). A theory of life structure development in adulthood. In C. N. Alexander & E. J. Langer (Eds.), *Higher Stages of Human Development: Perspectives on Adult Growth*, 35－53. Oxford University Press.

Lewicki, P. J., & Bunker, B. B. (1996). Developing and maintaining trust in work relationship. In R. M. Kramer & T. R. Tyler (Eds.), *Trust in Organizations: Frontiers of Theory and Research*, 114-139. Sage.

Lewin, K. (1931). Environment forces in child behavior and development. In C. Murchison (Ed.), *A Handbook of Child Psychology.* Clark University Press.

Lieberman, M. D. (2015). 사회적 뇌: 인류 성공의 비밀(최호영 역). 시공사. (원서출판 2013).

Lucas, R. E., & Fujita, F. (2000). Factors influencing the relation between extraversion and pleasant affect. *Journal of Personality and Social Psychology, 79*(6), 1039－1056.

Luft, J., & Ingham, H. (1955). The Johari Window, a Graphic Model of Interpersonal Awareness. *Proceedings of the western training laboratory in group development*, 246. University of California, Los Angeles.

Main, M. (1995). *Discourse, Prediction, and Recent Studies in Attachment: Implications for Psychoanalysis.* International Universities Press, Inc.

Marcia, J. E. (1994). Ego identity and object relations. In J. M. Masling & R. F. Bornstein (Eds.), *Empirical Perspectives on Object Relations Theory*, 59－103. American Psychological Association.

Marcia, J. E. (2002). Identity and psychosocial development in adulthood. *Identity: An International Journal of Theory and Research, 2*(1), 7-28.

Maslow, A. H. (1943). Conflict, frustration, and the theory of threat. In *Contemporary Psychopathology: A Source Book*, 588-594. Harvard University Press.

Mate, G. (2015). 몸이 아니라고 말할 때: 당신의 감정은 어떻게 병이 되는가(류경희 역). 김영사. (원서출판 2003).

McHenry, B., Sikorski, A. M., & McHenry, J. (2020). 상담사를 위한 신경과학 입문(김창대, 남지은 역). 학지사. (원서출판 2014).

Mehrabian, A. (1967). Decoding of inconsistent communications. *Journal of Personality and Social Psychology, 6*(1), 109-114.

Montgomery, M. J., & Côté, J. E. (2003). College as a transition to adulthood. In G. R. Adams & M. D. Berzonsky (Eds.), *Blackwell Handbook of Adolescence*, 149 - 172. Blackwell Publishing.

Pfeffer, J. (2014). Win at Workplace Conflict. *Havard Business Review*. Retrieved from https://hbr.org/2014/05/win-at-workplace-conflict.

Pietrzak, R. H., Johnson, D. C., Goldstein, M. B., Malley, J. C., & Southwick, S. M. (2009). Psychological resilience and posttraumatic growth in disaster-exposed firefighters: Can social support and community cohesion protect against PTSD? *Journal of Affective Disorders, 114*(1-3), 55-62. https://doi.org/10.1016/j.jad.2008.08.005

Porges, S. W. (2020). 다미주 이론: 트라우마를 치유하는 애착과 소통의 신경생물학(노경선 역). 위즈덤하우스. (원서출판 2017).

Porges. S. W. (2022). Polyvagal Theory: A Science of Safety. *Frontiers in Psychology, 16*, 1-15.

Pruitt, D. G., & Rubin, J. Z. (1986). *Social Conflict: Escalation, Stalemate, and Settlement*. Random House.

Rahim, M. A. (1983). *Rahim Organizational Conflict Inventory-II (ROCI II)*. APA PsycTests.

Reeve, J. (2018). 동기와 정서의 이해(김아영, 도승이, 신태섭, 이우걸, 이은주, 장형심 역). 박학사. (원서출판 2013).

Reynolds, P., & Kaplan, G. A. (1990). Social Connections and Risk for Cancer: Prospective Evidence from the Alameda County Study. *Behavioral Medicine, 16*(3), 101-110.

Robbins, S. P. (1992). *Organizational Behavior: Concepts, Controversies, and Applications*. Prentice Hall.

Rogers, C. R. (1961). The process equation of psychotherapy. *American Journal of Psychotherapy, 15*(1), 27-45.

Rollie, S. S., & Duck, S. (2006). Divorce and dissolution of romantic relationships: Stage models and their limitations. In M. A. Fine & J. H. Harvey (Eds.), *Handbook of Divorce and Relationship Dissolution*, 223 - 240. Erlbaum.

Rusbult, C. E. (1983). A longitudinal test of the investment model: The development (and deterioration) of satisfaction and commitment in heterosexual involvements. *Journal of Personality and Social Psychology, 45*(1), 107-117.

Ryan, R. M., & Deci, E. L. (2001). On happiness and human potentials: A review of research on hedonic and eudaimonic well-being. *Annual Review of Psychology, 52*, 141-166. https://doi.org/10.1146/annurev.psych.52.1.141

Schneiderman, I., Zagoory-Sharon, O., Leckman, J. F., & Feldman, R. (2012). Oxytocin during the initial stages of romantic attachment: Relations to couples' interactive reciprocity. *Psychoneuroendocrinology, 37*(8), 1277-1285.

Schwartz, S. J., Hardy, S. A., Zamboanga, B. L., Meca, A., Waterman, A. S., Picariello, S., ... & Forthun, L. F. (2015). Identity in young adulthood: Links with mental health and risky behavior. *Journal of Applied Developmental Psychology, 36*, 39-52.

Seligman, L., & Reichenberg, L. W. (2014). *Theories of Counseling and Psychotherapy: Systems, Strategies, and Skills*(4th ed.). Pearson Merrill.

Seligman, M. (2020). 플로리시(윤상운, 우문식 역). 물푸레. (원서출판 2011).

Spreng, R. N., Dimas, E., Mwilambwe-Tshilobo, L., Dagher, A., ... & Bzdok, D. (2020). The default network of the human brain is associated with perceived social isolation. &Nature Communications, 11&, 1-11. https://doi.org/10.1038/s41467-020-20039-w

Sternberg, R. J. (1986). A triangular theory of love. *Psychological Review, 93*(2), 119–135.

Taylor, S. E., Klein, L. C., Lewis, B. P., Gruenewald, T. L., Gurung, R. A., & Updegraff, J. A. (2000). Biobehavioral responses to stress in females: Tend-and-befriend, not fight-or-flight. &Psychological Review, 107&(3), 411-429. https://doi.org/10.1037/0033-295X.107.3.411

Tedeschi, R. G., & Calhoun, L. G. (2004). Posttraumatic growth: Conceptual foundations and empirical evidence. *Psychological Inquiry, 15*(1), 1-18.

Thomas, K. W. (2008). Thomas-kilmann conflict mode. *TKI Profile and Interpretive Report, 1*(11).

Tjosvold, D. (1991). *The Conflict-positive Organization: Stimulate Diversity and Create Unity.* Addison-Wesley.

Udry, J. R. (1971). The social networks of a sample of young adults. *American Sociological Review, 36*(2), 268-276.

Van der Kolk, B. A. (2005). Developmental trauma disorder: Toward a rational diagnosis for children with complex trauma histories. *Psychiatric Annals, 35*(5), 401–408.

Wall, J. A., & Callister, R. R. (1995). Conflict and its management. *Journal of Management, 21*(3), 515-558.

Wallin, D. J. (2010). 애착과 심리치료(김진숙, 이지연, 윤숙경 역). 학지사. (원서출판 2007).

Weaver, I. C., Cervoni, N., Champagne, F. A., D'Alessio, A. C., Sharma, S., Seckl, J. R., & Meaney, M. J. (2004). Epigenetic programming by maternal behavior. *Nature Neuroscience, 7*(8), 847.

Whitfield, C. L. (1993). *Boundaries and Relationships: Knowing, Protecting, and Enjoying the Self.* Health Communications, Inc.

Wilmot, W. W., & Hocker, J. L. (2001). *Interpersonal Conflict*(6th ed.). McGraw-Hill.

Xu Mengxing (2023). 노인 행복도 동향 및 발전 방향에 관한 연구: 노인 행복도 논문 분석을 중심으로. 사회적경제와 정책연구, 13(1), 271-291.

Young, M. E. (2013). *Learning the Art of Helping: Building Blocks and Techniques*(5th ed.). Pearson Merrill.

저자소개

이혜은 한국기술교육대학교 고용서비스정책학과 조교수

서울대학교 대학원 교육학과(교육상담전공) 박사
전문상담사 1급 전문영역 수련감독(생애개발), 청소년상담사 1급
전) 서울대학교 대학생활문화원 전문위원
전) 수원대학교 교육대학원 상담교육과 특임교수

금창민 한국기술교육대학교 고용서비스정책학과 조교수

서울대학교 대학원 교육학과(교육상담전공) 박사, 전문상담사 1급
전) 인제대학교 상담심리치료학과 조교수
전) 서울대학교 대학생활문화원 전임상담원

김지연 경기대학교 일반대학원 상담심리학과/교육대학원 상담교육전공 부교수

서울대학교 대학원 교육학과(교육상담전공) 박사
전문상담사 1급(생애개발, 아동청소년), 상담심리사 1급
전) 계명대학교 교육대학원 진로진학상담전공 조교수
전) 한국기술교육대학교 테크노인력개발전문대학원 대우교수

이윤희 선문대학교 상담심리학과 부교수

서울대학교 대학원 교육학과(교육상담전공) 박사, 전문상담사 1급
전) 한동대학교 상담심리사회복지학부 객원교수
전) 한국청소년상담원 상담원

이은주 건강한 마음 상담연구소 소장, 숭실대학교 기독교학대학원 겸임교수, 서울대학교 교육연구소 객원연구원

서울대학교 대학원 교육학(교육상담전공) 박사
전) 현대로템 톡톡센터 심리상담사
전) 경인교대 학생상담센터 전문상담원